# DU PLAISIR

ET

# DE LA DOULEUR

# OUVRAGES DU MÊME AUTEUR

### LIBRAIRIE HACHETTE ET C$^{ie}$

L'Institut et les Académies de Province. 1 vol. in-12 br.   3 fr. 50
La Vraie Conscience. 1 vol. in-12 br.   3 fr. 50
Études familières de psychologie et de morale. 1 vol. in-12 br.
   3 fr. 50
Nouvelles études familières de psychologie et de morale. 1 vol. in-12.
Questions de morale pratique. 1 vol. in-12.

### LIBRAIRIE DELAGRAVE

Histoire de la philosophie cartésienne. 3$^e$ édition, 2 vol. in-8.
Même ouvrage. 2 vol. in-12.
Notions d'histoire de la philosophie. 6$^e$ édition, 1 vol. in-12.

### LIBRAIRIE PERRIN

Le principe vital et l'âme pensante. 2$^e$ édition, 1 vol. in-12.
Morale et progrès, 2$^e$ édition, 1 vol. in-12.
Deux années de présidence à l'Académie des sciences morales et politiques.

### LIBRAIRIE ALCAN

Méthode pour arriver à la vie bienheureuse, par Fichte, traduction de M. Bouillier. 1 vol. in-8.

Coulommiers. — Imp. P. BRODARD

# DU PLAISIR

ET

# DE LA DOULEUR

PAR

FRANCISQUE BOUILLIER

Membre de l'Institut

QUATRIÈME ÉDITION, REVUE PAR L'AUTEUR

PARIS
LIBRAIRIE HACHETTE ET C<sup>ie</sup>
79, BOULEVARD SAINT-GERMAIN, 79
—
1891

Droits de traduction et de reproduction réservés.

# AVANT-PROPOS

Nous pourrions présenter ce livre comme un ouvrage nouveau plutôt que comme une édition nouvelle, à cause du peu qui lui reste de sa première forme et à cause de tous les développements que nous y avons ajoutés. Mais, malgré ces changements et ces additions, on y retrouvera toujours les mêmes idées, la même méthode et le même principe.

Nous avons cherché à confirmer, à éclaircir par de nouveaux faits, par un grand nombre d'observations et d'analyses, cette théorie du plaisir et de la douleur qui seule nous paraît rendre compte de tous les phénomènes; nous croyons avoir répondu aux diverses objections qui nous ont été faites et à celles que nous avons rencontrées chez les auteurs qui, depuis quelques années, ont écrit sur ce sujet, en France et en Angleterre.

N'aurions-nous fait que contribuer, comme aujourd'hui nous avons lieu de le croire, à appeler davantage l'attention des psychologues sur ces deux grands faits du plaisir et de la douleur, nous penserions avoir rendu un service à la science de l'esprit humain.

FRANCISQUE BOUILLIER.

Le 1ᵉʳ février 1877.

# AVERTISSEMENT

DE LA PREMIÈRE ÉDITION

Il semble qu'on ne puisse faire choix d'un sujet plus dépourvu de nouveauté, soit à cause de ce que chacun en sait naturellement par sa propre expérience, soit à cause de cette multitude d'ouvrages de morale, de théologie, de philosophie, sans parler des contes et des romans, qui ont pour objet le plaisir en lui-même, le plaisir sous toutes ses formes et dans tous ses modes, avec ses attraits et ses tentations, ou bien dans ses rapports avec la destinée humaine, avec le vrai bonheur et le souverain bien. Les traités psychologiques et physiologiques, médicaux, mystiques sur la douleur, qui est si étroitement enchaînée au plaisir, ne sont ni moins nombreux ni moins divers. La lutte contre le plaisir ou contre la douleur, la tempérance, la résignation, le courage, sont les lieux communs par excellence de la morale. Ajoutez que, de tous les phénomènes qui se passent au dedans de nous, il n'en est point qui semblent mieux connus de tous, non pas seulement du psychologue et du moraliste, mais de l'homme du monde, de l'ouvrier de la ville et des champs, de ceux enfin qui ont le moins pratiqué le grand précepte de la connaissance de soi-même.

On pourrait dire, il est vrai, que nous ne sommes pas moins familiers avec les autres phénomènes de conscience qu'avec le plaisir et la douleur. Tous les hommes, même les plus grossiers, ne pensent-ils pas, ne veulent-ils pas et tous ne savent-ils pas, par la conscience plus ou moins confuse qu'ils en ont, ce que c'est que penser et vouloir? Tous n'ont-ils pas, à chaque instant, quelque idée ou volonté présente à leur esprit, sans que néanmoins ils en sachent davantage sur leur pensée, sans qu'ils se rendent mieux compte des modes et des lois de la faculté de connaître et de vouloir? Tous sans exception vivent, pour ainsi dire, également au sein de ces deux sortes de phénomènes, mais ils sont par nature bien plus portés à réfléchir sur leurs plaisirs et leurs douleurs que sur leurs propres pensées. En effet telle est l'essence du plaisir et de la douleur qu'elle force les plus distraits, les plus insouciants des choses de l'âme et de la conscience, à se replier plus ou moins sur eux-mêmes et à leur prêter quelque degré d'attention. Quelque entraînés que nous soyons au dehors par les objets qui nous causent du plaisir ou de la douleur, nous ne pouvons pas nous empêcher, même malgré nous, d'avoir dans le même temps, quelque regard sur ce que nous ressentons au dedans de nous-mêmes.

La douleur surtout n'a-t-elle pas une vertu merveilleuse pour nous contraindre à l'observation des scènes de la vie intérieure ? Quel est celui qui, sous l'empire de la douleur, n'a fait, sans le vouloir plus ou moins de psychologie et même un peu de morale? Voyez avec quelle finesse, avec quelle subtilité, le malade, inquiet et attentif, analyse, décrit les sensations confuses qu'il ressent dans les profondeurs de l'organisme. Admirez avec quelle délicatesse la femme la plus ignorante sait rendre compte des sentiments complexes que son cœur a éprouvés, de ses joies et de ses douleurs, de ses joies mélangées de douleurs et de ses douleurs mélangées de joies, quand elle a aimé, quand elle est devenue mère, quand elle a craint de perdre ou quand elle a sauvé son enfant !

Ce que le vulgaire connaît si bien, assurément ceux-là ne l'ont pas ignoré qui ont fait profession d'étudier la nature humaine. Quelle connaissance approfondie du cœur humain et des passions dans les grands écrivains, dans les poëtes anciens et modernes ! Quelles admirables analyses de nos penchants, des séductions du plaisir, des tentations, des effets de la concupiscence, chez les moralistes, chez les casuistes et chez les théologiens !

Mais c'est en psychologue, non en moraliste ou en théologien, que nous nous proposons de traiter du plaisir et de la douleur. Il ne sera pas ici question du problème de l'origine du mal, du vice et de la vertu, ni du souverain bien et du bonheur. Le bonheur est un état, le plaisir n'est qu'un sentiment passager. Nous traiterons seulement de la cause première du plaisir et de la douleur, de ce qui les distingue de tous les autres phénomènes de l'âme, de leurs rapports réciproques, de la méthode à suivre pour classer les modes, si nombreux et si divers, par lesquels ils se manifestent, sans nulle interruption, à tous les instants de notre vie. A ce point de vue de la pure analyse psychologique, le sujet, quelque vieux qu'il soit, nous semble moins rebattu, moins épuisé qu'au regard de la conduite de la vie, du bonheur ou de la morale.

Toutefois nous n'avons ni assez de présomption, ni assez d'ignorance pour nous imaginer que nous ayons découvert sur la nature du plaisir et de la douleur des faits et des lois qui aient entièrement échappé à nos devanciers. Platon, Descartes, Malebranche, Spinoza, Adam Smith, pour ne nommer que les plus illustres et, par-dessus tous les autres, Aristote, ont laissé d'abondants et de précieux matériaux pour une théorie de la partie affective de l'âme humaine. Mais la plupart, préoccupés de problèmes métaphysiques d'un ordre supérieur, n'ont pas embrassé dans son entier un si riche sujet ; ils ne l'ont traité qu'à certains points de vue particuliers, plutôt que d'une manière systématique et complète.

Peut-être ne sera-il donc pas sans quelque intérêt de chercher à réunir ce qu'ils ont dit de meilleur pour en former un seul tout, sans négliger d'appeler à notre aide les poètes, les écrivains, les moralistes et les théologiens qui ont le mieux connu le cœur humain. Nous croyons que des essais de ce genre, que des monographies, pour ainsi dire, des plus importantes facultés de l'âme humaine seraient d'un grand avantage pour les progrès de la science de l'esprit humain. Il est bon de travailler à élargir ce cadre un peu étroit de l'idéologie dans lequel la psychologie française, aujourd'hui, comme au siècle dernier, semble avoir une certaine tendance à se renfermer.

Comment ne pas s'étonner que des phénomènes qui occupent une si grande place dans la vie humaine en aient eu jusqu'à présent une si petite dans la plupart de nos ouvrages de psychologie?

Dans cette question du plaisir et de la douleur, comme dans celle des rapports de l'âme et de la puissance vitale[1], toute notre ambition serait de provoquer d'utiles discussions et de rappeler l'attention de nos psychologues sur des points de la science de l'âme, qui, malgré leur importance, nous semblent avoir été beaucoup trop négligés. D'ailleurs nous ne présentons pas au public ce petit ouvrage comme un traité complet sur un si vaste sujet, mais comme une simple esquisse d'une théorie du plaisir ou de la douleur.

1. *Du principe vital et de l'âme pensante*, 2° éd. Didier, 1 vol.

# DU PLAISIR
## ET
# DE LA DOULEUR

## CHAPITRE PREMIER

#### ÉQUIVOQUES DU MOT SENSATION

Objet de l'ouvrage. — Étude psychologique du plaisir et de la douleur. — De l'abus de la physiologie en psychologie. — Du plaisir et de la douleur dans les théories des anciens et des modernes. — Prédominance de la division bipartite des facultés de l'âme jusqu'à Kant. — Confusion des faits affectifs avec des faits d'une autre nature. — Double signification du mot sentir dans toutes les langues. — Équivoques des mots sens, sensation, sentiment, dans la langue philosophique du XVII$^e$, du XVIII$^e$ siècle et dans la psychologie contemporaine. — Divers sens du mot *feeling* chez les psychologues anglais. — Significations non moins diverses du mot de sensibilité. — Abus qu'en ont fait les physiologistes. — Qu'est-ce que le cœur ?

Nous nous proposons de traiter de ces deux phénomènes du plaisir et de la douleur qui tiennent une si grande place dans la vie humaine et auxquels, comme a dit Platon, tout animal mortel est suspendu. Nous avons déjà indiqué dans la préface, mais il n'est pas inutile, pour plus de précaution, de rappeler encore ici comment nous entendons restreindre à notre guise, ou plutôt suivant nos forces, un si vaste sujet. Nous ne l'étudierons qu'au point de vue psychologique, et non au point de vue moral qui est sans doute d'une bien grande conséquence, mais pour lequel nous pouvons renvoyer à tous les moralistes, anciens et modernes, philosophes ou théologiens, qui ont si bien analysé les secours ou les dangers de la sensibilité pour la raison et pour la morale. Nous n'avons pas même la prétention d'embrasser dans son entier le point de vue psychologique, c'est-à-dire d'étudier tous les phénomènes si nombreux et si complexes, émotions, désirs et craintes, amours et haines, passions de toutes sortes, qu'engendrent le plaisir et la douleur par leur association avec les faits intellectuels. Nous nous bornerons à les considérer en eux-mêmes dans leurs simples éléments et dans leurs traits les plus généraux. Notre principal but est de déterminer les circonstances dans lesquelles ils naissent en nous, les causes qui les produisent, de montrer comment toutes ces causes, en apparence si diverses, se ramènent cependant à une cause unique par laquelle s'expliquent tous nos plaisirs, les plaisirs du corps comme ceux de l'esprit, les plaisirs personnels comme ceux de la sympathie. L'étude de la douleur se joindra à celle du plaisir; ce sont les deux contraires qu'il est difficile de séparer l'un de l'autre. Sachant ce qu'est le plaisir, nous saurons par là même ce qu'est la douleur; nous ne pourrons pas ne pas le savoir, en vertu de l'unité de la science des contraires, comme on disait dans l'École [1]. Il suffira de renverser les traits du plaisir pour avoir ceux de la douleur, comme il suffit de retourner un verre concave pour avoir la face convexe.

Quoique la physiologie soit fort à la mode, quoiqu'elle envahisse aujourd'hui en France, en Angleterre et en Allemagne, un certain nombre d'ouvrages sur l'âme et ses facultés, nous nous abstiendrons de la mêler à la psychologie. Quelque intérêt que nous attachions aux détails de la correspondance de l'esprit et du corps, à la connexion des états de l'âme avec ceux des organes, il ne sera ici question ni de changements ni de courants nerveux, parce que nous sommes bien persuadés qu'il n'y a aucune lumière à en tirer, pas plus que de l'algèbre [2], pour ce qui est l'objet même de nos études. Nous ne méconnaissons pas l'importance et les découvertes de la physiologie ni l'utilité de

---

1. « Eadem potentia animæ est unius contrarietatis, ut visus albi et nigri. » (Saint Thomas, *Summa*, I<sup>a</sup> pars., quæst. 81, art. 2.)

2. Nous faisons allusion à un mémoire de M. Delbœuf, professeur à l'université de Liége, sur la théorie générale de la sensibilité, dont les pages sont couvertes de formules algébriques

son concours pour un certain nombre de questions qui touchent plus particulièrement à la fois à l'âme et au corps; mais nous voudrions qu'elle demeurât à sa place, dans son domaine propre, sans chercher à se substituer à la psychologie, sans prétendre remplacer par des expériences de laboratoire et par des dissections, ou même des vivisections, l'observation intérieure et l'analyse psychologique.

Que d'explications physiologiques de phénomènes de l'esprit, imaginées de nos jours par des déserteurs de la vraie méthode psychologique, rappellent celle dont se moque si sensément Voltaire à l'occasion de la cause du rire! « Ceux qui savent pourquoi cette sorte de joie qui excite le ris retire vers les oreilles le muscle zigomatique sont bien savants. Les animaux ont ce muscle comme nous, mais ils ne rient point de joie[1]. » Toutes les cellules du cerveau, tous les courants nerveux, ne m'en apprendront pas plus sur la conscience, sur la production de la pensée, ou sur le plaisir et la douleur, que la description des muscles de la face sur la cause du rire. Puisqu'il est plus manifeste que jamais, grâce aux vains efforts qui ont été tentés pour démontrer le contraire, qu'il n'y a rien de commun entre un mouvement, quelque subtil qu'il soit, et une sensation, quelque grossière

---

1. *Le Rire*, questions encyclopédiques.

qu'on la suppose, et qu'il n'y a pas de passage ou de transformation possible de l'un à l'autre, comme de la chaleur au mouvement, on peut affirmer que jamais la méthode et l'objet propre de la psychologie n'ont été plus nettement séparés de toutes les autres méthodes, de tous les autres objets avec lesquels on a voulu les confondre. Sans doute il n'est pas interdit au psychologue de faire de la physiologie, pas plus qu'au physiologiste de faire de la psychologie, pour embrasser, s'il se peut, l'homme dans son entier, le physique et le moral, l'âme et le corps. Mais c'est à la condition que l'un et l'autre, en changeant d'objet, changent aussi de méthode, et que l'un ne s'avise pas d'étudier le cerveau avec la conscience, pas plus que l'autre la conscience avec le cerveau.

Que d'ailleurs on jette les yeux sur toute l'histoire de la philosophie, depuis Platon et Aristote jusqu'à Descartes et Leibniz, jusqu'à Kant, jusqu'à Maine de Biran et à Jouffroy, voit-on que ceux qui passent, de l'aveu de tous, pour avoir pénétré le plus avant dans la science de l'esprit et du cœur humain, aient fait ce mélange, ou plutôt cette confusion, contre laquelle on ne saurait trop protester, de l'une ou de l'autre science?

Nous estimons d'ailleurs que, si cette confusion est fâcheuse pour la psychologie, elle ne l'est pas moins pour la physiologie elle-même qu'elle jette hors de sa voie, qu'elle entretient dans les plus étranges illusions sur la possibilité d'atteindre par ses procédés la conscience et la pensée.

Nous pourrions même trouver de nombreux témoignages en faveur de la méthode psychologique jusque dans les ouvrages des penseurs qui lui semblent le plus hostiles et qui, tout en donnant la physiologie, comme ils disent, pour base à la psychologie, en vertu de la connexion fondamentale des états de conscience et des états nerveux, sont cependant obligés de reconnaître que dans chaque phénomène humain il y a deux côtés, l'un psychique et subjectif, l'autre physique et objectif, qui ne peuvent être étudiés de la même manière. Sans doute un pareil langage suppose la plus grave des erreurs; où ils ne veulent voir que deux côtés d'un même phénomène, nous sommes bien convaincus qu'il y en a deux bien différents. Néanmoins, tout en prenant plus ou moins en pitié une méthode aussi vieille que la nôtre, ils veulent bien nous accorder la faculté et le droit d'étudier exclusivement la face qu'il nous plaît, sans y joindre l'étude de la face opposée, c'est-à-dire des faits d'une tout autre nature qui en sont la suite ou l'accompagnement dans les organes. Notre intention, parfaitement légitime de leur propre aveu, est donc de considérer uniquement, pour parler comme eux, le côté psychique, ou la face subjective du plaisir et de la douleur, sans emprunter des pages plus ou moins nombreuses à quelque savant traité de physiologie.

Quoi donc! ne nous serait-il plus permis de faire l'analyse des idées sans y entremêler l'analyse des lobes et des fibres du cerveau, ou bien de traiter des passions, à l'exemple de Spinoza, sans faire l'anatomie du cœur, sans suivre, à travers tous les vaisseaux, la marche du sang, ou bien encore ne pourra-t-on plus, à la façon de Pascal, discourir sur les passions de l'amour, sans y mêler la description de leur côté physique?

Notre sujet étant ainsi circonscrit et notre méthode déterminée, nous devons avoir pour premier soin de distinguer le plaisir et la douleur de tous les autres états de conscience et de marquer leur place au sein de l'âme humaine. C'est un point sur lequel il y a beaucoup d'incertitude et de confusion dans les théories psychologiques des anciens et des modernes, et même de la plupart des contemporains. La division des phénomènes de conscience en deux grandes classes a longtemps régné dans les théories des facultés de l'âme humaine. Sensation et raison, puissance sensitive et entendement, *facultas cognoscendi et appetendi*, entendement et volonté, facultés intellectuelles et facultés actives, voilà la division bipartite généralement adoptée dans l'antiquité, dans le moyen âge et chez les modernes.

La sensibilité, par où nous entendrons, disons-le tout d'abord, la faculté d'éprouver du plaisir et de la douleur, s'est toujours trouvée fort gênée et compromise dans cette division où elle n'avait pas de place propre. Tantôt elle a été mêlée et confondue avec la connaissance par les sens ; tantôt, sous le nom d'inclination, d'appétit ou de désir, elle a usurpé plus ou moins le rôle ou la place de la volonté; tantôt, enfin, malgré son unité, elle a été démembrée et scindée en deux facultés différentes, le Θύμος et l'ἐπιθυμήτικον, dans la langue des Grecs, ou bien l'appétit raisonnable et l'appétit déraisonnable, dans la langue des scolastiques, ou encore l'égoïsme et l'altruisme, dans une langue plus récente, selon qu'elle se manifeste à la suite des sens ou à la suite de la raison, selon qu'elle s'applique à nous-mêmes ou aux autres.

Il faut remonter presque jusqu'à la fin du xviii° siècle pour trouver une théorie des facultés de l'âme où le plaisir et la douleur forment nettement une classe à part, irréductible, entre les autres phénomènes de l'âme, au même titre que l'intelligence ou la volonté. A la psychologie allemande de la fin du xviii° siècle revient l'honneur, si je ne me trompe, d'avoir fait la première, et sans aucune équivoque, cette importante distinction. Sulzer dans ses *Recherches sur l'origine des sentiments agréables et désagréables*, Mendelssohn dans ses *Lettres sur les sentiments*, Kastner dans ses *Réflexions sur l'origine des plaisirs*, d'autres encore, avant Kant, avaient bien déjà considéré les faits affectifs comme une classe particulière des faits de conscience. Mais c'est Kant qui, en séparant les sentiments de l'intelligence et de la volonté, semble avoir le premier consacré par son autorité la trichotomie, comme dit Hamilton, de l'esprit humain[1].

Comment une distinction si naturelle de faits si divers et si distincts n'a-t-elle pris place que récemment dans la science, après tant d'ambiguïtés et d'équivoques dans les idées et dans les mots?

Nul n'ignore en effet, non par le dire des docteurs, mais par sa propre expérience, ce qu'il faut entendre par plaisir et par douleur; nul, quelque peu psychologue qu'il soit, ne les confond avec aucun autre fait, dans la conscience qu'il en a, dans les divers jugements qu'il en porte et même dans le langage de la vie ordi-

---

1. « Toutes les facultés de l'âme doivent être ramenées à ces trois qui ne peuvent plus être dérivées d'un principe commun : la faculté de connaître, le sentiment du plaisir et de la peine, et la faculté de désirer. » (*Critique du jugement, Introduction*, trad. Barni.) Il donne aussi la même division dans son *Anthropologie*.

naire. Mais autre chose est de sentir, comme tout le monde, le plaisir et la douleur, autre chose est de les démêler par l'analyse psychologique de tous les autres faits auxquels ils sont si étroitement associés. Telle est aussi la diversité, la multitude presque infinie des causes particulières du plaisir et de la douleur qu'elle a bien pu faire méconnaître l'identité d'essence, l'homogénéité de tous les faits affectifs et l'unité de la faculté à laquelle ils se rapportent tous également. Ajoutons que bon nombre de philosophes et de psychologues, préoccupés de faits et de problèmes qui leur paraissaient d'un ordre supérieur, ont plus ou moins négligé ce côté de l'âme humaine. De là ces confusions qui subsistent encore dans les théories des psychologiques et dans notre langue philosophique.

Comme de tous les faits intellectuels il n'en est pas qui soient plus profondément pénétrés, pour ainsi dire, par le plaisir et la douleur que les opérations sensitives, nulle part aussi la confusion n'a été plus profonde et plus opiniâtre.

Telle est la cause de la double signification, en grec, en latin, en français, en anglais, en allemand, dans toutes les langues, du mot sentir. Sentir en effet signifie à la fois la connaissance des objets qui tombent sous les sens et les affections agréables ou désagréables dont cette connaissance est accompagnée. Déjà les auteurs de la *Logique de Port-Royal* se plaignent des nombreuses équivoques des mots sens et sentiment[1]. On voit en effet, dans la langue du XVII° siècle, pour ne pas remonter jusqu'à l'antiquité ou au moyen âge, que ces mots, auxquels on peut ajouter ceux d'opérations sensitives et même de passions, signifient à la fois les connaissances qui nous arrivent par les organes des sens ou par l'imagination et les plaisirs et les douleurs qui viennent à la suite de ces mêmes connaissances.

Dans le *Traité des passions*, Descartes comprend à la fois sous le nom de perceptions des faits purement affectifs et des pensées; Malebranche, dans le premier livre de la *Recherche de la vérité*, classe parmi les sentiments, non-seulement le plaisir et la douleur, mais toutes les pensées qui nous viennent par les sens ou par l'imagination, toutes celles, comme il le dit, dans lesquelles le corps a quelque part[2]. Bossuet ne distingue dans l'âme que deux sortes d'opérations, les opérations intellectuelles et les opérations sensitives, mais il réunit sous ce même nom d'opérations sensitives les perceptions qui nous viennent par les sens,

---

1. Liv. I, chap. x.
2. Selon un de ses meilleurs disciples, le père Roche, « les sensations sont des connaissances sombres accompagnées d'amour. » (*Traité de la nature de l'âme*, tom. I, p. 194.)

et le plaisir et la douleur qui en sont la suite. Il semble bien, il est vrai, avoir quelques scrupules au sujet de cette confusion ; il s'efforce de la justifier, mais sans y réussir, par la raison que ces deux faits sont « une perception soudaine et vive qui se produit d'abord en nous en présence des objets agréables ou déplaisants[1]. »

La confusion se continue dans le mot de sensation qui joue, comme on sait, un si grand rôle chez tous les philosophes du XVIII<sup>e</sup> siècle. Pour Locke, le plaisir et la douleur sont des modes de la pensée ; ils prennent place parmi les idées simples qui sont le produit de la sensation et de la réflexion[2]. Condillac, dans le chapitre I<sup>er</sup> du *Traité des sensations*, rapporte aussi à une même capacité, qu'il appelle la capacité de sentir, la connaissance des objets sensibles et la jouissance ou la souffrance qui en résultent. De la sensation, en tant que représentative, il fait sortir toutes les facultés de l'entendement ; de la sensation, en tant qu'affective, toutes les facultés de la volonté.

Mais nul psychologue peut-être n'a fait un plus grand abus que Laromiguière des mots de sensation et de sentiment. Selon Laromiguière, le sen-

---

1. *Connaissance de Dieu et de soi-même*, chap. I<sup>er</sup>.
2. *Essai sur l'entendement humain*, liv. II, chap. XX.

timent est en quelque sorte la matière première d'où se forment les idées; toute idée a son origine dans le sentiment qui, par l'action de nos facultés, se transforme en idée. Donc autant il y a d'espèces différentes d'idées, autant Laromiguière admet de différentes espèces de sentir qui en sont la source. Ainsi il distingue le sentiment rapport, le sentiment de l'action de nos facultés, le sentiment moral et enfin le sentiment sensation qui est causé par le monde extérieur[1].

Remarquons aussi la vaste et vague acception du mot sentiment qui, outre les faits affectifs, désigne également des faits de croyance, de connaissance, des jugements et des affirmations. Ainsi on dit : tel est mon sentiment, pour dire que telle est ma croyance, tel est mon avis ou mon jugement[2].

Hamilton se plaint, avec non moins de raison, de l'ambiguïté du mot *feeling*, qui correspond, en anglais, à ces mots de sensation et de sentiment et qui en a aussi toutes les équivoques. Après avoir eu d'abord le sens purement physique d'une sensation du toucher, il a, dit-il, par analogie, signifié les faits de conscience en général, mais plus

---

1. Pierre Leroux distingue dans l'âme trois ordres de faits : sensation, sentiment, connaissance. (*Réfutation de l'Éclectisme.*)
2. Voir sur l'acception du mot sentiment une note intéressante de Dugald Stewart, à la suite de ses *Essais philosophiques*.

particulièrement les faits du plaisir et de la douleur[1]. Alexandre Bain, bien loin de dissiper la confusion signalée par Hamilton, semble vouloir l'augmenter encore. Il dit en effet, dans sa division des phénomènes de l'esprit, que les *feelings* comprennent les plaisirs et les peines, et « bien d'autres choses »[2]. Quelles sont toutes ces autres choses ? Il ne daigne pas nous en instruire. Voilà un mot important de la langue philosophique singulièrement défini ! Enfin, aujourd'hui encore, dans la plupart de nos livres de philosophie, la confusion subsiste entre la sensation et la perception.

On peut faire les mêmes reproches au mot de sensibilité qui correspond à celui de sensation, comme la faculté au phénomène, et qui est fort généralement adopté, mais non pas malheureusement avec la même signification, par les psychologues et les physiologistes. Dans la langue du XVII⁰ siècle, comme aujourd'hui dans l'usage ordinaire, la sensibilité ne signifiait que la vivacité, la délicatesse des sentiments et des impressions du cœur[3]. C'est seulement vers la fin

---

1. *Lectures on metaphysics*, chap. XLI.
2. *Intelligence et science*, 3ᵉ édit., p. 2.
3. En voici quelques exemples : « C'est une chose monstrueuse de voir dans un même cœur et en même temps cette sensibilité pour les moindres choses et cette étrange insensibilité pour les plus grandes. » (Pascal, *Pensées*, édit. Havet, Iᵉʳ vol., p. 141.)

du XVIIIᵉ siècle que des physiologistes et quelques psychologues, plus ou moins enclins au matérialisme, font entrer ce mot dans la langue philosophique pour marquer, non plus seulement une certaine qualité du cœur, mais la faculté fondamentale de l'esprit humain dont toutes les autres, suivant eux, ne sont que des transformations. Ainsi, d'après d'Holbach : « la sensibilité, toujours physique dans son principe, est appelée morale quand elle prend un certain caractère ou s'élève à un certain degré de délicatesse. » Selon Helvétius : « La sensibilité physique et la mémoire, ou, pour parler plus exactement, la sensibilité seule produit toutes nos idées. » Rappelons encore le début du premier mémoire de Cabanis sur les *Rapports du physique et du moral :* « Citoyens, nous n'en sommes pas réduits à prouver que la sensibilité physique est la source de toutes nos idées et de toutes les habitudes qui constituent l'existence morale de l'homme. »

En passant dans la psychologie du XIXᵉ siècle, le mot de sensibilité conserve les mêmes équivoques que nous avons signalées dans celui de

---

« Il y a un excès de biens et de maux qui passe notre sensibilité. » (La Rochefoucauld, maxime 427.)

« La sensibilité que j'ai pour tous ses intérêts. » (Mᵐᵉ de Sévigné, édit. Regnier, VI, 387.)

« Il se forme parmi les grandeurs une nouvelle sensibilité pour les déplaisirs. » (Bossuet.)

sensation, auxquelles il faut ajouter encore celles qui viennent de l'abus qu'en ont fait la plupart des physiologistes et même les chimistes. Voyons d'abord ce qu'entendent les psychologues contemporains par sensibilité. Si quelques-uns, comme Jouffroy, lui donnent la signification exclusive de faculté de jouir et de souffrir, d'autres, en plus grand nombre, lui attribuent en même temps le rôle de faculté élémentaire de la connaissance. Pour eux, la sensibilité est la faculté d'où nous viennent les idées du monde sensible, en même temps qu'elle est la source de tous les plaisirs et de toutes les peines [1]. M. Cousin lui-même, qui en combattant le mysticisme, a si bien distingué les idées de la raison d'avec les sentiments qui les accompagnent, nous semble avoir moins bien distingué les idées sensibles d'avec les sensations; il conserve, conformément à la langue du

---

1. Ainsi, d'après M. Vacherot, la sensibilité est le premier degré, la fonction la plus grossière de l'esprit, ou la sensation le fait le plus élémentaire de la connaissance; mais il admet des sensations à la fois affectives et représentatives, et il attribue tous les sentiments à la sensibilité. (*Métaphysique positive*, vol. I, p. 345, 1re édit.)

Pour le père Gratry, comme pour M. Vacherot, la sensibilité est le point de départ de la connaissance; elle est aussi de la connaissance, mais sourde et confuse. (Voyez la *Connaissance de l'âme*, liv. III.) De même, selon M. Taine, la sensation est le premier temps de la perception extérieure. (*Intelligence*, IIe vol., chap. 1er.) Même confusion du fait affectif et du fait représentatif dans les *Leçons de philosophie* de Ch. Rabier.

xvii<sup>e</sup> siècle, ces deux acceptions si différentes au mot de sensation comme à celui de sensibilité [1].

Les physiologistes ont, pour leur part, accru ces équivoques en donnant le nom de sensibilité à l'irritabilité ou à la contractilité, c'est-à-dire à une simple propriété des nerfs ou des muscles, à des faits purement organiques qui n'arrivent pas jusqu'à la conscience. M. Flourens fait remonter cet abus à la célèbre thèse sur la sensibilité, *De sensu*, que Bordeu soutint, à Montpellier, en 1742. Indépendamment d'une sensibilité générale, dont le fond est le même pour toutes les parties, Bordeu admettait une sensibilité propre pour chaque organe. Bichat, à son tour, a contribué à faire passer dans la langue physiologique cette nouvelle extension du mot sensibilité. Dans son ouvrage *De la vie et de la mort*, il distingue deux sortes de contractilité, la contractilité animale et la contractilité organique, de même aussi deux sortes de sensibilité, la sensibilité animale et la sensibilité organique. Après avoir subdivisé la contractilité organique en contractilité sensible et contractilité insensible, il divise parallèlement de la même façon la sensibilité. A la contractilité insensible, il fait correspondre une sensibilité « de même na-

---

[1]. Voyez surtout la cinquième leçon, *Du vrai, du beau et du bien*.

ture ». On voit comment il évite de dire une sensibilité insensible, à cause sans doute d'une si manifeste contradiction dans les termes[1]. De là, dans la langue actuelle des physiologistes, toutes ces sensibilités locales qui n'arrivent pas jusqu'à l'âme ; de là, la sensibilité attribuée à un muscle séparé d'un corps vivant qui, quelque temps encore, se contracte sous les piqûres d'une aiguille ou par l'action de l'électricité[2]. Quant à nous, nous dirons, avec M. Lélut, qu'il n'y a de sensibi-

---

1. Voici un passage de Bichat où la sensibilité est prise tour à tour dans les trois divers sens que nous venons de signaler : « Dans la vie organique, la sensibilité est la faculté de recevoir une impression, plus de la rapporter à un centre commun. L'estomac est sensible à la présence des aliments, le cœur à l'abord du sang ; mais le terme de cette sensibilité est dans l'organe même. La peau, les yeux, les oreilles, les membranes du nez, de la bouche, toutes les surfaces muqueuses à leur origine sentent l'impression des corps qui les touchent et la transmettent ensuite au cerveau, qui est le centre général de la sensibilité de ces organes. Il y a donc une sensibilité animale et une sensibilité organique. Sur l'une roulent tous les phénomènes de la digestion, de la circulation, de la sécrétion, de l'exhalation. De l'autre découlent les sensations, la perception, ainsi que la douleur et le plaisir, qui les modifient. » (*De la vie et de la mort.*)

2. Dans l'article SENSIBILITÉ du *Dictionnaire des sciences médicales*, M. Piorry admet deux sensibilités : l'une avec conscience, d'où il fait sortir toutes les idées ; l'autre organique, locale et sans conscience. Selon M. Bouchut, il y a aussi une sensibilité tout à fait inconsciente, inhérente à la matière organique, qui appartient à l'ovule fécondé commençant son évolution, aux globules du sang, aux cellules qui viennent accroître les organes et remplacer celles qui se détruisent, etc. [*Études sur le vitalisme* (*Comptes rendus de l'Académie des sciences morales et politiques*, juillet et août 1864.)]

lité que là où il y a conscience, qu'une sensibilité qu'on ne sent pas, comme une pensée qu'on ne pense pas, sont choses également contradictoires. L'impression non sentie n'est que pour les yeux qui la voient, mais non pour l'âme qui y demeure étrangère. Dans ce muscle séparé sur lequel on expérimente, il ne se passe que ce que nous y voyons, des mouvements, des contractions et rien de plus ; pour en faire des sensations il y manque une âme [1]. La chimie, à son tour, s'est emparée, par métaphore, d'un terme qui lui convient si peu ; elle nous dit, par exemple, que tel ou tel corps, que telle ou telle plaque, préparée de telle ou telle façon, est plus ou moins sensible à l'action de la lumière.

Puisque nous signalons ici les diverses expressions, plus ou moins équivoques, qui servent

---

1. Cuvier déjà s'était plaint de cet abus du mot de sensibilité : « On introduisit dans le langage une innovation qui pendant longtemps a semblé faire de la physiologie non-seulement la plus difficile, mais la plus mystérieuse de toutes les sciences. Cette innovation consista à généraliser l'idée de sensibilité au point de donner ce nom à toute coopération nerveuse accompagnée de mouvement, même lorsque l'animal n'en avait aucune perception. On établit ainsi des sensibilités organiques, des sensibilités locales sur lesquelles on raisonna comme s'il s'était agi de la sensibilité ordinaire et générale. » (*Rapport sur les expériences de M. Flourens sur le système nerveux.*) Même critique de la part de Maine de Biran : « Le même mot signifie ici une propriété vitale, inhérente aux organes matériels, inséparable d'eux ; là une faculté, un attribut qui n'appartient qu'à l'âme humaine et constitue toute son essence. » (*Rapports du physique et du moral*, 1<sup>re</sup> partie.)

à désigner ces phénomènes du plaisir et de la douleur, n'oublions pas de parler du cœur qui est si souvent pris comme synonyme de sensibilité et de toutes les affections de l'âme humaine. Dans l'usage ordinaire, comme dans la langue littéraire, le cœur correspond au θύμος de Platon et des Grecs ; il signifie les phénomènes les plus délicats, les plus élevés et les plus complexes de la sensibilité, les sentiments et les passions. Entendez-vous dire de tel ou tel homme qu'il a du cœur, ou bien de tel autre qu'il en manque, que de choses ce seul mot veut dire et avec quelle énergie! Le cœur, chez les poëtes et les grands écrivains, est la source des sentiments nobles et courageux, des grandes pensées, de l'enthousiasme, du dévouement. L'amour a pour emblème un cœur enflammé. La tendance des philosophes mystiques est de substituer le cœur à la raison dans la connaissance de Dieu et de nos devoirs [1]. Le cœur, avec ses mouvements généreux et inspirés, est souvent mis en opposition avec l'esprit qui est froid, qui raisonne et qui calcule [2]. Ce qu'on appelle, chez les moralistes et les théologiens, la connaissance, l'analyse

---

1. « Le cœur, dit Pascal, a ses raisons que la raison ne connaît point, » et ailleurs : « On ne peut connaître Dieu que par le cœur. »

2. « L'esprit, dit La Rochefoucauld, est toujours la dupe du cœur. »

du cœur humain[1], se prend ordinairement en un sens plus général qui embrasse toute la partie affective de l'âme, ses faiblesses et ses petitesses comme ses grandeurs, l'égoïsme comme la charité et le dévouement.

Comment se fait-il que, bien avant les progrès et les envahissements de la physiologie, le nom d'un organe physique, d'un muscle, soit devenu dans la science de l'âme, et même dans la langue commune, l'expression et l'emblème des plus nobles sentiments? Sans doute c'est parce qu'il n'est pas besoin de beaucoup d'anatomie et de beaucoup de science pour apercevoir, au moins confusément, les rapports étroits du cerveau et du cœur, et pour sentir dans le cœur le contre-coup immédiat de tous les phénomènes affectifs[2]. Telle est la raison physiologique du sens littéraire, moral, philosophique et même religieux, de ce mot si simple, si touchant et si profond. Néanmoins, à cause de ce qu'il a de vague et de peu scientifique, nous éviterons de l'employer, sans toutefois absolument le rejeter.

Nous croyons que, dès à présent, et sans qu'il soit nécessaire d'insister davantage, nous avons mis

---

1. Un chapitre des *Caractères* de La Bruyère est intitulé: LE CŒUR.
2. Voir la physiologie du cœur dans les *Leçons de physiologie expérimentale* de Claude Bernard.

les lecteurs suffisamment en garde contre les équivoques, les ambiguïtés, les abus de langage qui ont porté un si grand préjudice à cette importante partie de la science de l'esprit humain. Nous achèverons d'ailleurs de les dissiper en insistant sur les caractères qui distinguent si profondément le plaisir et la douleur de tous les autres phénomènes de conscience.

# CHAPITRE II

### CARACTÈRES DES FAITS AFFECTIFS

Le plaisir et la douleur ne sont-ils que de simples rapports ou bien des phénomènes réels de conscience ? — Distinction des faits affectifs d'avec les faits de connaissance. — La perception et la sensation en raison inverse l'une de l'autre. — Différence fondamentale entre les idées et les faits affectifs. — Dualité et objectivité des premiers, unité et subjectivité pure des seconds. — Différences secondaires. — Instabilité des faits affectifs, fixité relative des idées. — Différence au regard de la mémoire des uns et des autres. — Effets opposés de l'habitude. — Effets opposés de la compétition entre les idées et de la compétition entre les faits affectifs. — Distinction d'avec les faits volontaires. — La sensibilité ne dépend pas de nous. — En quoi consiste l'action de la volonté sur la sensibilité. — Différence entre sentir et consentir. — Justification, par des exemples et des autorités, du sens que nous donnons au mot de sensibilité.

Nous ne pensons pas que jamais aucun philosophe, même le stoïcien intrépide qui, au milieu des tourments, s'écriait : « Douleur, tu n'es qu'un nom », ait sérieusement nié la réalité du plaisir et de la douleur. Mais, sans nier les sentiments agréables ou désagréables qu'ils nous font éprouver, quelques psychologues ont refusé de les reconnaître pour de vrais états de conscience, pour des phénomènes réels, au même titre que les idées ou les volitions. Le plaisir et la douleur ne seraient rien de plus, suivant eux, que de simples changements ou rapports, que l'accompagnement ou le retentissement de certains états de conscience, et non pas des états particuliers en eux-mêmes[1]. Tel ou tel fait, disent-ils, est agréable ou douloureux, mais la douleur et le plaisir ne sont pas d'autres faits qui s'ajoutent, sinon il y aurait deux états dans un même état de l'âme. Il nous semble qu'on pourrait, en raisonnant de la même façon, nier la réalité de tous les autres faits de l'âme, de telle sorte qu'on aboutirait à cette conclusion singulière, qu'il n'y a que des rapports et point de phénomènes réels dans la conscience. Tous les faits de conscience ne s'accompagnent-ils pas, en effet, les uns les autres? Voit-on la volonté sans la connaissance, pas plus qu'une perception quelconque sans le plaisir et la douleur? Ce ne sont pas là deux faits dans un seul fait, mais deux faits indissolublement associés. Quel est le phénomène dont

---

1. En Allemagne, nous citerons Chrétien Weiss et surtout Krug qui ne veulent voir dans le sentiment qu'une sorte d'équilibre entre la force expansive de l'âme, qui est la volonté, et la force attractive, qui est la pensée. De même, selon Herbart, le sentiment ne serait pas un fait élémentaire et résulterait d'un rapport réciproque entre les idées. M. Léon Dumont a soutenu la même opinion dans sa *Théorie scientifique de la sensibilité*.

on ne peut dire aussi, avec autant de vérité, qu'il est un changement? Tout phénomène n'est-il pas quelque chose de nouveau qui apparaît? Nous admettons bien que le passage d'un état à l'autre, que la comparaison, avivent le plaisir et la douleur : « ubique majus gaudium, a bien dit saint Augustin, majori molestia præceditur[1]. » Mais nous n'admettons pas que ce passage et cette comparaison en soient l'indispensable condition et l'essence même. Nous verrons d'ailleurs qu'ils sont attachés à tout mode d'activité en lui-même, au premier comme au second, sans nul rapport ou comparaison.

Voici encore une autre objection, qui a été surtout développée par Krug[2]. Il n'y a que deux directions des phénomènes de conscience, l'une du dedans au dehors, qui est celle des désirs ou des volontés ; l'autre du dehors au dedans, qui est celle des faits de connaissance; comme les faits affectifs ne rentrent ni dans l'une ni dans l'autre, il suit qu'ils ne sont pas des états réels de conscience. De là, tout au contraire, nous concluons, avec Hamilton, qu'ils constituent une troisième classe dont le caractère propre est précisément de n'aller ni du dedans au dehors, ni du dehors au dedans, mais de ne pas nous faire sortir de nous-

---

[1]. Confess., lib. VIII, III.
[2]. *Philosophisches Lexicon*, art. SEELENKRAFT et GEFUHL.

mêmes, c'est-à-dire d'être immanents et purement subjectifs, comme nous allons l'expliquer davantage par l'analyse des caractères qui leur sont propres et qui ne permettent pas de les confondre avec aucune autre classe de phénomènes de conscience.

Si les faits affectifs ne se séparent pas, dans la conscience, d'autres phénomènes auxquels ils sont intimement mêlés, s'ils les pénètrent et s'ils en sont pénétrés, ils n'en gardent pas moins des caractères propres que l'analyse psychologique a pour but de dégager.

Commençons par les distinguer des faits intellectuels et surtout des perceptions des sens avec lesquelles, sous le nom de sensations, ils ont été le plus souvent confondus, à cause sans doute de l'union qui semble ici plus profonde et plus intime que partout ailleurs, de l'élément affectif et de l'élément représentatif et, à cause de la prépondérance, en plus d'un cas, du premier sur le second.

Ma main rencontre un fer rouge ; la sensation de douleur est si vive qu'elle m'empêche de prendre garde à la perception de la forme tangible de ce fer rouge que j'ai eue au même moment. Cependant autre chose est la perception, la connaissance d'un fer rouge, ou d'un son, d'une saveur, autre chose le plaisir et la douleur qui suivent cette connaissance et qui viennent s'y mêler avec tel ou tel degré d'intensité. S'il est impossible de les séparer, il est nécessaire de les distinguer. Il suffit de remarquer, avec les psychologues les plus autorisés, qu'ils ne sont pas en proportion l'un de l'autre[1]. Plus la perception est vive, plus faible est la sensation ; plus vive au contraire est la sensation, plus faible est la perception. Loin qu'elles soient en proportion, elles sont en raison inverse l'une de l'autre, suivant une loi que nul, mieux qu'Hamilton[2], n'a mise en évidence.

Quoi d'ailleurs de plus hétérogène que sentir et connaître ? La sensation, par où, encore une fois, nous n'entendons qu'un phénomène purement affectif, n'est pas, comme le disent quelques psychologues, une matière, un commencement plus ou moins confus, un premier échelon de la connaissance, mais un fait *sui generis* qui ne change pas de nature suivant les degrés ou les proportions. Faites varier, augmenter, ou diminuer, autant qu'il vous plaira, un plaisir ou une douleur, vous n'aurez jamais que du plaisir ou de la douleur avec tel ou tel degré d'intensité, le plus vif ou le plus faible des plaisirs, la plus vive ou la plus faible des douleurs, mais non la moindre

---

1. Garnier, *Des facultés de l'âme*, I<sup>er</sup> vol., liv. VI, chap. III.
2. *Metaphysics*, lectures 24 et 25. Kant avait donné la même loi dans son *Anthropologie*. H. Spencer admet le même antagonisme qu'Hamilton entre la perception et la sensation, quoiqu'il ne l'explique pas de la même manière. (*Principes de psychologie*, I<sup>er</sup> vol., chap. des *Sentiments*.)

des idées, la plus obscure des perceptions. Malgré tous les efforts d'Herbert Spencer et des partisans de la doctrine de l'évolution pour rendre plausible une pareille métamorphose d'une affection en une représentation, il restera toujours entre elles autre chose que la différence d'un état primaire et d'un état secondaire de l'esprit [1], c'est-à-dire il y aura toujours une différence de nature et non un simple degré de complication.

Par contre une idée quelconque, la plus obscure, la plus humble des idées, la perception d'une saveur ou d'une odeur, relève au même titre que celle du premier principe des choses, de la faculté générale de connaître, et nullement de la sensibilité qui est la faculté irréductible d'éprouver du plaisir et de la douleur, et non une faculté de connaître subalterne et d'ordre inférieur [2]. Que si la dernière des idées ne se laisse pas convertir en une sensation, pas davantage le sentiment le plus noble, le plus vif, ne se transformera en une idée. Avec les plus grands sentiments du monde on ne réussira jamais, a bien dit Cousin, à former la plus petite pensée. Pascal a tort de dire que le cœur connaît la vérité; Vauvenargues se trompe aussi quand il fait venir du cœur les grandes pensées. Les grandes pensées ne viennent pas du cœur, mais le

---

1. *Principes de psychologie*, chap. des *Sentiments*.
2. C'est un point sur lequel nous aurons occasion de revenir.

cœur s'échauffe et s'exalte aux grandes pensées et, à son tour, il nous donne la force pour les manifester par de grandes actions. Voilà le vrai et le faux dans cette pensée si souvent citée de Vauvenargues.

Pénétrons maintenant au sein même de cette dissemblance si profonde; analysons les principaux caractères qui font du plaisir et de la douleur une classe à part et irréductible des phénomènes de conscience. Dans tout fait de connaissance la réflexion distingue deux choses : le sujet qui connaît et l'objet qui est connu. La distinction est facile quand le sujet connaissant et l'objet connu sont réellement deux êtres différents comme dans la perception du monde extérieur. Mais la dualité, quoique plus difficile à discerner, n'en subsiste pas moins, alors même que l'objet de la connaissance du moi n'est qu'une modification du moi lui-même, comme cela a lieu dans le souvenir, dans l'imagination, dans toutes les opérations mentales. La conscience fait la distinction de ces modifications accidentelles du moi d'avec le moi lui-même; elle les détache du sujet connaissant, elle se les oppose en quelque sorte, et quoiqu'elles ne correspondent à nul objet extérieur, elle ne les prend pas pour le moi lui-même. Ainsi, en projetant, pour ainsi dire, au dehors ses propres idées, pour les mettre en face de lui et les considérer à part, le moi leur imprime en quelque sorte, par rapport à son être propre, un certain caractère objectif. Cette objectivité, que la conscience trouve dans tout fait intellectuel, même quand le sujet et l'objet ne font qu'un, même lorsque le moi n'est en rapport qu'avec une de ses propres modifications, cette distinction de soi d'avec soi, voilà le caractère essentiel de toute connaissance.

Il n'en est pas de même du plaisir et de la douleur. L'esprit ne se distingue pas des impressions agréables ou désagréables qu'il éprouve, comme de ses idées ; il est pour ainsi dire fusionné, identifié avec elles ; elles ne s'opposent pas à lui, elles ne le font pas sortir de lui-même ; rien absolument ne s'y réfère à autre chose qu'au moi lui-même[1].

Contrairement à ce que nous avons dit dans la première édition de cet ouvrage, et après une réflexion plus profonde, nous ne croyons pas, comme nous le montrerons plus tard[2], qu'il y ait une exception à faire même pour les plaisirs et les douleurs renouvelés par la mémoire en l'absence de

---

1. « Dans la sensation, ce qui occupe la conscience, c'est quelque chose appartenant au moi; dans la perception, c'est quelque chose appartenant au non moi... Dans un cas, ce qui occupe la conscience, c'est quelque chose considéré comme appartenant au moi ; dans l'autre, c'est quelque chose considéré comme appartenant au non moi. » (H. Spencer, *Principes de physiologie, de la perception en général*, II° vol., chap. XVIII, trad. Ribot.)

2. Voir le chapitre IX, sur *la sensibilité et la mémoire*.

leur cause et de leur objet. Eux aussi sont des plaisirs et des douleurs tout comme les douleurs et les plaisirs causés immédiatement par les choses présentes. Il y a de vraies douleurs ou de vrais plaisirs renouvelés, mais il n'y point d'idées de plaisir ou de douleur.

Impossible à la conscience de les détacher du sujet sentant et d'y opérer, par aucune sorte d'abstraction, un dédoublement semblable à celui du sujet connaissant et de l'objet connu. Le plaisir et la douleur ont pour caractère propre de nous laisser enfermés au dedans de nous-même, sans rien nous apprendre, sinon que notre existence est agréablement ou désagréablement modifiée. En d'autres termes, tandis que, suivant une formule célèbre, il y a du moi et du non moi dans tout fait de connaissance, il n'y a que du moi dans les faits de pure sensibilité, dans les sensations et les sentiments. Cette impuissance où est la conscience de leur donner un caractère quelconque d'objectivité, cette subjectivité en quelque sorte indécomposable, cette subjectivité subjective, comme dit Hamilton, est donc le trait essentiel qui sépare absolument tous les faits de sensibilité de tous les faits d'intelligence.

Voici encore d'autres différences moins importantes, moins absolues, mais qui sont dignes de remarque et qui, d'ailleurs, de près ou de loin, se rattachent encore à cette différence fondamentale. Les idées, même en laissant à part les idées absolues, les formes de l'entendement, les idées innées, les axiomes, les principes nécessaires, sans nous engager en aucune discussion sur la question de leur origine, ont un certain caractère, sinon absolu, au moins relatif, de généralité et de fixité. Leur objet, quel qu'il soit, offre certains points, certains caractères plus ou moins stables, auxquels elles demeurent, pour ainsi dire, attachées et auxquels nous pouvons les comparer, comme la copie à l'original. Les sciences, par leurs descriptions, leurs analyses, leurs définitions, leurs démonstrations, et même, à défaut de la science, l'observation la plus vulgaire des choses qui nous entourent, mettent dans les esprits un certain nombre d'idées communes, susceptibles de comparaison les unes avec les autres. Enfin, alors même que certaines idées varient d'un individu à l'autre, du moins ne varient-elles pas, à chaque instant, dans le même individu.

Au contraire, il n'y a rien de fixe, rien de stable dans le plaisir et dans la douleur. Il semble que le plus ou le moins, qu'un continuel changement soient leur essence même. Quel est celui chez qui le plaisir et la douleur demeurent, deux instants de suite, au même degré? Y a-t-il au monde deux individus que la même cause, le même objet, émeuvent de la même façon? Le vieil adage, *tot capita tot sensus*, est bien plus vrai de la sensibilité que de l'intelligence ; Horace a eu raison de dire :

Quid placet aut odio est, quod non mutabile credas[1]?

Mais nul mieux que Pascal n'a mis en saillie cette continuelle mobilité de nos plaisirs et de nos douleurs: « Les principes du plaisir ne sont pas fermes et stables. Ils sont variables dans chaque particulier avec une telle diversité qu'il n'y a point d'homme plus différent d'un autre que de soi-même. Un homme a d'autres plaisirs qu'une femme, un riche et un pauvre en ont de différents ; un prince, un homme de guerre, un marchand, un bourgeois, un paysan, les vieux, les jeunes, les sains, les malades, tous varient, les moindres accidents les changent. » Ajoutons qu'on sent différemment suivant le ciel sous lequel on vit.

Montesquieu a bien dit : « Comme on distingue les climats par les degrés de latitude, on pourrait les distinguer par les degrés de sensibilité[2]. »

Concluons que, s'il y a des universaux de l'entendement, en quelque sens qu'on les entende, il n'y a pas d'universaux du cœur.

Cette nature essentiellement mobile et fugitive

---

1. Lib. II, epist. I.
2. *Esprit des lois*, liv. XIV, chap. II.

des faits affectifs est une des raisons pour lesquelles ils échappent à une prise directe de la mémoire. Que la mémoire ne retienne pas les plaisirs et les peines comme elle retient les idées, voilà une assertion qui peut paraître, au premier abord, assez étrange et même en manifeste contradiction avec le témoignage de tous les hommes. Qui ne se souvient en effet de ses plaisirs et de ses douleurs? Combien la vie humaine n'est-elle pas charmée, combien aussi n'est-elle pas attristée par le souvenir des biens et des maux qui ne sont plus? Les phénomènes de la sensibilité reviennent donc sans doute à notre esprit, mais, suivant une délicate et exacte analyse de M. Paffe [1], ils n'y reviennent pas de la même manière que les idées, c'est-à-dire par une prise directe et immédiate de la mémoire. Les idées, comme plus tard nous l'expliquerons davantage, réapparaissent par leur propre vertu, tandis que les plaisirs et les douleurs ne peuvent revenir à l'esprit que par le secours et par l'intermédiaire des idées [2].

La façon dont les faits affectifs se comportent

---

1. *Considérations sur la sensibilité*, 1 vol. in-8, Paris, 1830.
Dans cet ouvrage, qui abonde en excellentes analyses psychologiques, l'auteur a pour but principal de distinguer de tous les autres phénomènes de conscience les faits purement affectifs du plaisir et de la douleur.
2. Voir, au chapitre IX, le développement de ce que nous nous bornons à indiquer ici.

les uns à l'égard des autres, comparée aux relations réciproques des faits intellectuels, nous donne encore une autre différence caractéristique que M. Paffe n'a pas moins finement remarquée.

Les idées les plus opposées, les idées contraires, sont toutes susceptibles d'exister simultanément dans notre intelligence qui peut à l'aise les comparer. Non-seulement elles ne se repoussent pas, mais souvent elles semblent plutôt s'attirer que s'exclure, en vertu même de leur contraste. L'idée de la nuit rappelle irrésistiblement celle du jour, l'idée de la maladie celle de la santé, l'idée de la négation celle de l'affirmation. L'opposition ou le contraste ne sont-ils pas une des grandes lois de l'association des idées? Or les sentiments et les sensations, dans leur opposition, ou même seulement dans leur diversité, ne sont pas d'accommodement si facile les uns avec les autres. Des sentiments opposés s'emparent-ils de notre âme, au lieu de coexister paisiblement, ils entrent aussitôt en lutte jusqu'à ce que le plus fort ait chassé le plus faible pour régner seul sur l'âme tout entière. S'agit-il de sentiments qui, sans être opposés, diffèrent d'intensité, c'est le plus vif qui absorbe tous les autres; s'agit-il enfin de sentiments de même nature et d'intensité à peu près semblable, ils tendent à se confondre pour n'en former qu'un seul. Ainsi, comme le dit M. Paffe, à la différence de l'intelligence, la faculté de jouir et de souffrir semble ne pouvoir supporter de division et de partage.

Partout l'habitude agit avec les mêmes lois, comme l'a bien démontré M. Lemoine[1], mais ses effets sont cependant bien différents au regard de l'intelligence et au regard de la sensibilité. En diminuant la dose d'activité mise en jeu, l'habitude, on le sait, émousse les plaisirs. Aussi est-ce une maxime de la plus vulgaire sagesse, qu'il faut les ménager pour les faire durer. A la longue et trop souvent répétés, ils deviennent fades et languissants. Juvénal a bien dit :

*Voluptates commendat rarior usus.*

Mais si l'habitude émousse le plaisir, heureusement pour nous, et comme par une sorte de compensation, elle produit le même effet sur la douleur. « Si nos douleurs et nos plaisirs conservaient toujours la même vivacité, le corps et l'âme, a bien dit un moraliste contemporain, n'existeraient pas[2]. » Avec l'habitude ou, ce qui est la même chose, avec le temps, ce consolateur par excellence, les douleurs les plus vives de l'âme

---

1. *Habitude et instinct*, chapitre sur *l'habitude et la sensibilité*, in-18. Bibliothèque philosophique de Germer Baillière.
2. Laténa, *Étude de l'homme.*

et du corps deviennent moins insupportables. C'est là, pour ainsi dire, la grâce d'état de ceux qui souffrent. Le temps, a dit Sophocle, est un Dieu facile[1]. Selon saint Augustin, le temps guérit la douleur, « tempus dolori medetur[2]. » Voltaire, dans le joli conte des *Deux consolés*, nous montre les deux inconsolables, la femme désolée qui a perdu son époux et le philosophe marié qui a perdu son fils, se revoyant trois mois après, tout étonnés de se trouver d'une humeur très-gaie. « Ils firent ériger une belle statue au Temps, avec cette inscription :

A celui qui console[3]. »

Or c'est un effet tout contraire que l'habitude produit sur l'intelligence. En émoussant, en rendant moins vifs les sentiments et les sensations qui se mêlent aux idées et qui les offusquent plus ou moins, il se trouve qu'elle rend par là même indirectement les idées plus vives et plus distinctes. Plus les actes d'attention sont nombreux et répétés, plus nos connaissances gagnent en précision et en clarté.

Il n'importe pas moins, d'autant que la psycho-

---

[1]. Χρόνος γὰρ εὔχαρις θεός, *Électre*, v. 177.
[2]. *Confessions*, liv. IV, chap. VIII.
[3]. « L'ancienne École a raison, elle qui l'a si rarement, *ab assuetis non fit passio*, habitude ne fait point passion. » (Voltaire, *Questions encyclopédiques*, art. RARE.)

logie touche ici à la morale, d'éviter toute confusion des faits affectifs et des faits volontaires.

Si les rapports sont intimes entre la sensibilité et l'intelligence, ils ne le sont pas moins entre la sensibilité et la volonté. Non-seulement on ne veut que ce qu'on connaît, mais on ne veut que ce qu'on désire; or le désir est un phénomène qui appartient à la sensibilité. L'attrait du plaisir, l'appréhension de la douleur, voilà les stimulants énergiques de toute notre activité en ce monde. On dit que la sensibilité nous émeut; cela est vrai, non pas seulement au sens métaphorique, mais au sens propre; elle nous fait vouloir et agir, elle nous met en mouvement. Sans elle on ne voudrait jamais rien. C'est à cause de l'intimité de ces rapports que quelques philosophes ont plus ou moins confondu les inclinations, les désirs de la sensibilité avec les déterminations de la volonté. Ainsi Malebranche définit la volonté : la faculté de recevoir des inclinations ou le mouvement naturel qui nous porte vers le bien en général. Ainsi, selon Condillac, la volonté est « un désir absolu déterminé par l'idée d'une chose qui est en notre pouvoir. » Son disciple Destutt de Tracy la définit de la même manière : la faculté de sentir des désirs[1].

---

1. « On donne le nom de volonté à cette admirable faculté que nous avons de sentir des désirs. » (*Idéologie*, 1<sup>re</sup> partie, chap. v.)

Comment peu à peu un désir s'accroît-il jusqu'au point d'entraîner et de dominer la volonté? C'est une question d'un grand intérêt pour la psychologie et pour la morale. Contentons-nous de dire, sans pousser plus loin l'analyse, que le désir arrive à ce degré de puissance par la persistance de notre imagination à nous en représenter l'objet, par la concentration de notre pensée sur le bien, sur le plaisir qui en est attendu. De là les tentations, qui ont été analysées, avec tant de subtilité et de profondeur, par les moralistes, par les théologiens et les casuistes. Avec quelle vérité l'auteur de l'*Imitation* n'a-t-il pas décrit, en deux lignes, les phases principales de leur force croissante, depuis qu'elles commencent à s'insinuer dans l'âme, jusqu'à ce qu'elles y règnent en souveraines et subjuguent la volonté! « Une simple pensée s'offre d'abord à l'esprit, puis une vive image que se forme l'imagination, puis le mouvement déréglé et enfin le consentement[1]. » Mais autre chose est le désir, autre chose est le consentement.

Nous pouvons vouloir ou ne pas vouloir, nous pouvons nous résoudre en tel ou tel sens, ou bien en tel ou tel autre; nous pouvons commencer ou

---

[1］ « Nam primo occurrit menti simplex cogitatio, deinde fortis imaginatio, postea delectatio, et motus pravus et assensio. » (Lib. I, cap. XIV.)

ne pas commencer, continuer ou interrompre tel ou tel acte; c'est en quoi consistent notre liberté et notre responsabilité. Le désir, au contraire, naît en nous et subsiste en nous malgré nous, il dépend sans doute de nous de lutter contre lui, de céder ou de combattre, mais non de l'éteindre dans notre cœur. Nous pouvons aller au-devant de certaines causes de plaisir, nous mettre plus ou moins en garde contre certaines causes de douleur; mais ces causes étant données, le plaisir et la douleur s'imposent à nous, malgré nous. Il dépend seulement de nous de consentir ou ne pas consentir. « Si nous ne sommes pas libres de sentir, dit Maine de Biran, nous le sommes de consentir. Pour consentir il faut que l'âme, que le moi se rende présent aux affections sensibles qu'il ne fait pas et qu'il y participe, s'y complaise[1]. » On n'est jamais en liberté d'aimer ou de cesser d'aimer, a dit La Rochefoucauld. Les peines et les plaisirs nous viennent des dieux ; ce sont les dieux qui dispensent le rire et les larmes ; voilà comment Homère et Sophocle expriment poétiquement ce caractère des impulsions de la sensibilité, en opposition aux libres déterminations de la volonté.

Nous retranchons donc de la sensibilité d'abord

---

1. *Essais d'anthropologie. Vie de l'esprit.*

tout ce qui appartient au corps, et non à l'âme, puis les idées, même les plus humbles et les plus confuses, qui toutes sont du domaine de l'intelligence, puis enfin toutes les déterminations qui sont le propre de la volonté, pour ne lui donner en partage que le plaisir et la douleur. Dans notre langue psychologique, la sensibilité ne sera rien de plus, et rien de moins, que la faculté d'éprouver du plaisir et de la douleur. Ainsi, d'ailleurs, nous nous conformons, loin d'innover, à la langue de tout le monde et à celle des grands écrivains du XVIIe siècle[1]. En outre, parmi les psychologues eux-mêmes, nous suivons l'exemple de Jouffroy et d'autres auteurs récents dont les ouvrages font autorité dans la science[2].

---

1. Voici encore quelques exemples tirés des grands auteurs à l'appui de cette signification que nous donnons au mot de sensibilité : « Il y a un excès de biens et de maux qui passent notre sensibilité. » (La Rochefoucauld.)

« Il est bien certain que ce qui s'appelle sentiment du cœur et en général sensibilité commence par les yeux. » (Bossuet, *Traité de la concupiscence*, chap. IX.)

L'auteur, quel qu'il soit, Bossuet ou Fénelon, du sermon sur les obligations de la vie religieuse, parle ainsi : « Une vive amitié cause aux deux époux des délicatesses, des sensibilités, des alarmes. » Malebranche se sert du mot sensibilité pour signifier l'impression, la prise sur les sens. Ainsi il recommande de ne pas donner « trop de sensibilité au style ».

2. Dans la *Théorie des facultés de l'âme humaine*, qu'on trouve dans ses *Mélanges*, Jouffroy définit la sensibilité : « Cette susceptibilité d'être affecté péniblement ou agréablement par toutes les causes intérieures ou extérieures et de réagir vers elles par des

mouvements d'amour ou de haine, de désir ou d'espérance, qui sont le principe de toutes les passions. » M. Damiron définit de la même façon la sensibilité dans son *Cours de psychologie*. M. Franck, dans l'article SENSIBILITÉ du *Dictionnaire des sciences philosophiques*, donne aussi la même signification. L'auteur de la *Théorie scientifique de la sensibilité*, M. Léon Dumont, entend comme nous, par sensibilité, la faculté d'éprouver du plaisir et de la douleur. De même aussi M. Janet dans son *Traité élémentaire de philosophie*.

# CHAPITRE III

## DE LA CAUSE DU PLAISIR

Insignifiance et tautologie des diverses définitions du plaisir et de la douleur. — On ne peut les définir que par leur cause. — A quelles conditions un être est sensible. — Activité, conscience, unité, finalité. — Fin de l'activité propre à tous les êtres vivants. — Tendance fondamentale à persévérer dans l'être. — Autant cette tendance comprend d'énergies spéciales, autant il y a de sources particulières de plaisir et de douleur. — Le plaisir est concomitant à tout développement libre et régulier; la douleur à tout empêchement ou contrariété. — De l'activité normale dans chaque être. — La doctrine de l'évolution laisse elle-même subsister une activité normale. — Différence entre l'exercice de l'activité qui engendre le plaisir et une dépense excessive de force d'où naît la douleur. — Diverses conditions de la perfection ou de l'imperfection d'une énergie. — Perfection de l'objet. — Comment elle se ramène à la perfection de l'énergie.

Il semblera peut-être que nous aurions dû commencer par une définition du plaisir et de la douleur. Mais le plaisir et la douleur, comme tout ce qui est simple, comme toutes les qualités sensibles, se refusent par leur nature même à une définition nominale[1]. Que sont-ils donc? Ils sont ce

---

1. « Le plaisir ou la douleur paraît consister dans une aide ou

que nous les sentons et ils ne sont pas autrement que nous les sentons, voilà notre seule réponse. Aussi toutes les définitions qu'on a voulu en donner ne nous apprennent-elles absolument rien sur leur nature ; ce ne sont que de vaines répétitions de ce qu'il s'agit de définir, d'insignifiantes tautologies où les termes seuls sont changés. D'après Cicéron : « Omnes, jucundum motum quo sensus hilaretur, græce ἡδονήν, latine voluptatem vocant[1]. » Mais que savons-nous de plus sur le plaisir, quand on nous a dit que c'est un mouvement agréable dont les sens sont réjouis ? Saint Augustin nous apprend bien quelque chose en définissant la douleur : le sentiment de l'âme offensée de quelque obstacle qu'elle rencontre dans le gouvernement du corps[2] ; mais c'est à la condition de faire intervenir dans sa définition une des causes de la douleur, à savoir le dérangement des organes.

Charron ne nous apprend rien plus que Cicéron lorsqu'il nous dit : « La volupté est un mouvement et un chatouillement plaisant, comme à l'opposite la douleur est un sentiment triste et

---

un empêchement notable. J'avoue que cette définition n'est point nominale et qu'on n'en peut point donner. » (Leibniz, *Nouveaux Essais*, liv. II, chap. XX.)

1. *De finibus*, II, 3.
2. « Cum afflictiones corporis moleste sentit anima, actionem suam quæ illi regendo adest, turbato ejus temperamento impediri offenditur ; et hæc offensio dolor vocatur. » (*De Gen.*, cap. XIV)

déplaisant¹. » De même en est-il de cette définition de Bossuet : « Le plaisir est un sentiment agréable qui convient à notre nature; la douleur un sentiment désagréable contraire à la nature². » Y a-t-il plus de lumière dans cette définition de Maupertuis : « Le plaisir est toute perception que l'âme aime mieux éprouver que ne pas éprouver; la peine toute perception que l'âme aime mieux ne pas éprouver qu'éprouver³. »

De même en est-il de ces définitions que nous trouvons citées dans le *Dictionnaire des sciences médicales :* « La douleur est une sensation incommode qui agite notre économie. » Ou bien : « Une perception incommode et confuse provenant d'une lésion quelconque des fibres nerveuses⁴ ». Autant vaudrait dire que le plaisir est un plaisir, ou la douleur une douleur. Ne sont-ce pas là des définitions de même nature que celle de la lumière dont se moque Pascal? « J'en sais qui ont défini la lumière en cette sorte: la lumière est un mouvement luminaire des corps lumineux. Comme si l'on pouvait entendre les mots de luminaire et de lumineux sans celui de lumière⁵! » De même, ajoutons-nous, on ne peut entendre ceux d'agré-

---

1. *De la Sagesse*, liv. III, chap. XXXVIII.
2. *Connaissance de Dieu et de soi-même*, chap. 1ᵉʳ.
3. *Essai de philosophie morale*, in-12, 1751.
4. Article Douleur, par Renaudin.
5. *De l'esprit géométrique.*

ment ou de désagrément sans ceux de plaisir ou déplaisir. Mais si nous ne pouvons définir en eux-mêmes le plaisir et la douleur, nous pouvons chercher à les définir par leur cause.

Quelle est donc cette cause? Pourquoi y a-t-il des êtres sensibles et d'autres insensibles? Pourquoi sommes-nous sujets au plaisir et à la douleur? Pour trouver d'où ils viennent il ne faut pas s'arrêter aux objets extérieurs, quoique ce soient eux qui nous charment, à ce qu'il semble, ou nous heurtent et nous blessent; ni même il ne faut s'en tenir à notre corps, à l'état bon ou mauvais des organes, quoiqu'ils nous touchent de plus près, ni enfin à aucune circonstance accidentelle. La cause d'où dérive toute douleur, comme tout plaisir, est bien plus intime et bien plus profonde; elle n'est pas au dehors, mais au dedans; elle est dans notre essence même.

Supposons un instant, pour mieux nous faire comprendre, qu'au lieu d'être essentiellement active notre nature soit absolument inerte, c'est-à-dire dépourvue de toute inclination ou ressort, de tout pouvoir d'agir ou de réagir, semblable à une pâte molle, à un morceau de cire qui reçoivent indifféremment toutes les formes et les empreintes. C'est en vain que vous lui feriez prendre toutes les figures, que vous la retourneriez dans tous les sens, rien ne lui étant conforme ou contraire, convenable ou opposé, rien ne saurait l'émouvoir, la douleur pas plus que le plaisir. On voit donc tout d'abord que sentir est le propre d'une nature active et non d'une nature inerte. Aristote, auquel il faut toujours revenir dans une théorie du plaisir et de la douleur, a dit profondément : « C'est dans l'action que semble consister le bien-être et le bonheur[1]. » Mais cependant ce n'est pas toute activité, ce n'est pas une force quelconque, une force, par exemple, faisant mouvoir une machine, ou bien répandue dans le sein de l'univers, qui deviendra jamais, quelque active qu'elle soit, un sujet sentant. La seule activité apte à devenir un tel sujet est une activité déterminée, circonscrite dans les limites d'un être particulier et non diffuse dans tous les éléments du monde. Nous n'avons garde de suivre les traces de Campanella[2], ou celles de Hartmann[3], ou même de M. Léon Dumont[4], qui mettent la sensibilité dans toutes

---

1. Comme pour l'artiste, pour quiconque a une œuvre à accomplir, le bien et ce qui est bien, dit Aristote, consiste pour l'homme dans l'action : Ἐν τῷ ἔργῳ δόκει τὸ ἀγαθὸν εἶναι καὶ τὸ εὖ. (Morale à Nicomaque, I$^{er}$ liv., chap. VII.)

2. Voir le *De sensu rerum*, dont voici le titre complet qui indique bien l'esprit et le but de l'ouvrage : *Pars mirabilis occultæ philosophiæ ubi demonstratur mundum esse Dei vivam statuam beneque cognoscentem, omnesque illius partes partiumque partes sensu donatas esse*, etc.

3. *Philosophie de l'inconscient.*

4. M. Dumont, dans sa *Théorie scientifique de la sensibilité,*

choses, non pas seulement dans l'homme ou dans l'animal, mais dans les rochers ou même dans l'éther qui vibre à travers l'espace.

Non-seulement il faut que cette activité, pour être sensible, soit particulière et déterminée, mais elle doit aussi avoir un certain but, une certaine fin, sinon, comme le remarque Jouffroy[1], n'étant inclinée ni en un sens ni en un autre, il n'y aurait encore pour elle ni convenance ni contrariété, pas plus, à ce qu'il semble, que pour une nature absolument inerte[2]. A ce caractère devra s'ajouter celui de l'unité, non pas d'une unité collective, comme celle d'un ensemble, d'un système de forces, mais d'une unité absolue. La sensibilité, comme la connaissance, réclame une force unique, indivisible, sujet et cause de tous les phénomènes

---

ayant attaché le plaisir et la douleur à toute augmentation ou diminution d'une force quelconque, il se trouve conduit à animer aussi l'univers entier. Il imagine même, par suite de l'équilibre des forces, un équilibre de plaisir et de douleur au sein de l'ensemble des mondes. La question de la sensibilité et aussi celle de l'optimisme devient aussi pour lui un problème de mécanique rationnelle.

1. *Cours de droit naturel*, II⁰ leçon.
2. « Il est évident au point de vue psychologique, a bien dit Damiron, que si l'âme par sa nature n'avait pas une fin déterminée, rien ne pourrait la toucher et exciter son intérêt, car rien ne la rapprocherait, comme rien ne la détournerait, d'une fin qu'elle n'aurait pas. Elle resterait indifférente sur toutes les vicissitudes d'une vie qui lui aurait été donnée sans destination et sans but. » (*Psychologie.*)

qui se produisent dans l'être vivant. Dans l'homme, par exemple, cette force unique sera la cause de tous les phénomènes humains, non pas seulement des phénomènes intellectuels et volontaires, mais des phénomènes vitaux et organiques. Supposez en effet que la même force ne soit pas principe de tout, principe de la vie, comme de la pensée, comment comprendre qu'elle ne soit pas moins affectée, et d'une manière non moins immédiate, par les modes de la vie que par ceux de la pensée? Comment le plaisir et la peine se communiqueront-ils si immédiatement, si infailliblement, de l'un à l'autre principe?

Il n'est pas besoin d'ajouter qu'il y a encore une autre condition, non moins essentielle, celle de la conscience, sans laquelle toutes les autres seraient comme si elles n'existaient pas. A son plus faible degré, la sensibilité requiert un commencement de conscience, quelque faible qu'il soit; où il y a inconscience absolue il y a insensibilité absolue. Mais comme la conscience commence, suivant nous, avec la vie elle-même[1], tous les êtres de la nature vivante sont reliés, pour ainsi dire, entre eux par une chaîne de plaisirs et de douleurs qui vont parallèlement en croissant avec la conscience

---

1. C'est l'opinion que nous avons soutenue dans un chapitre de notre ouvrage : *De la Vraie Conscience*, in-18, chap. V, Hachette.

et l'intelligence, depuis la plus obtuse sensation de bien-être ou de malaise, jusqu'au plus haut degré de plaisir ou de douleur que l'homme soit capable de sentir ou de supporter.

Pour achever de connaître toutes les conditions du plaisir et de la douleur il ne s'agit plus que de déterminer quelle est la fin vers laquelle incline nécessairement l'activité de tous les êtres vivants. Cette fin qui n'a véritablement rien de caché, rien de mystérieux, n'est autre que l'amour même de l'être, l'instinct de la conservation qui est imprimé, pour ainsi dire, dans les entrailles de tout être doué de vie. « Tout animal, dit Cicéron, d'après les stoïciens, sitôt qu'il naît s'aime lui-même et toutes les parties de son être; d'abord il embrasse les deux principales, qui sont l'âme et le corps, puis chacune des parties de l'un et de l'autre[1]. »

Les stoïciens admettaient une constitution propre à chaque vivant, σύςασις, avec une inclination fondamentale à la conserver. Chaque être a une inclination naturelle vers sa forme, ont dit dans le

---

[1]. « Omne animal, simul ac ortum est et se ipsum et sui omnes partes diligit, duasque quæ maximæ sunt in primis amplectitur, animum et corpus, deinde utriusque partes.
*De natura Deorum*, lib. I, II. Tel est aussi dans le *De finibus* le point de départ de la doctrine stoïcienne exposée par Caton : « Placet istis quorum mihi ratio probatur, simul atque natum sit animal, ipsum sibi conciliari et commendari ad se conservandum, etc. »

même sens les docteurs scholastiques. Quamlibet formam sequitur aliqua inclinatio [1]. C'est là aussi que Malebranche place le principe de toutes les inclinations : « Nous avons premièrement une inclination vers le bien en général, laquelle est le principe de toutes nos inclinations naturelles, de toutes nos passions, et de tous les amours libres de notre volonté [2]. » De cette inclination fondamentale il déduit en premier lieu l'inclination pour la conservation de notre être ou de notre bonheur.

Mais Spinoza, dans le livre cinquième de l'*Éthique*, où il traite des affections, a exprimé avec plus de force et plus de profondeur cette grande loi de tous les êtres animés. Sans être spinoziste, sans faire de l'homme un mode de l'unique substance, on peut admettre ces deux propositions fondamentales sur lesquelles Spinoza établit sa belle théorie des passions : 1° toute chose, autant qu'il est en elle, s'efforce de persévérer dans son être; 2° l'effort par lequel toute chose tend à persévérer dans son être n'est rien de plus que l'essence actuelle de cette chose [3]. Il donne

---

1. Saint Thomas, *Summ. theol.*, pars. I<sup>a</sup>, quæst. 80.
2. *Recherche de la vérité*, liv. IV, chap. I.
3. « Unaquæque res, quantum in se est, in suo esse perseverare conatur. » (Prop. 6.)

« Conatus quo unaquæque res in suo esse perseverare conatur, nihil est præter ipsius rei actualem essentiam. » (Prop. 7.)

à cette tendance le nom de désir, « cupiditas ». Le désir est, dit-il, l'essence même de l'homme.

L'amour de soi, dont Jouffroy, dans ses *Mélanges philosophiques*, fait le principe unique de tous les mouvements les plus variés, et en apparence les plus contraires, de la sensibilité, est la même chose, sous une autre forme, que la tendance à persévérer dans l'être, que le désir de Spinoza, que l'inclination fondamentale au bien de Malebranche. « L'amour de soi, dit-il, est la loi suprême et fatale de la force sensible dominant tout et expliquant tout dans la sphère sensible, et les phénomènes et la sensibilité elle-même. » Telle est la cause première du plaisir et de la douleur. Il y a plaisir toutes les fois que l'activité de l'âme, ou bien celle d'un être vivant quelconque, s'exerce dans le sens des voies de sa nature, c'est-à-dire dans le sens de la conservation ou du développement de son être ; il y a douleur au contraire toutes les fois que cette activité est détournée de son but et empêchée par quelque obstacle du dedans ou du dehors[1].

Tout ce que nous venons de dire suppose dans

---

[1]. Cette expression d'amour de soi nous semble moins exacte, parce qu'elle est plus restreinte, que celle d'amour de l'être. C'est un point sur lequel nous aurons à revenir quand nous traiterons de la sensibilité par sympathie et que nous combattrons les théories dualistes sur la sensibilité. Voir notre chapitre VIII.

chaque être l'existence d'une activité normale, un type de l'espèce et de nos facultés, auquel se rapporte, par conformité ou déviation, par harmonie ou désaccord, tout plaisir, comme toute douleur. Mais ici nous paraissons courir le risque de nous trouver aux prises avec l'école de l'évolution, selon laquelle il n'y a point de type de l'espèce, point d'activité normale, rien qui ne soit sujet à changement et transformation.

Nous croyons que, sans entrer dans une discussion approfondie avec les évolutionnistes, nous pouvons nous borner à faire remarquer que l'évolution, quand elle serait démontrée, laisserait subsister intacte, au moins pour longtemps encore, l'existence de l'activité normale et par conséquent la théorie de la sensibilité dont nous en faisons le fondement. De là un accommodement possible, sinon définitif, au moins d'une durée très-satisfaisante, quoique provisoire.

En effet, même en supposant qu'il fût prouvé qu'il n'y a point de type absolu de l'espèce, que toutes les espèces, y compris la nôtre, vont en se transformant, les plus zélés partisans de l'évolution sont bien obligés de convenir que ces transformations ne s'opèrent pas, du jour au lendemain, au gré de leur impatience, et qu'elles ne sont certainement pas des changements à vue. Pour trouver où les placer, il faut reculer les temps et prodiguer les siècles. Ce qu'il y a de certain, c'est qu'on a beau remonter à bien des milliers d'années; si loin que notre expérience puisse s'étendre, nul n'en a pu montrer encore une seule accomplie, ni simplement en voie de s'accomplir, non-seulement dans l'homme, mais dans aucun animal, même dans les organisations inférieures. J'en conclus qu'entre ces intervalles à long terme, avant que s'achève la métamorphose de l'être ancien en un être nouveau, avant qu'il y ait lieu de faire je ne sais quelle psychologie nouvelle, il y a une perspective fort rassurante de stabilité et de durée pour l'activité normale actuelle, et pour la psychologie du plaisir et de la douleur que nous y rattachons tout entière.

Si même, en ajoutant les siècles aux siècles, un temps doit en effet arriver où s'opère ce merveilleux changement, il y aura toujours une activité normale. Ce ne sera plus sans doute la même, mais elle devra remplir exactement le rôle de celle dont elle aura pris la place; elle devra, comme elle, être en rapport avec la nature, avec les tendances et les facultés de l'être nouveau engendré par cette lente et tardive évolution, sinon cet être ne pourrait exister. Si donc, en ce temps-là, il y a encore des psychologues qui étudient le plaisir et la douleur, c'est, comme nous, sur cette activité normale qu'ils devront s'appuyer.

Notre théorie de la sensibilité n'a donc pas, à ce qu'il semble, de grands risques à courir de l'action plus ou moins perturbatrice de l'évolution, et nous pouvons passer outre, sans nous en inquiéter davantage.

En n'abandonnant pas cette ferme base de l'activité normale, sans laquelle jamais nul être n'a existé et n'existera, qu'il y ait ou qu'il n'y ait pas d'évolution, nous n'aurons pas de peine à nous défendre contre cette autre objection que nous adresse M. Léon Dumont.

L'exercice de nos facultés, comme d'une force, quelconque, étant une consommation, une dépense d'activité, si, conformément à notre théorie, le plaisir consistait dans l'exercice de nos facultés, comment le distinguer de la douleur, qui elle-même, d'après nous, n'est qu'une diminution d'activité ? L'identité du plaisir et de la douleur, telle serait la conséquence étrange de l'explication que nous prétendons donner ; d'où notre adversaire conclut que le plaisir consiste, non pas à dépenser de la force, mais tout au contraire à en recevoir.

Est-ce bien là une autre théorie, en contradiction avec celle que nous croyons la vraie ? Sans doute recevoir et dépenser, pris en eux-mêmes, sont deux choses fort différentes ou même opposées ; mais néanmoins il arrive qu'elles se supposent, loin de se contredire, dans le sein de l'activité normale des êtres vivants qui ne peut subsister qu'à cette double condition, connexe et réciproque, de recevoir et de dépenser. Qu'il y ait augmentation ou réception de force en un être vivant, sans quelque écoulement proportionnel, tout aussitôt se produirait cet excès en plus, non moins nuisible, non moins douloureux, que l'excès en moins. D'un autre côté, la dépense toute seule, si elle n'était immédiatement compensée par quelque augmentation correspondante, ne deviendrait pas moins promptement un défaut, un déchet et en conséquence une douleur [1]. Remarquons d'ailleurs que l'énergie d'un être vivant a cela de propre que, loin de s'épuiser, à moins d'excès, elle grandit et se fortifie par l'action, tandis qu'elle dépérit par le repos. Le plaisir est une dépense, sans doute, mais équilibrée et proportionnée ; la douleur est aussi une dépense, mais sans compensation et disproportionnée. Ainsi s'efface, ou plutôt ainsi se concilie et se neutralise, au sein de l'harmonie de l'activité normale, cette prétendue antithèse de la force reçue et de la force dépensée. L'une ne va pas sans l'autre ; l'une suppose l'autre, de telle sorte qu'on ne peut les

---

1. Objection de Léon Dumont. Voir dans la *Revue philosophique* du 1<sup>er</sup> mai 1875, notre article sur la *Cause du plaisir*.

considérer à part ni les opposer l'une à l'autre, sans se placer en dehors de cette activité normale, de cette harmonie qui est le propre de l'être vivant.

Considérons maintenant dans ses divers effets le jeu de l'activité normale, ce grand et unique principe du plaisir et de la douleur. Tous les modes, sans exception, de cette activité, soit l'activité motrice et vitale, soit l'activité intellectuelle et volontaire, sont accompagnés de plaisir ou de douleur, selon qu'ils s'exercent sans empêchement dans le sens de ce grand but de la conservation, ou selon qu'ils en dévient et tournent à la destruction ou à l'amoindrissement de notre être [1]. Le plaisir, a dit profondément et poétiquement Aristote, est le complément de l'acte; il le complète, non comme une qualité qui existerait dans l'âme préalablement, mais plutôt comme une fin qui vient se joindre au reste, comme la fleur de la jeunesse à l'acte heureux qu'elle anime [2]. Ainsi le plaisir s'ajoute naturellement, comme par surcroît, à l'exercice libre et régulier de l'activité, ou plutôt, suivant une autre expression d'Aristote, cette activité le porte en elle-

---

1. Παντὶ δὲ πάθει καὶ πάσῃ πράξει ἕπεται ἡδονὴ καὶ λύπη. (*Morale à Nicomaque*, II⁰ liv., chap. III.)
2. *Morale à Nicomaque*, liv. X, chap. IV; trad. de B. Saint-Hilaire.

même dans la plus intime et la plus indissoluble des unions.

Selon Hamilton, cet habile et pénétrant interprète de la doctrine d'Aristote, le plaisir est l'efflorescence de la perfection de l'acte. Chaque pouvoir de l'âme, chaque action de l'âme sur le corps est à la fois la faculté d'une énergie spéciale et la capacité d'une douleur et d'un plaisir appropriés qui accompagnent cette énergie. Le plaisir et la douleur sont des phénomènes concomitants ou des contre-phénomènes de chaque énergie particulière[1].

En même temps que l'explication du plaisir et de la douleur, nous avons celle de leur plus ou moins grande intensité. Plus est parfaite l'énergie déployée et plus elle est agréable; plus elle est imparfaite et empêchée et plus elle est désagréable. Il faut, dit Aristote, que l'esprit qui contemple et

---

1. Voici comment il définit la cause du plaisir et de la douleur : « Pleasure is a reflex of the spontaneous and unimpended exertion of a power of whose energy we are conscious; pain, a reflex of the overstrained or repressed exertion of such a power. » (*Metaphysics*, liv. II, chap. XLI.) Voir ce chapitre et les suivants pour sa théorie de la sensibilité.

Alexandre Bain restreint, à ce qu'il semble, à l'activité vitale une loi qui est générale et s'étend à tous les modes de l'activité. Aussi cherche-t-il à lui donner pour complément une autre loi qu'il appelle: loi de stimulation. « States of pleasure are connected with an increase, and states of pain with an abatement of some, or all, of the vital functions. » (*Intelligence und senses*, 2ᵉ éd., Lond., 1864, p. 289.)

que ce qui est contemplé soient ce qu'ils doivent être. Mais comment seront-ils ce qu'ils doivent être l'un et l'autre? Quelles sont les conditions de la perfection d'une énergie ou d'une faculté? On peut en distinguer deux sortes : celles qui regardent le sujet ou le pouvoir lui-même qui est en exercice, et celles qui regardent l'objet sur lequel elle agit, quoique en dernière analyse, comme nous le verrons, les unes et les autres se ramènent à l'activité du sujet, hors de laquelle il n'y a absolument ni plaisir ni douleur. Au premier point de vue, une énergie est parfaite quand la faculté et ses organes, comme le remarque Aristote, sont en bon état, quand ses manifestations ne demeurent pas au-dessous de la plénitude naturelle de sa puissance, et aussi quand elles ne l'excèdent pas. En effet, si le plaisir vient de l'activité, il ne dépend pas seulement de la quantité, mais aussi de la qualité de l'activité, en rapport avec la nature de l'être qui en est le sujet, c'est-à-dire, encore une fois, de l'activité normale. Au delà d'un certain degré, l'activité se fatigue et s'épuise; d'agréable elle devient douloureuse, alors que, dépassant ses forces et ses limites naturelles, elle tourne à sa propre ruine, c'est-à-dire à celle de notre être même, au lieu de concourir à notre conservation et à notre développement. Toutes les fois que cet excès a lieu, la douleur est là pour nous avertir énergiquement que, sous peine de vie, il faut s'arrêter et se garder de passer outre. Le plaisir est donc généralement attaché aux activités moyennes et proportionnées; s'il arrive qu'une activité extraordinaire, excessive, fasse briller un instant des éclairs de plaisir, bientôt elle est suivie d'abattement et de douleur. C'est en effet une loi générale de la sensibilité, que tout exercice de nos forces physiques ou intellectuelles, si agréable qu'il soit d'abord, se change bientôt en une douleur quand il devient trop vif et trop prolongé : « in præcipiti est voluptas, a bien dit Sénèque, ad dolorem vergit nisi modum teneat[1]. »

Tout en constatant la grande loi qui fait dériver le plaisir de l'activité, Lévêque de Pouilly n'a pas moins bien marqué cette restriction qui la borne et au delà de laquelle commence la douleur : « Il y a, dit-il, un agrément attaché à ce qui exerce les organes sans les affaiblir. Il y a aussi un agrément attaché à ce qui exerce l'esprit sans le fatiguer[2]. » Donc une énergie quelconque peut être plus ou moins imparfaite et, en conséquence, plus ou

---

1. Epist. XXIII.
2. *Théorie des sentiments agréables*, in-12, Paris, 1769. Cet ouvrage, aujourd'hui trop oublié, a eu cinq éditions. Reid, en traitant du plaisir et de la douleur, le mentionne avec de grands éloges : « C'est un sujet, dit-il, qui a été parfaitement traité par un écrivain français dans un ouvrage intitulé : *Théorie des sentiments agréables.* »

moins douloureuse, de quatre manières différentes, qui s'opposent deux à deux, comme trop forte, ou comme trop faible, comme trop prolongée ou trop courte.

Pour qu'une énergie soit parfaite, il faut, en outre, que son objet remplisse certaines conditions. Tout objet n'est pas également propre à en favoriser le développement complet. Il faut non seulement qu'il la mette en jeu, mais qu'il la fasse se déployer tout entière, sans toutefois la pousser jusqu'à la fatigue et l'épuisement. Là se trouve la raison de l'agrément de tel ou tel objet ; voilà pourquoi il y a des choses qui nous plaisent davantage, d'autres moins, d'autres enfin qui nous déplaisent. Un objet est-il trop simple, ou trop insignifiant, pour donner lieu à quelque déploiement de notre activité, il nous laisse presque insensibles. Est-il au contraire trop compliqué pour que notre intelligence puisse, sans fatigue, en saisir les rapports, il nous est désagréable, à moins que nous ne soyons stimulés à l'étudier par quelque intérêt particulier.

Mais on voit comment, en définitive, les causes externes ou les conditions objectives se ramènent toujours à la cause interne et subjective qui est le déploiement de l'activité. Que l'activité soit excitée du dedans ou du dehors, c'est toujours à elle, et à elle seule, qu'il faut en revenir, si l'on veut remonter à la source unique du plaisir et de la douleur[1]. L'objet n'est pas agréable par lui-même ; il ne l'est qu'autant qu'il favorise la perfection de l'énergie.

[1]. Quand nous avons supposé qu'il pouvait y avoir quelque agrément dans certains objets, nous ne l'avons pas entendu d'une autre façon. Nous croyons donc n'avoir pas mérité le reproche de contradiction qui nous a été fait à ce propos par M. Courdaveaux, dans son ouvrage sur les *Causes du rire*. Mais cette critique était pour nous un avertissement d'être plus clair et plus précis sur ce point important.

# CHAPITRE IV

### DE LA CRAINTE DE LA MORT

Impressions mondaines au sujet de la mort. — Amour de la vie, le premier de tous les plaisirs. — Crainte de la mort, la plus grande des peines. — Comment toute la sensibilité en est continuellement affectée. — De quelques travers d'esprit et de sentiment où nous jette l'appréhension de la mort. — Mauvaise foi et sophismes dans nos raisonnements au sujet de la mort. — Hommes et mortels expressions synonymes. — Diverses impressions à la nouvelle d'une mort. — Étonnement et stupeur du premier moment. — Puis mauvaise humeur et récriminations contre celui qui est mort. — Tactique des vivants à l'égard des morts. — Méchantes querelles que nous leur faisons pour s'être laissés mourir. — Exception chimérique où chacun cherche à se placer. — Tactique semblable à l'égard des malades. — Citation de Xavier de Maistre. — De la commisération pour les morts. — Quel sentiment l'homme sage doit avoir sur la mort. — Faut-il y penser toujours, ou ne faut-il y penser jamais? — Deux excès. — Résignation à la loi commune. — Sage précepte de Descartes. — Aimer la vie sans craindre la mort.

Qu'on rentre au dedans de soi pour observer d'où naît le plaisir et d'où il se répand dans toute l'âme, ou qu'on examine ce qui fait jouir et souffrir les autres hommes, ou bien encore qu'on interroge les observateurs les plus profonds de la nature humaine, on s'assure également, par toutes ces diverses voies, que l'activité normale, que l'évolution de l'être suivant sa loi, ou cette même activité empêchée et contrariée, hors de son équilibre naturel, est la cause unique, la règle et la mesure de tous les plaisirs et de toutes les douleurs. Non-seulement il n'est pas un seul mode d'activité que le plaisir ou la douleur n'accompagnent à quelque degré, mais il n'est pas un seul fait affectif, même les prétendus plaisirs passifs du repos physique ou moral, qui ne soit l'effet de l'activité; enfin il n'est pas un ressort de notre être physique et moral qui ne soit cause de quelque plaisir ou de quelque peine, selon qu'il joue librement ou qu'il est empêché. Nous pouvons donc dire avec Virgile :

Hinc metuunt cupiuntque, dolent gaudentque[1].

La tendance fondamentale à persévérer dans l'être se manifeste en premier lieu, et d'une manière immédiate, par l'amour de la vie, par le plaisir de vivre, plaisir qui est au cœur de tout ce qui respire. Il y a, non-seulement dans l'homme, mais dans toute la nature animée, un immense désir de vivre, comme dit Pline l'Ancien : « vivendi immensa cupido. » Qu'il est doux d'être au monde et quel bien que la vie ! C'est le cri de tous les êtres

---

1. *En.*, liv. VI, v. 733.

vants, au sein même de la douleur, au sein des plus affreuses tortures physiques et morales. Sauf de rares exceptions, telles que le dévouement et le suicide, dont nous n'avons pas à nous occuper, nous voyons cet amour de la vie comprendre et dominer tous les autres amours ou plaisirs, comme l'inclination fondamentale à persévérer dans l'être comprend et domine toutes nos autres inclinations. Pourquoi le sentiment de l'être est-il pour nous le premier des plaisirs en date, en durée et en étendue? Pourquoi aimons-nous par dessus tout l'existence? c'est que la vie, comme l'a dit profondément Aristote, est une sorte d'acte[1], c'est que nous n'existons que par la continuité de cette activité qui est notre essence même et la source de tout plaisir. Nous n'aimons pas seulement la vie à cause des biens et des plaisirs dont elle nous permet de jouir; nous l'aimons pour elle-même, indépendamment de tous les biens, de toutes les circonstances, qui peuvent plus ou moins nous y attacher; nous l'aimons même en dépit de tous les malheurs, de toutes les souffrances qui devraient nous la faire prendre en haine. Il y a la joie de l'existence, « the enjoyement of existence, » comme

---

1. ἡ δὲ ζωὴ ἐνέργειά τις ἐστί. (*Morale à Nicomaque*, liv. X chap. IV.)

dit Hamilton, qui n'a pas d'autre cause que la conscience même d'exister.

Si, dans le train ordinaire des choses, dans l'état de santé, nous ne prenons pas beaucoup de garde à cette joie de l'existence, c'est à cause de sa continuité, à cause de l'habitude et du défaut de saillie ; mais il n'en est plus de même quand nous sommes menacés de la perdre. Alors ce sentiment apparaît dans toute sa vivacité, dans toute sa force. La grandeur de la crainte de la mort donne bien la mesure de la grandeur de l'amour de la vie ; ces deux sentiments de notre cœur sont en exacte proportion l'un de l'autre. Comme l'appréhension de la mort met en son plus grand relief le plaisir de vivre, c'est de ce point de vue, en renversant les traits, que nous allons le considérer.

La tendance à se conserver dans l'être étant le principe même du plaisir et de la douleur, il est naturel de parler d'abord du sentiment immédiat qu'elle fait naître dans l'âme, c'est à dire de l'amour de l'être, ou, ce qui revient au même, de la crainte de le perdre, d'autant que, de près ou de loin, et pendant la vie tout entière, elle affecte profondément la sensibilité. Par cette crainte, toute la vie est comme voilée et assombrie ; pas de bonheur qui dure, rien de si plaisant à quoi ne se mêle, pour l'empoisonner, cette funèbre per spective. C'est, comme on l'a dit bien avant nous, le squelette hideux et ricaneur, à peine déguisé, de la danse macabre qu'on aperçoit sournoisement et tragiquement mêlé, par un affreux contraste, à toutes les grandeurs, à toutes les joies et à toutes les fêtes de ce monde. A aucune époque on ne trouve de plus vives et plus saisissantes expressions de cette épouvante de la mort qu'au moyen âge, mais, sous des formes plus ou moins adoucies, on voit le même sentiment dans le cœur de l'homme de tous les temps, de tous les pays et au sein de toutes les religions. Ainsi Cicéron s'écrie, tout comme un père de l'Église ou un moine : « Quel bonheur peut-il y avoir dans la vie, alors que, jour et nuit, il faut penser qu'à chaque instant la mort peut venir[1] ? »

Non-seulement toute joie en ce monde est diminuée, mais que de douleurs sont accrues, et quelle douleur suprême couronnant toutes les autres découle de ce grand mal de la mort ? Qui ne s'est écrié, ou qui ne s'écriera, avec l'Écriture : *Siccine mors amara separat !* c'est donc ainsi que l'amère mort sépare ! Mais nous n'avons nullement la pensée de sonder toutes les profondeurs et toutes les angoisses d'un pareil sujet ; nous ne regarderons pas au delà de la tombe ;

---

1. « Quæ potest in vitâ esse jucunditas quum dies et noctes cogitandum sit jam jamque esse moriendum ? » (I<sup>re</sup> *Tusculane.*)

nous n'essaierons pas d'aller sur les traces de tant de sages, de moralistes, de théologiens, de grands prédicateurs, qui en ont su tirer de si grands enseignements et de si salutaires leçons. Qu'ajouter, d'ailleurs, qui ait quelque importance et quelque moralité nouvelle, à leurs analyses, à leurs tableaux, à leurs préceptes? Aussi, sans exclure cependant tout enseignement moral, nous prendrons de préférence ce grand sujet par quelques-uns de ses petits côtés, en relevant, à un point de vue plus mondain que religieux et moral, certains travers d'esprit et de sentiment où cette pensée de la mort, si pleine de trouble et d'effroi, jette habituellement la plupart des hommes.

Rien de plus singulier, de plus en dehors de la logique et du sens commun, quand on les examine de sang-froid, que les raisonnements en usage pour nous amuser et nous étourdir, malgré tant de sinistres avertissements tout le long de la route, malgré les lois mêmes de la nature. Qu'ils sont peu solides, peu spécieux même, et peu propres à faire des dupes, si nous n'avions pas un si grand désir de l'être, si nous n'avions pas un parti pris de fermer les yeux et de nous tromper nous-mêmes!

De même qu'il y a des sophismes de la passion ou des sophismes de l'amour-propre, et bien d'autres encore, de même il y a, on peut le dire, des sophismes de la mort, dignes sans doute de quelque indulgence, mais qui ont bien aussi leur importance et leur danger dans la conduite de l'esprit et de la vie, quoiqu'on ne les rencontre dans aucune logique, même au chapitre des faux raisonnements dans la vie civile de *l'Art de penser*.

Tout ce qui vit meurt, mais l'homme seul, entre tous les êtres vivants, a le triste privilége de prévoir la mort, par où il semble payer en quelque sorte la dure rançon de la supériorité de sa raison. « La mort, dit très-bien La Bruyère, n'arrive qu'une fois et se fait sentir à tous les moments de la vie; il est plus dur de l'appréhender que de la souffrir [1]. » De là encore cette mélancolique pensée du même moraliste: « Je doute que le ris excessif convienne aux hommes qui sont mortels [2]. » Il en est de l'humanité tout entière comme du héros de Virgile destiné à mourir jeune; elle aussi, elle porte un nuage au front:

Sed frons læta parum [3].

C'est de là sans doute qu'entre tous les êtres vivants, les hommes, par une sorte d'excellence dans cette grande et commune misère, se sont dé-

---

1 Chapitre *de l'Homme*.
2. *Ibid.* On peut rapprocher cette pensée de ce dur anathème de Bossuet contre Molière : « Malheur à celui qui rit ! »
3. Marcellus, fin du VI^me chant de l'*Énéide*.

cerné à eux-mêmes le triste nom de mortels, comme s'ils étaient les seuls mortels de l'univers, comme s'ils avaient seuls le privilége de la mort. Hommes et mortels, ægri mortales, quelle plus triste et plus significative synonymie, en usage également chez tous, anciens et modernes, poëtes, moralistes, théologiens ! Nos yeux et notre pensée se détournent avec horreur de cette fin fatale, quoique la religion, la philosophie, la morale nous convient à l'envisager avec sang-froid, avec courage, avec résignation et même avec espérance. Que de répugnance à prendre, même en pleine santé, des dispositions en prévision du moment où nous ne serons plus[1] ! Comme on détourne les regards de cette image affreuse ! « Le soleil ni la mort, dit La Rochefoucauld, ne se peuvent regarder fixement. » Que si néanmoins nous ne pouvons nous empêcher d'y penser, avec quelle naïveté nous entreprenons de nous persuader que, par je ne sais quel singulier privilége, par quel miracle de position, ou de nature et de conformation, nous sommes à l'abri des coups que la mort fait pleuvoir autour de nous !

La mort est certaine, mais l'heure en est incer-

---

1. A la lecture d'un contrat de mariage, un personnage de comédie perd patience et s'écrie irrité : « Mais dans tout ce papier il n'est question que de ma mort ! — Et de quoi voulez-vous qu'il soit question ? » répond le notaire. (*Les Faux bonshommes*, par Barrière et Capendu.)

taine: voilà où est le champ qui reste ouvert à notre imagination et à nos illusions. Nous en abusons d'une manière étrange en reculant sans cesse, au gré de nos désirs et de nos craintes, les bornes et les marques sur le calendrier fatal de la vie et de la mort. C'est cette incertitude qui nous amuse, suivant une forte expression de Massillon[1]. Selon La Bruyère: « ce qui est certain dans la mort est un peu adouci par ce qui est incertain[2]. »

Jusqu'à quarante ans, me disait un vieillard, on se croit immortel. L'illusion se continue bien au delà; on n'ose pas, il est vrai, se croire tout à fait immortel, ni se persuader qu'un miracle sera fait en notre faveur, mais on se figure que le terme redouté fuit à mesure qu'on en approche. Ce ridicule rêve de l'immortalité terrestre où s'est laissé entraîner Condorcet par l'idée fausse d'une perfectibilité indéfinie, chacun le fait plus ou moins dans le fond de son cœur, non pas au profit de l'humanité, non pas au profit de la perfectibilité indéfinie, mais pour son compte personnel, ou, ce qui est plus digne d'excuse, pour le compte de ceux qu'on aime. C'est ici surtout que les prédicateurs n'ont pas laissé un seul trait à ajouter à cette faiblesse de notre cœur et à ce travers de notre esprit. « La mort, dit Massillon, nous paraît toujours comme

1. *Sermon sur la mort.*
2. *Caractères*, chap. de *l'Homme.*

l'horizon qui borne notre vue, s'éloignant de nous à mesure que nous en approchons, ne la voyant jamais qu'au plus loin, ne croyant jamais pouvoir y atteindre. Chacun se promet une sorte d'immortalité sur la terre. Tout tombe à nos côtés; Dieu frappe à côté de nous nos proches, nos amis, nos maîtres et, au milieu de tant de têtes et de fortunes abattues, nous demeurons fermes comme si le coup devait toujours porter à côté de nous, et que nous ayons jeté ici-bas des racines éternelles [1]. »

Ce n'est pas seulement l'Iphigénie d'Euripide ou la jeune captive d'André Chénier qui s'écrient: « Je ne veux pas mourir encore! » Le vieillard lui-même, chargé d'années, n'est pas mieux résigné. La Fontaine l'a dit:

Le plus semblable aux morts meurt le plus à regret [2].

Cette appréhension de la mort, l'inévitable retour que nous faisons sur nous-mêmes quand nous apprenons la mort des autres, se traduisent, chez presque tous, en des impressions diverses qui méritent qu'on les analyse à cause de ce qu'elles ont d'inconséquent et de bizarre.

Recevons-nous la nouvelle imprévue de la mort de quelqu'un que nous avons plus ou moins

---

1. *Oraison funèbre de la Dauphine.*
2. *La Mort et le Mourant.*

connu, notre première impression est celle de l'étonnement et d'une sorte de stupeur. Bossuet a décrit ce premier mouvement avec une bien forte et éloquente familiarité. « On n'entend dans toutes les funérailles que des paroles d'étonnement de ce que ce mortel est mort. Chacun rappelle en son souvenir depuis quel temps il lui a parlé, et de quoi le défunt l'a entretenu, et tout à coup il est mort[1]! »

On dirait, pour passer à un ton moins élevé, que chacun prend plaisir à commenter, à retourner dans tous les sens, cette chanson populaire, si connue, dont le grotesque héros, un quart d'heure avant sa mort, était encore en vie. Ne sommes-nous pas aussi plus ou moins semblables à ces sauvages pour qui la mort d'un des leurs est toujours l'effet de quelque sort ou sorcellerie[2]?

Mais après cette première impression d'étonnement, après que nous nous sommes, pour ainsi dire, tâtés nous-mêmes, comme pour bien nous assurer que nous ne sommes pas atteints par ce coup, voici qu'un autre sentiment succède ; nous nous

---

1. *Sermon sur la mort.* — Qu'on me permette d'ajouter un trait tiré des *Scènes de mœurs* d'Henri Monnier. Il s'agit d'un enterrement. « Ce qu'il y a de bien singulier, dit un des assistants, c'est que j'ai causé avec ce pauvre M. Périnet, il n'y a pas de cela quinze jours, il avait l'air de ne se douter de rien. »

2. Voir le *Voyage dans l'Afrique équatoriale*, par le marquis de Compiègne.

retournons en quelque façon contre ce mortel qui a eu l'insigne maladresse de se laisser mourir. Il n'est chicane, il n'est mauvaise querelle qu'on ne fasse à la mémoire de ce pauvre mort, pour tâcher, s'il est possible, de bien nous convaincre nous-mêmes qu'il n'est mort que par quelque faute, quelque imprudence, quelque étourderie que, pour notre part, nous saurons bien éviter, qu'en un mot il n'est mort que parce qu'il l'a bien voulu. Ne pouvons-nous le prendre en quelque faute de conduite ou de régime, on se rejette sur certains vices d'organisation que nous nous flattons bien de ne pas avoir. Quelle n'est pas la vérité de cette pensée de Vauvenargues ! « On cherche querelle aux malheureux pour être dispensé de les plaindre. » Ainsi fait-on à l'égard des morts, non pas tant pour être dispensé de les plaindre, que pour ne pas se mettre dans leur cas et ne pas avoir à craindre le même sort.

S'agit-il de quelqu'un plus âgé, ne serait-ce que de quelques années, son oraison funèbre est bientôt faite : il avait bien vécu son temps, le moment était venu de faire place à d'autres. Était-il au contraire plus jeune ou moins âgé, on n'a garde de s'en prendre à son âge, mais on cherche à découvrir, après coup, quelque endroit faible par où la mort devait avoir facilement accès chez lui et prise sur sa pauvre machine. On attaque sa constitution, son tempérament, sa manière de vivre, son régime, quoique jusqu'alors on ne se fût pas avisé d'y voir quelque chose de faible et de défectueux; c'est un véritable procès qu'on institue contre lui, où tout est matière à chicane, où les contradictions ne coûtent rien, d'autant que le malheureux mort ne peut se défendre. Ne faut-il donc pas qu'à tout prix nous le mettions dans son tort? Il semblait bien portant, mais ce n'était qu'une vaine apparence: depuis longtemps ne s'était-on pas aperçu des symptômes du mal qui l'a emporté? Il était trop gras, ou bien il était trop maigre; il était gros ou mince, rouge ou pâle; il avait le cou et la poitrine de telle ou telle façon. Enfin, ce qui est plus grave, et ce qui achève de le condamner, il est bien mort par sa faute, pour n'avoir pas écouté les conseils de ses amis, pour s'être trop soigné ou pas assez, pour avoir trop mangé ou s'être laissé dépérir d'inanition, pour avoir trop travaillé ou pour n'avoir rien fait, pour avoir pris tel médecin et non pas tel autre qu'on lui conseillait, pour être sorti de sa chambre ou pour y être resté, pour avoir enfin commis quelque insigne imprudence. Qu'allait-il faire à ce dîner? Que ne restait-il chez lui, au lieu d'aller au spectacle ou à l'église, par le chaud ou par le froid? Nul, jeune ou vieux, et de quelque manière qu'il soit mort, ne sort innocent de cette minutieuse et partiale enquête sur ses moindres démarches, sur ses faits et gestes, à la veille du mal qui l'a emporté[1].

C'est aussi de la même manière, et pour la même raison, que les gens bien portants font durement le procès des malades, sans plus d'équité et de bienveillance que celui des morts. Mais tandis que les morts n'entendent rien de tous les sots propos dont nous avons parlé, il n'en est pas de même des pauvres malades. C'est à eux-mêmes, en effet, qu'on entreprend, sans doute pour mieux les consoler, de démontrer que, s'ils sont malades, c'est qu'ils l'ont bien cherché et qu'ils l'ont bien voulu. Voici encore à ce propos une autre pensée de Vauvenargues qui ne nous semble pas moins piquante que vraie : « Si un homme est souvent malade et qu'ayant mangé une cerise il soit enrhumé le lendemain, on ne manque pas de lui dire pour le consoler que c'est sa faute. »

Telle est la tactique peu loyale dont usent les vivants à l'égard des morts et les bien portants à l'égard des malades, à l'effet de les convaincre

---

1. Ce travers n'a pas échappé à Massillon, mais il n'a fait que l'indiquer : « Ainsi sont morts vos proches, vos amis, tous ceux que vous avez vus mourir, tous vous ont laissés vous-mêmes étonnés de la promptitude de leur mort; vous en avez cherché des raisons dans l'imprudence du malade, dans le choix des remèdes, etc. » *(Sermon sur la mort.)*

que c'est bien leur faute s'ils sont morts ou s'ils sont malades, et pour se rassurer plus ou moins soi-même contre un sort semblable au leur, en se plaçant dans quelque exception plus ou moins chimérique.

Autant encore nous appliquons avec rigueur, et d'une façon impitoyable, les règles probables de la mortalité à la vie des autres, autant nous les méconnaissons quand il s'agit de nous-mêmes. Chose étrange, nous en arrivons à considérer notre propre mort comme contraire au train ordinaire des choses, comme un renversement des lois de la nature, tandis que celle des autres nous semble tout ce qu'il y a de plus naturel au monde. Rien de plus profondément vrai, sous une forme plaisante, que cette saillie du spirituel auteur du *Voyage autour de ma chambre*, Xavier de Maistre : « Comment ! je mourrai, moi qui parle, moi qui me sens et qui me touche, je pourrais mourir ; j'ai quelque peine à le croire ! Car enfin les autres meurent, rien n'est plus naturel ; on voit cela tous les jours. On les voit passer, on s'y habitue ; mais mourir soi-même, mourir en personne, c'est un peu fort[1] ! »

Mais à part ces méchantes querelles que, dans les premiers moments, nous faisons aux morts, nous

---

1. *Expédition nocturne autour de ma chambre.*

sommes pleins de commisération, non pas sans quelque retour sur nous-mêmes, pour ceux qui ne sont plus, je ne parle pas seulement des parents et des amis, mais même de ceux que nous avons à peine connus. Ce pauvre un tel! voilà la locution familière qui marque bien, indépendamment de toute considération religieuse ou morale, cette commisération commune dont les morts sont l'objet [1]. Nous les plaignons d'avoir perdu la vie que nous aimions tant. Notre sympathie s'accroît encore de tout un ensemble de funèbres et hideuses images, de privations, de misères, quoiqu'ils ne puissent ni les voir ni les sentir. Nous les plaignons en raison de toutes ces circonstances qui, à parler de bon sens, comme dit Saint-Évremont, ne regardent que ceux qui restent [2].

Ces divers motifs de notre sympathie pour les morts ont été parfaitement analysés par Adam Smith. « Nous sympathisons même avec les morts, et sans nous occuper de ce qu'il y a d'important dans leur situation, de cette redoutable éternité qui les attend, nous sommes particulièrement affectés de quelques circonstances qui frappent nos sens, quoiqu'elles n'aient aucune influence

---

[1]. J'ai développé ailleurs quelques-unes de ces réflexions sur la crainte de la mort. Voy. les deux chapitres sur les sentiments des vivants à l'égard des morts, dans mes *Études familières de psychologie et de morale*.

[2]. *Sur les plaisirs*, à M. le comte d'Olonne.

sur leur bonheur. Nous les trouvons malheureux d'être privés de la lumière du soleil, de la vue et du commerce des hommes, d'être enfermés dans une froide tombe et d'y servir de proie à la corruption, d'être oubliés du monde et peu à peu éloignés du souvenir et de l'affection de leurs parents les plus proches et de leurs amis les plus chers. Nous croyons ne pouvoir trop nous intéresser à ceux qui ont déjà éprouvé un pareil sort; nous pensons même leur devoir un tribut d'affection d'autant plus grand qu'ils nous paraissent courir un plus grand risque d'être oubliés, et par les vains honneurs que nous rendons à leur mémoire nous travaillons à réveiller et à perpétuer pour ainsi dire en nous le triste souvenir de notre destruction. L'impuissance de nos sentiments sympathiques pour leur soulagement nous paraît encore un accroissement à leur malheur, et l'inutilité de ce que nous pouvons pour eux, de ce qui adoucit ordinairement les maux, l'inutilité des regrets, de l'amour, des larmes de leurs amis, ne sert qu'à exalter le sentiment que nous avons de leur malheur. Cependant toutes ces choses ne peuvent certainement rien sur le bonheur des morts et ne peuvent altérer en rien la profonde paix dans laquelle ils reposent. La pensée de cette sombre et éternelle mélancolie, que notre imagination attache naturellement à leur état, vient de ce que nous joignons au changement qu'ils ont éprouvé la conscience de ce changement. En effet, nous nous mettons nous-mêmes dans leur situation, et plaçant, si l'on peut s'exprimer ainsi, nos âmes toutes vivantes dans leurs corps inanimés, nous nous représentons les émotions que nous éprouverions en un pareil état[1]. »

Non-seulement, pour tous ces motifs, la mort des inconnus et des indifférents ne nous laisse pas insensibles, mais la pitié d'ordinaire l'emporte, même à l'égard des ennemis; le propre de la mort est d'adoucir les haines les plus violentes qui, en général, et sauf des cas de fanatisme religieux ou politique, ne subsistent guère au delà du tombeau. Aussi y a-t-il une vérité profonde dans cette pensée de Spinoza: la destruction de notre plus cruel ennemi ne va pas sans quelque tristesse. Non-seulement je la goûte mieux, mais je la trouve bien plus vraie, pour l'honneur de l'humanité, que la maxime tout opposée et si triste de La Rochefoucauld: « Dans l'adversité de nos meilleurs amis

---

1. *Sentiments moraux*, section 1ʳᵉ, *De la sympathie envers les morts*. — Kant a dit la même chose : « La crainte de la mort n'est pas une appréhension de mourir, c'est plutôt, comme le dit avec raison Montaigne, l'appréhension de la pensée d'être mort, pensée par conséquent que le candidat de la mort s'imagine avoir encore quand il ne sera plus, lorsqu'il conçoit le cadavre qui n'est plus lui-même, comme étant toutefois soi-même dans un tombeau ténébreux. » (*Anthropologie*, p. 78.)

il y a toujours quelque chose qui ne nous déplaît pas. »

De ces sentiments à l'égard de la mort, qui sont ceux de la foule, passons à ceux que nous devrions avoir, d'après les sages et d'après les philosophes, sinon d'après les théologiens. Ici nous rencontrons deux opinions opposées. Selon les uns, il ne faut jamais penser à la mort, selon les autres il faut y penser toujours. Selon Platon, la vie entière doit être une méditation de la mort; apprendre à philosopher, c'est apprendre à mourir. Tota philosophorum vita, a dit Cicéron en traduisant Platon, mortis commentatio est. Telle est aussi la grande règle de conduite, de prudence, de sainteté, de salut, bien plus strictement prescrite par les Pères, les saints et les docteurs du christianisme, et par l'auteur de l'*Imitation*. « Dies antiquos cogitavi et annos æternos in mente habui », telle est la pieuse réponse du solitaire auquel on demandait à quoi il avait employé tant d'années dans le désert.

Mais voici en regard des maximes d'une tout autre sagesse. D'après Spinoza : « La chose du monde à laquelle un homme libre pense le moins, c'est la mort. La sagesse n'est pas une méditation de la mort, mais de la vie. » Pour notre part nous n'accepterions aucune de ces deux opinions sans quelques atténuations et quelques réserves. Nous n'estimons pas, avec Spinoza, que la mort doive être la chose du monde à laquelle un homme libre pense le moins. Ici nous opposerions à Spinoza, non pas seulement des théologiens, mais une foule de moralistes et de philosophes qui n'ont rien de mystique; nous lui opposerions, par exemple, Montaigne lui-même qui est d'avis qu'il faut regarder la mort en face : « Le but de notre carrière, c'est la mort; c'est l'objet nécessaire de notre visée. Si elle nous effraye, comment est-il possible d'aller un pas en avant sans fièvre? Pour lui ôter son plus grand avantage contre nous, prenons une voie toute contraire à la commune. Otons-lui l'étrangeté, pratiquons-la, accoutumons-la, n'ayons rien si fort à la tête que la mort[1]. »

Pour continuer à citer des sages profanes, laFontaine a dit de même :

> La mort ne surprend point le sage;
> Il est toujours prêt à partir,
> S'étant su lui-même avertir
> Du temps où l'on se doit résoudre à ce passage [2].

Il a d'ailleurs soin d'ajouter, comme l'eussent fait Bossuet, Bourdaloue ou Massillon :

> Ce temps, hélas! embrasse tous les temps.

Mais s'il est bon de songer à la mort, et si le sage

---

1. *Essais*, I, XIX.
2. *La Mort et le Mourant.*

doit considérer à l'avance, suivant le précepte de Sénèque, comment il sortira de la vie : « circumspiciendum est quando exeas [1] » ; nous ne sommes pas de l'avis de Platon, ni même des saints et des pieux docteurs, qui recommandent d'y penser toujours et de ne faire autre chose de la vie qu'une méditation de la mort [2]. Il ne faut pas que la pensée de la mort nous empêche de vivre et d'agir. Vauvenargues signale ce danger : « La pensée de la mort nous trompe, car elle nous fait oublier de vivre. » Le même moraliste a dit encore : « Pour exécuter de grandes choses il faut vivre comme si on ne devait jamais mourir. »

A prendre ces paroles à la lettre, Vauvenargues lui-même, comme Spinoza, tomberait ici dans un autre excès, recommandant d'une manière absolue de ne pas penser à la mort. La vérité, suivant nous, est qu'il faut y penser, mais y penser en vue même de la vie, c'est-à-dire pour nous encourager à bien faire, sans nul délai ni ajournement, et à marcher jusqu'au bout, la tête haute, le cœur droit, sans nulle faiblesse ni défaillance. Nous sommes contre cette vieille maxime : « vitam habere in patientia, mortem in desiderio. »

Aimer la vie sans craindre la mort, comme

---

1. *Epict.*
2. « Beatus qui horam mortis suæ semper ante oculos habet et ad moriendum quotidie se disponit. » (*De Imitat.*, lib. I, cap. XXIII.)

l'écrit Descartes à la princesse Élisabeth : voilà à ce qu'il nous semble, la vraie sagesse, également éloignée des deux maximes opposées de Platon et de Spinoza. D'ailleurs, abstraction faite de toute considération d'un ordre plus élevé, y a-t-il donc un bien grand mérite à se résigner à ce qui est le lot commun et à aller où tous sont allés et « où sont nos pères, » comme le dit à ses enfants le vieillard de la Fontaine ?

« Qui se peut plaindre, dirons-nous encore avec Montaigne, d'être compris où tous sont compris ? » On ne peut guère s'empêcher de penser comme la Bruyère, quoique ce sentiment n'ait rien de bien noble : « Si de tous les hommes les uns mouraient, les autres non, ce serait une désolante affliction que de mourir. » Nous n'avons certes pas à redouter cette désolante affliction. Sénèque[1], qui a si souvent et si fortement parlé de la mort, est bon à méditer : « Tu iras où vont toutes choses. Tel a été le sort de ton père, de ta mère, de tes ancêtres, de tous ceux qui ont été avant toi, de tous ceux qui seront après. Quel

---

[1] « Eo ibis quo omnia eunt... Hoc patri tuo accidit, hoc matri, hoc majoribus, hoc omnibus ante te, hoc omnibus post te. Quantus te mortuorum populus præcessit ! Quantus sequetur ! Quantus comitabitur ! » (Epist. LXXVII.) Citons encore cette autre pensée où il recommande de prendre courage par l'absence même de tout espoir : « Animus ex ipsa desperatione sumatur. » *Quæst. Natur*, (lib. II.) »

immense peuple de morts t'a précédé ! Quel autre te suivra non moins grand de ceux qui doivent mourir ! Quel autre t'accompagnera ! »

Que la pensée de la mort, loin de paralyser la vie et de la tenir en échec, soit donc comme une continuelle exhortation à n'en rien laisser perdre, à vivre jusqu'au bout dans l'action et le devoir, sans que notre sensibilité en soit outre mesure affectée et troublée. Que cette pensée ne soit pas comme le spectre que faisaient apparaître les anciens dans la salle du banquet pour exciter au plaisir par la brièveté de la vie ; qu'elle ne soit pas non plus comme la tête de mort sur laquelle, jour et nuit courbé, le solitaire de la Thébaïde méditait les jours anciens et les années éternelles, dans l'oubli du monde présent, de la société des hommes, des devoirs de la famille et des devoirs de la patrie.

# CHAPITRE V

### DES DIVERSES SORTES DE PLAISIRS.

Suite des plaisirs de l'exercice de l'activité normale. — Plaisirs de la vie organique. — La santé. — Plaisirs de l'activité motrice. — Plaisirs des sens. — Objections. — La rhubarbe et l'orange, les poisons doux. — Les plaisirs d'un bain chaud, du sommeil, du repos, sont-ils des plaisirs purement passifs? — Plaisirs de l'esprit. — Du rire. — Critique de quelques théories sur la cause du rire. — Est-ce une légère imperfection aperçue chez les autres et le sentiment de notre supériorité? — Tout ce qui est risible enferme un contraste. — Pourquoi les méprises font rire au théâtre. — Voltaire et Schopenhauer. — Théorie de M. Léon Dumont. — Nature particulière du contraste qui provoque le rire. — Exemples à l'appui de cette théorie. — Le surcroît d'activité de l'esprit est la cause du plaisir du rire. — Des plaisirs les plus élevés de l'intelligence. — Plaisirs du beau. — Du sentiment moral. — Des plaisirs de la recherche et de la découverte de la vérité. — Pourquoi certains plaisirs sont suivis de mécontentement et de tristesse. — Cause de la joie d'après Descartes, Spinoza, Malebranche et Leibniz. — La loi morale et la sensibilité.

Nous allons maintenant voir naître tous les plaisirs, comme toutes les douleurs, de ce mouvement de l'activité essentielle vers sa fin dont le premier et plus général effet, comme nous venons de le voir, est l'amour de la vie ou la crainte de la mort. Autant il y a en nous d'inclinations particulières entre lesquelles se subdivise cette inclination fondamentale, autant de fonctions du corps, autant de facultés ou opérations de l'esprit, autant d'actes possibles de la spontanéité ou de la réflexion, autant en un mot de modes quelconques de cette activité, qui est notre nature même, autant il y a de sources particulières du plaisir et de la douleur.

Nous n'entreprenons pas de faire la description et l'analyse de tous ces sentiments si variés, si complexes, de ces émotions, de ces passions qui sans cesse se succèdent dans le cœur humain; notre but, comme nous l'avons dit, est seulement de montrer que toutes les catégories de plaisirs et de douleurs dérivent également de cette grande et unique source de l'activité. Non-seulement nous les en verrons sortir, mais nous les verrons tous croître ou diminuer, selon que l'activité elle-même, dans son exercice régulier, croît ou diminue, se rapproche ou s'éloigne davantage de sa fin et de son équilibre naturel.

Commençons par les plaisirs de la vie organique, qui sont au plus bas degré de l'échelle, mais qui sont communs à tous les êtres vivants. Autant il y a de fonctions organiques, autant il y a de plaisirs, autant il y a aussi de douleurs possibles, plus ou moins vivement sentis, selon que ces fonctions s'accomplissent bien ou mal. Sans vouloir entrer dans les détails, bornons-nous à dire que le plaisir de la santé est en quelque sorte la conscience du bon état de l'ensemble des organes et des fonctions. C'est un sentiment général de bien-être, de maintien, d'accroissement, de force, de vie, qui influe heureusement sur toutes nos humeurs, et qui n'en est pas moins réel, pour n'être que faiblement remarqué par l'homme bien portant. Mais combien ne se fait-il pas vivement sentir par le contraste avec la maladie et dans la convalescence? Qu'il paraît alors précieux ce bien qu'on goûtait, presque sans s'en apercevoir et avec une sorte d'ingratitude!

Cette cause générale des plaisirs organiques est admise par la plupart des physiologistes et des psychologues. « Tant que les mouvements vitaux favorisent le mécanisme des fonctions, dit le *Dictionnaire des sciences médicales*, libres, faciles, ils procurent la satisfaction du bien-être. Dès qu'ils entraînent le jeu des organes, difficiles, gênés, ils amènent de l'inquiétude et du malaise[1]. » De même, selon Alexandre Bain, les états de plaisir et les états de peine sont unis avec un accroissement ou une diminution des fonctions vitales[2].

Plus vive est l'activité, toujours dans les bornes

---

1. Article PLAISIR, par Bilon.
2. *Senses and intellect*, chap. IV, Lond. 1864.

de notre nature, c'est-à-dire de l'activité normale, plus grand est le plaisir. De là la vivacité, chez tous les êtres vivants, du plaisir de l'union des sexes où tant de force en quelques instants s'accumule et se dépense. Mais l'abattement, conformément à la loi posée, succède aussitôt à la surexcitation; « omne animal post coitum triste, » suivant un vieil adage. Si l'âme est agréablement affectée par le libre exercice de sa puissance vitale, elle l'est aussi par celui de son activité motrice; il y a un plaisir dans l'exercice des muscles, dans le mouvement, la promenade, la gymnastique, la danse, la course.

Que sont les plaisirs des sens, sinon l'exercice, dans des conditions régulières, sans excès, ni en plus ni en moins, d'une faculté et d'un organe? C'est un plaisir de voir la lumière. « Je m'éveille le matin, dit Montesquieu, avec une joie secrète de voir la lumière; je vois la lumière avec une sorte de ravissement et tout le reste du jour je suis content[1]. » Un trop vif éclat nous blesse, l'obscurité nous déplaît. Les couleurs éclatantes nous plaisent plus que les couleurs sombres, parce qu'elles exercent davantage l'organe de la vue; mais il ne faut pas que leur éclat nous éblouisse. Pour chaque sens il doit y avoir proportion entre l'objet et l'or-

---

1. *Pensées diverses.*

gane, de telle sorte que l'excitation ne soit ni au-dessus ni au-dessous de sa capacité. Un contact peut plaire, mais non pas un choc; entendre est un plaisir, pourvu que les sons soient suffisamment perceptibles et qu'ils ne dépassent pas le degré d'intensité que l'oreille peut supporter. Voici, à propos de la musique, une observation de Diderot, tout à fait conforme à cette théorie de la sensibilité : « Nous devons à la théorie de la musique cette observation importante, que les consonances sont plus ou moins agréables, suivant qu'elles sont de nature à exercer plus ou moins les fibres de l'ouïe sans les fatiguer. L'analogie qui règne dans la nature nous autorise à conjecturer que cette loi influe sur toutes les sensations [1]. »

Nous ne devons pas aller plus avant sans répondre à quelques objections relatives à cette classe de plaisirs.

Stuart Mill qui, dans son *Examen de la philosophie d'Hamilton*[1], traite fort mal cette théorie du plaisir en général et des plaisirs des sens en particulier, lui adresse certaines critiques que nous ne pouvons nous empêcher de trouver un peu superficielles, malgré toute notre estime pour un si grand esprit. Il reproche à Hamilton de vouloir tout ramener à une cause unique, là où il y en a

---

[1]. *Du plaisir de la musique.*

plusieurs, et de se mettre dans l'impossibilité de rendre compte des faits les plus communs, les plus simples et les plus familiers. Je goûte, dit-il, une orange, puis de la rhubarbe ; l'une me fait éprouver une saveur agréable, l'autre une saveur nauséabonde. Pourquoi n'y a-t-il pas plaisir dans les deux cas, puisque, dans l'un comme dans l'autre, il y a eu également exercice, libre et non empêché, du sens du goût? Nous ne pensons pas qu'Hamilton eût été fort embarrassé, s'il eût vécu, de répondre à son adversaire, sans avoir besoin de toutes les ressources de sa dialectique.

Stuart Mill affirme sans aucune preuve que la rhubarbe et l'orange sont également favorables à l'exercice et au développement, dans une juste mesure, du sens et de l'organe. Jusqu'à preuve du contraire, il nous est bien permis de n'en rien croire. Ne se peut-il que la rhubarbe ait pour effet de le resserrer, de le comprimer, ou bien encore de l'exciter outre mesure? Je n'entreprends pas de décider entre ces deux suppositions qui, toutes deux, peuvent également se concilier avec la doctrine d'Hamilton qui est aussi la nôtre. Pour renverser une théorie que tant de faits justifient, suffit-il d'une simple supposition sans preuve, à laquelle, d'ailleurs, on peut opposer, avec beaucoup plus de vraisemblance, la supposition contraire qui d'ailleurs a l'avantage de s'appuyer précisément sur la dissimilitude des effets sentis ?

Nous n'accordons pas plus de valeur à l'objection des poisons doux, d'un autre philosophe anglais, Murphy. Si le plaisir est le signe et l'effet d'une activité normale et bienfaisante, le signe de ce qui est à notre convenance, comment se fait-il qu'il accompagne perfidement en quelque sorte une substance qui met en péril cette activité, qui la détruit, qui est un poison mortel ? Pour que cette objection fût solide, il faudrait faire ici d'abord bien des distinctions qu'on ne fait pas et qu'il n'est pas sans doute facile de faire. De quelle douceur s'agit-il, et qu'entend-on par poison ? Il y a, tout le monde le sait, des douceurs qui n'ont rien d'attrayant, qui sont fades, qui loin de plaire soulèvent le cœur. Y a-t-il, d'ailleurs, véritablement des poisons en un sens absolu ? Ce qui est poison pour celui-ci ne l'est pas pour celui-là qui a un autre tempérament ; ce qui est un poison, à telle ou telle dose, dans telle ou telle circonstance, devient un remède salutaire à une autre dose et dans d'autres circonstances. Tout remède peut être un poison, tout poison devenir un remède. On voit que cet attrait trompeur, reproché aux poisons doux, n'est rien moins qu'une objection décisive contre le principe de l'activité normale.

Il nous semble aussi que Bain a tort de voir une difficulté, sinon une objection, dans le plaisir d'un bain chaud ou du contact moelleux d'une étoffe. Sont-ce des plaisirs purement passifs parce que les muscles ne sont pas en jeu? N'y a-t-il pas dilatation, excitation d'autres organes, de la peau, du sang? Lui-même, d'ailleurs, nous donne cette réponse à l'objection analogue des plaisirs prétendus passifs du sommeil ou du repos. A la cessation de la dépense d'énergie musculaire, correspond une plus grande activité et excitation d'autres énergies organiques, et spécialement des fonctions digestives, que favorise la position du corps au repos [1].

Nous ne croyons pas devoir faire un plus grand compte de l'objection des stimulants narcotiques qui procurent une douce ivresse et qui cependant affaiblissent, au lieu de les augmenter, les forces vitales. Il y a en effet ici, à côté de la prostration des forces vitales, l'excitation mentale, or c'est elle qui est la cause du plaisir de l'ivresse. Donc le principe de l'activité ne se trouve nulle part en défaut; l'activité n'est que déplacée, elle n'est nullement suspendue; c'est toujours dans l'activité, et dans la seule activité, que se trouve la raison de tous les plaisirs, de ceux du repos comme de ceux de l'exercice musculaire. Osons donc dire, contre Bain et contre tous les défenseurs des plaisirs pas-

---

[1]. *Senses and intellect*, chap. IV.

sifs, que ces deux termes sont en réalité des termes contradictoires[1].

Des plaisirs des sens, passons aux plaisirs de l'esprit. Un des plus vifs, mais non toujours des plus élevés, est celui du rire.

D'où vient ce plaisir subit dont l'expression si vive ébranle à la fois, par une sorte de commotion, l'esprit et le corps? C'est un petit problème de psychologie qui a son intérêt et ses difficultés. La cause du rire, comme dit Voltaire, est une de ces choses plus senties que connues[2]. Cependant d'illustres philosophes, chez les anciens et chez les modernes, n'ont pas dédaigné de chercher l'explication du rire. Aristote, dans sa *Poétique*[3], fait consister le risible : « en quelque défaut ou difformité qui n'a rien de douloureux ou de bien grave

---

[1]. Nous reviendrons bientôt sur cette question en parlant des plaisirs de l'oisiveté. En prenant l'activité, comme nous le faisons, dans son sens le plus général et dans toutes ses manifestations, il n'est nullement besoin de lui adjoindre, comme Bain, je ne sais quel principe mal défini de stimulation. D'ailleurs il est lui-même fort peu affirmatif sur la réalité et la nécessité de ce nouveau principe, comme on en peut juger par sa conclusion : « Dans l'état actuel de la science, il convient mieux de ne donner à aucun des deux principes la prédominance sur l'autre. Si une certaine vitalité physique, au moins dans certains organes, n'est pas la condition nécessaire du plaisir, elle peut toujours contribuer à l'augmenter; or dans la pratique c'est toujours tout ce que nous avons besoin de considérer. »

[2]. Préface de *l'Enfant prodigue*.

[3]. Chap. v.

pour celui qui en est le sujet. » D'après cette théorie, qui a fait fortune[1], qui, des anciens, a passé chez les modernes, plus ou moins modifiée dans la forme, mais la même au fond, le risible serait une légère imperfection, un diminutif de la laideur, une faute sans gravité[2]. Mais que d'imperfections, que de difformités, même légères, que de fautes sans gravité qui n'ont rien de risible !

Ceux qui y ont ajouté l'idée d'un contraste ont approché davantage, à ce qu'il nous semble, de la vérité. En effet rien ne nous fait rire où n'entre un certain contraste aperçu plus ou moins nettement par la personne qui rit. Mais cependant tout contraste ne fait pas rire. Il y a des contrastes, comme des imperfections, qui n'ont rien de risible ; il en est qui sont tristes, douloureux, déchirants, tragiques au dernier point. Quel est donc ce contraste spécial qui, entre tous, a le privilége d'exciter le rire? Plusieurs auteurs, parmi les modernes et les contemporains, ont cherché à le déterminer avec plus ou moins de succès et en approchant plus ou moins du but.

Une des théories les plus accréditées et les plus répandues est celle qui, conformément à Aristote,

---

1. Cicéron reproduit le sentiment d'Aristote sur le rire : « Locus et regio quasi ridiculi turpitudine et deformitate quadam continetur. » (*De Orat.*, II, LVIII )

2. C'est la théorie de Descartes, *Traité des passions*, V<sup>e</sup> partie, art 178.

place ce contraste essentiel au rire dans quelque dégradation ou quelque incongruité, de légère conséquence chez autrui, qui éveille en nous le sentiment de notre supériorité. Telle est l'explication de Dugald Stewart, de MM. Garnier et Lévêque, d'Alexandre Bain. Celui-ci donne pour cause au rire : « la dégradation d'une personne ou d'une chose ayant une certaine dignité et dans des circonstances où cette dégradation n'excite pas d'autre forte émotion [1]. » Ailleurs il dit que c'est « une branche de l'agréable sentiment du pouvoir »[2]. Dans un essai sur la physiologie du rire, beaucoup plus physiologique que psychologique, Herbert Spencer n'admet pas l'opinion de Bain. « Le rire suit naturellement, dit-il, quand notre esprit est soudainement transporté des grandes choses aux petites, c'est-à-dire seulement quand il y a ce que nous appelons une incongruité descendante [3]. »

Selon Darwin, comme selon Alexandre Bain, le rire est causé par quelque chose d'incongru ou d'inexplicable excitant la surprise et provo-

---

[1]. « Laughter is connected with degradation of some person, or interest, possessing dignity, in circumstances that excite no other strong emotion. » (*The Emotions and the Will*, chap. IV.)

[2]. « We have here still a branch of the pleasurable sentiment of power. » (*On the Study of character*, p. 252, in-8, Lond.)

[3]. *The Physiology of laughter*, dans les *Scientific, political and speculative Essays*, 2 vol., Lond., 1868.

quant dans celui qui rit un sentiment de supériorité[1].

Quelle meilleure critique que celle de Voltaire contre cette explication du rire par le sentiment de notre supériorité ou, comme dit Spencer, de l'incongruité descendante! « Il est vrai que l'homme, qui est un animal risible, est aussi un animal orgueilleux; mais la fierté ne fait pas rire; un enfant qui rit de tout son cœur ne s'abandonne point à ce plaisir parce qu'il se met au-dessus de ceux qui le font rire... J'avais onze ans quand je lus tout seul pour la première fois l'*Amphitryon* de Molière; je ris au point de tomber à la renverse; était-ce par fierté? On n'est point fier quand on est seul. Était-ce par fierté que le maître de l'âne d'or se mit tant à rire, quand il vit son âne manger son souper[2]? »

De même aussi, que de choses subites, inexpli-

---

[1]. *The expression of the emotions in man and animal.*
Selon Darwin, le rire ne serait pas le propre de l'homme, comme on disait dans l'École. La Fontaine, avant Darwin, a dit aussi (fin du Ier livre de *Psyché*) que les animaux rient. L'un et l'autre confondent sans doute le rire avec des témoignages de satisfaction et interprètent arbitrairement certains signes extérieurs de la face de l'animal. Nous persistons à penser, avec l'École, que le rire est le propre de l'homme; et avec Buffon, que « le rire et les larmes sont des signes particuliers à l'espèce humaine pour exprimer le plaisir ou la douleur de l'âme. » — Milton, suivant nous, a eu raison de dire :

    Smiles from reason flow to brutes denied.

[2]. Préface de *l'Enfant prodigue*.

cables, incongrues, qui étonnent, qui choquent, mais qui ne font pas rire!

Voltaire, qu'on nous pardonnera bien de citer encore, approche plus de la vérité quand, recherchant quelle est la cause de cette sorte de plaisanterie qui nous fait rire à la comédie, il met les méprises en première ligne : « J'ai cru remarquer aux spectacles qu'il ne s'élève presque jamais de ces éclats de rire universels qu'à l'occasion d'une méprise. Mercure pris pour Sosie, le chevalier Ménechme pris pour son frère, Crispin faisant son testament sous le nom du bonhomme Géronte, Valère parlant à Harpagon des beaux yeux de sa fille tandis que Harpagon n'entend que les beaux yeux de sa cassette, Pourceaugnac à qui on tâte le pouls parce qu'on veut le faire passer pour fou; en un mot, les méprises, les équivoques de pareille espèce excitent un rire général. Arlequin ne fait guère rire que quand il se méprend, etc.[1]. »

Il y a en effet dans les méprises deux idées qui se contredisent, qui apparaissent simultanément, qui ne peuvent exister ensemble ou dont l'une tout aussitôt expulse l'autre. Or c'est là, comme nous allons le montrer, que se trouve, suivant nous, l'essence même du rire. Nous pouvons appuyer ce sentiment de quelques autorités, d'abord de celle

---

[1]. Supplément aux *Questions encyclopédiques*, art. RIRE.

de Schopenhauer. Voici en effet la définition qu'il donne du rire et que je tâche de traduire aussi exactement que possible : « L'origine du rire est toujours le paradoxe, et en conséquence la subsumption inattendue d'un objet sous une notion qui d'ailleurs lui est hétérogène, et, par conséquent, la subite perception d'une incongruence entre une telle notion et celle de l'objet réel qui est pensé par elle, c'est-à-dire entre l'abstrait et le sensible, produit toujours le phénomène du rire[1]. »

A travers l'obscurité des termes, je crois démêler qu'il y a dans le rire, d'après Schopenhauer, deux notions, deux jugements contradictoires qui s'excluent mutuellement, l'un étant une notion de l'esprit, l'autre une perception d'un objet qui tout à coup, quoique d'ailleurs il n'ait aucun rapport avec cette notion, semble s'y trouver compris ou subsumé[2]. Cette théorie a été, éclaircie et confirmée par M. Léon Dumont, d'abord dans un

---

1. *Die Welt und Will*, vol. I<sup>er</sup>, chap. VIII. *Zur Theorie des Lächerlichen*. On peut bien appliquer à ce sombre philosophe ce que dit Voltaire dans l'article déjà cité du *Dictionnaire philosophique* : « Ceux qui cherchent des causes métaphysiques au rire ne sont pas gais. »

2. « Der Sprung des Lächerlichen ist allemal die paradoxe und daher unerwartete Subsumption eines Gegenstandes unter einem ihm übrigens heterogenen Begriff, und bezeichnet demgemäss das Phenomenen des Lachens allemal die plötzliche Wahrnehmung einer Incongruenz zwischen einem solchen Begriff und dem durch denselben gedachten realen Gegenstand, also zwischen dem abstracten und dem anschaulichen. »

traité particulier sur les *Causes du rire*, puis résumée dans un certain nombre de pages de sa *Théorie scientifique de la sensibilité*[1]. Le risible, selon cet habile et savant psychologue, n'est ni une imperfection ni un simple contraste; mais un objet qui nous apparaît dans de telles conditions que notre esprit, à son égard, est obligé d'affirmer ou de nier, en même temps, la même chose; ou bien, en d'autres termes, c'est un objet qui suscite tout à coup, qui met subitement en présence, dans notre entendement, deux jugements ou deux idées contradictoires, lesquels s'expulsent mutuellement. Cette définition paraîtra peut-être au premier abord plus subtile que claire et exacte; mais qu'on veuille bien ne pas légèrement la condamner, qu'on se donne la peine d'examiner attentivement les diverses causes qui produisent le rire, et on se convaincra de son exactitude dans tous les cas.

Toutes les fois que le rire éclate, nous trouvons dans l'esprit du rieur ces deux idées, jugements ou rapports contradictoires, provoqués par l'objet risible: le premier, qui est faux et qui ne fait que traverser l'esprit; le second qui est le vrai, et qui tout aussitôt expulse le premier. D'où vient le rire inextinguible des dieux de l'Olympe à la vue de

---

[1]. Sulzer dans la *Théorie des sentiments agréables*, Marmontel dans l'article de ses *Éléments de littérature* sur le plaisant, avaient aussi beaucoup approché de ce que nous croyons la vérité.

Vulcain qui court en boitant autour de la table du festin pour offrir le nectar? Ils ne rient pas parce que le pauvre Vulcain est boiteux et contrefait. Les dieux, j'imagine, de même que les hommes, n'ont pas si mauvais cœur ; mais ils rient à cause du contraste de sa malencontreuse tournure avec la prétention de remplir l'office de Ganymède. A le voir s'empresser ainsi autour des divins convives, ne croirait-on pas, en effet, qu'il est jeune, agile et beau, comme il convient à l'échanson des Dieux ? Mais voici que les regards s'arrêtent sur son empressement maladroit, sur sa taille difforme, et aussitôt la première impression est chassée par la seconde, qui est la vraie.

Non moins inextinguible, pour la même raison, est le rire de Nicole[1], quand elle aperçoit son maître, M. Jourdain, affublé en costume de cour. A la première vue, elle croit apercevoir un gentilhomme de la cour ; à la seconde, et presque en même temps, elle reconnaît son maître, M. Jourdain, le fils d'un marchand, déguisé de la sorte en grand seigneur. Tel est le contraste, telles sont les deux idées ou jugements contradictoires, se heurtant coup sur coup, qui provoquent, dans Homère, le rire des Olympiens, et de Nicole dans Molière. Pourquoi rit-on d'une marionnette

---

1. Molière, *le Bourgeois gentilhomme.*

qui marche, qui vous salue, qui fait des gestes ? C'est que d'abord, ne fût-ce que pendant un instant imperceptible, on l'a prise pour un être vivant et animé, pour un homme ou un enfant, tandis que, presque au même moment, on a reconnu que c'était un mannequin, une poupée de bois ou de carton. Dans un mot à double sens qui nous fait rire, un premier sens, qui est le faux, s'est d'abord présenté à l'esprit ; mais il a été aussitôt chassé par un second, qui est le vrai. Rien n'amuse plus un enfant qu'un objet qu'on fait tout à coup paraître et disparaître, qui est là devant ses yeux, puis qui n'y est plus. Il rit, lui aussi, à cause du branle imprimé à son esprit par le choc de ces deux jugements : il est là, il n'y est pas [1]. Mᵐᵉ Condorcet qui, dans ses *Lettres sur la sympathie*, cherche la cause du rire à son origine même, dans les enfants, a dit comme nous : « C'est la vue d'un événement inattendu qui les frappe en leur offrant des images et des idées nouvelles et en exerçant vivement leurs facultés naissantes. »

Nous croyons donc, avec M. Dumont, qu'en effet tout objet risible est d'abord pour nous l'occasion d'une illusion ou d'une sorte de duperie, que

---

1. Il éclate de rire par la même raison, quand une grande personne se baisse, puis se lève tout à coup devant lui ; elle est grande, elle est petite, voilà les deux jugements avec lesquels son esprit est aux prises.

notre esprit traverse rapidement pour arriver à un second jugement qui tout aussitôt la redresse. Cette duperie, qui est, pour ainsi dire, le premier moment du rire, ne nous semble pas, comme à M. Lévêque, une addition gratuite, mais bien la condition même sans laquelle le phénomène n'aurait pas lieu [1]. M. Lévêque objecte, il est vrai, que, lorsqu'on est dupé, on craint le ridicule, ce qui ôte l'envie de rire. Mais la duperie qui entre dans le rire est si courte, si légère, si insignifiante, qu'on n'a pas à en rougir et que la crainte du ridicule ne saurait nous retenir et nous atteindre.

Ainsi, dans l'objet risible, il y a un certain caractère, une qualité particulière qui d'abord nous frappe et qui imprime à notre esprit une première impulsion; puis, presque immédiatement, dans ce même objet, nous découvrons le contraire de ce que nous avions cru y voir d'abord, d'où un second jugement en contradiction avec le premier, et une impulsion donnée à notre esprit en sens opposé de celle qui a précédé. Une sorte de choc, l'excitation de l'entendement à un double exercice de son activité, la variété dans cette double activité, telle est donc la raison de ce vif sentiment de plaisir qui accompagne le rire. S'il arrive que divers éclats se succèdent, c'est qu'après avoir

---

1. *Du comique et du rire.* (*Revue des Deux-Mondes,* 1ᵉʳ septembre 1863.)

saisi, une première fois, les deux rapports opposés, dont l'objet risible est le terme commun, notre esprit revient ensuite sur chacun d'eux alternativement, allant du premier au second et du second au premier. M. Dumont compare ingénieusement ce mouvement de l'esprit à celui d'un pendule qui, lancé d'un point, va en frapper un autre situé en face, qui revient sur sa propre route et oscille quelques moments entre les deux corps qui l'ont heurté.

Dans les grandes comme dans les petites choses, la mesure des plaisirs de l'intelligence est toujours en raison du degré de l'activité de l'esprit. Le déploiement, le plus complet exercice, des plus hautes facultés de l'intelligence, l'issue plus ou moins heureuse de leur effort, voilà la cause des plaisirs de celui qui cherche la vérité, des ravissements de celui qui la découvre. Ici nous avons encore bien moins la prétention de faire des énumérations et des analyses complètes et de redire ce que tant d'autres ont si bien dit. Nous nous bornons à continuer de mettre à l'épreuve notre principe par un certain nombre de vérifications sur diverses catégories de plaisirs.

Les objets qui nous présentent une certaine diversité de caractères liés entre eux, ceux qui unissent la variété et l'unité, et dans lesquels nous pouvons, sans trop de fatigue, saisir un plus grand nombre de rapports, sont aussi ceux qui nous plaisent le plus. De là, selon Sulzer[1] et d'autres esthéticiens, le sentiment agréable que nous éprouvons en présence des objets beaux. S'ils nous plaisent, c'est parce qu'ils mettent davantage en jeu les facultés de notre esprit, sans excéder leur force et leur portée. En signalant une des causes de l'agrément des objets beaux, nous n'avons d'ailleurs aucunement l'intention de traiter, et encore moins de résoudre, la question de la nature du beau.

Remarquons que le sentiment moral, ce plaisir si puissant et si doux, qui accompagne la conscience d'avoir bien fait, témoigne aussi d'une même cause et d'une même origine. La pratique du bien, par elle-même et indépendamment du but, n'exige-t-elle pas l'effort victorieux de notre activité morale, le triomphe sur tous les entraînements, en sens contraire, de la passion et des sens ? A ce déploiement d'énergie, nécessaire pour nous conformer à la loi supérieure de notre nature, doit correspondre, et correspond en effet, le plus doux, le plus rémunérateur des sentiments.

Mais si tous les plaisirs ont une même cause et une même origine, à savoir l'exercice, le développement de l'une des énergies de notre nature, conformément à la loi de son évolution, pourquoi

---

1. *Recherches sur l'origine des sentiments agréables ou désagréables.* (*Mémoires de l'Académie de Berlin*, année 1754.)

les uns laissent-ils après eux dans l'âme le mécontentement et la tristesse, tandis que d'autres y laissent, au contraire, comme le sentiment moral, le contentement et la joie ?

Ces deux effets contraires s'expliquent également bien par la loi générale que nous avons établie. Les premiers, comme les seconds, sont incontestablement des plaisirs au moment même où nous les goûtons, parce qu'ils sont l'effet concomitant de l'exercice d'un sens, d'un organe, d'un instinct, d'une faculté, d'un principe d'action quelconque de notre nature. Il est conforme à la vérité psychologique, et nullement contraire à la morale, de dire avec Malebranche, quoique Arnauld, comme on le sait, le lui ait si durement reproché, et l'ait même accusé d'épicurisme : tout plaisir est un bien qui rend actuellement heureux celui qui le goûte. Mais il faut ajouter, avec Malebranche, que si tout plaisir nous rend heureux, tout plaisir ne nous rend pas solidement heureux.

Lorsqu'il y a abus des plaisirs, au point de ruiner les sens et les organes, au point d'étouffer l'activité intellectuelle et morale, qui est la plus excellente partie de nous-même ; alors, au lieu de nous maintenir, de nous développer dans l'être, ces plaisirs n'ont-ils pas pour résultat de nous rabaisser et de nous dégrader ? La conscience de cette dégradation de ce qu'il y a de meilleur en nous, de cette diminution de notre être, pris dans son sens le plus élevé, voilà ce qui fait la tristesse et le remords qui fatalement les accompagnent. Comment la conscience ne les condamnerait-elle pas, s'apercevant qu'ils vont, en définitive, contre le but même pour lequel le plaisir a été donné à l'homme par l'auteur de son être? Telle est la raison que nous donnerons, avec Leibniz, de l'état de tristesse que certains plaisirs laissent dans l'âme : « Tous les plaisirs ont eux-mêmes quelque sentiment de perfection, mais lorsqu'on se borne aux plaisirs des sens ou à d'autres, au préjudice de plus grands biens, comme de la santé, de la vertu, de l'union avec Dieu, de la félicité, c'est dans la privation d'une tendance ultérieure que le défaut consiste [1]. »

Les plaisirs attachés, non pas à une excitation passagère, suivie d'un inévitable et prompt affaissement, mais à un usage modéré de l'activité physique, qui augmente la force et la santé, ou mieux encore à l'exercice de ces facultés plus hautes de l'âme, qui ont pour effet durable l'épanouissement, l'expansion de ce qu'il y a de meilleur dans notre être, voilà les plaisirs que le souvenir et la réflexion renouvellent sans cesse, et

---

1. *Théodicée*, I<sup>re</sup> partie, § XXXIII.

qui laissent après eux dans l'âme le contentement et la joie. Soumettez à cette analyse les plaisirs de l'amour, de la famille, de la charité, du dévouement, et vous aurez le secret de ces incomparables joies dont ils remplissent l'âme tout entière. Deux êtres se complètent l'un par l'autre; deux êtres se perpétuent, pour ainsi dire, étendent leur être propre par l'enfantement d'un être nouveau à la vie physique, à la vie intellectuelle et morale : voilà pourquoi les plaisirs de l'amour et de la famille sont si forts et sont si doux à notre cœur. N'est-ce pas aussi la conscience d'avoir soutenu, prolongé ou sauvé l'être de nos semblables qui fait les joies profondes de la charité et du dévouement?

Aussi les plus grands philosophes des temps modernes, sans paraître se douter qu'ils ne font que suivre Platon et Aristote, se sont accordés à mettre l'essence de la joie et de la tristesse, qui ne sont que le plaisir et la douleur combinés avec un élément intellectuel, dans le sentiment de quelque perfection ou imperfection de notre nature. « Tout notre plaisir, écrit Descartes à la princesse Élisabeth, est dans la conscience de quelque perfection[1]. »

Cette pensée, jetée en passant, ne semble pas avoir beaucoup attiré l'attention des métaphysi-

---

1. Édit. Cousin, t. IX, p. 225.

ciens de son école; mais, en revanche, elle a fait fortune auprès d'un certain nombre de psychologues et de moralistes du xviii° siècle qui ont traité particulièrement de la nature du plaisir. Elle a été surtout vantée par Mendelssohn dans ses *Lettres sur les sentiments*[1], par Kœstner dans ses *Réflexions sur l'origine des plaisirs*[2]. Bertrand commence ainsi son *Essai sur le plaisir*[3] : « Descartes est peut-être le premier qui ait dit que tout plaisir consistait dans le sentiment intime de quelques-unes de nos perfections, et il a dévoilé par ce peu de mots de grandes vérités. » M. Léon Dumont a cru pouvoir rattacher à cette pensée de Descartes un des quatre grands groupes dans lesquels il divise tous les systèmes sur le plaisir et la douleur.

Même définition de la joie et de la tristesse dans Spinoza que dans Descartes : « La joie est une transition d'une plus petite à une plus grande perfection, la tristesse une transition d'une plus grande à une moindre perfection[4]. » En ce point Malebranche est d'accord avec Spinoza : « Le sentiment intérieur que tu as de ce qui se passe en

---

1. *Briefe über die Empfindungen.*
2. Publiées en français à la suite de la *Nouvelle théorie de Sulzer*, 1767.
3. In-12, chap. I<sup>er</sup>, Neufchâtel, 1777.
4. *Ethic.*, lib. V, prop. 10, scholie.

toi-même t'apprend que la joie s'excite en ton âme à la vue de tes perfections et la tristesse à la vue de tes désordres et de tes misères [1]. »

Ainsi, dans l'ordre intellectuel et moral, comme dans l'ordre physique, le plaisir et la douleur se ramènent toujours, soit à un exercice et à un développement, soit à un empêchement ou restriction de quelque branche de notre activité essentielle, de quelque partie de notre être.

Nulle augmentation, nul perfectionnement de notre être ne va sans le plaisir et la joie, nul amoindrissement, nulle déchéance, ne va sans la douleur et la tristesse, voilà la grande loi ; voilà en quelque sorte la sanction donnée par la sensibilité à la loi morale.

1. *Méditations métaphysiques et chrétiennes*, 10ᵉ méditation.

# CHAPITRE VI

### POINT DE PLAISIRS PASSIFS.

Point de plaisirs passifs dans l'ordre intellectuel et moral. — Erreur des poëtes et des moralistes qui ont célébré les prétendus plaisirs du *far niente*. — L'oisiveté qui plaît n'est pas le désœuvrement. — Qui ne fait œuvre de travail cherche à faire œuvre d'amusement. — Les enfants et les grandes personnes. — L'homme ne peut se souffrir dans l'inaction. — Désir du changement. — Rien de fixe et d'immobile, même dans la prospérité, ne peut nous satisfaire. — La recherche préférée à la possession. — Difficulté, dans toutes les religions, de concevoir le bonheur immobile des élus. — Plaisirs du jeu d'autant plus vifs qu'ils exigent plus de travail du corps ou de l'esprit. — Ce qui a coûté le plus de peine à acquérir est ce qu'on aime le plus. — Attrait des jeux de combinaison. — Comparaison entre l'esprit du jeu et l'esprit géométrique. — Effets de l'inaction. — L'ennui. — Passage dangereux de l'activité et des affaires à la retraite. — Représentation extérieure dans l'organisme de la cause interne du plaisir et de la douleur.

Après avoir montré qu'il n'y a pas de plaisirs passifs dans l'ordre physique, montrons qu'il n'en existe pas davantage dans l'ordre intellectuel et moral. D'après tout ce qui précède, et d'après la multitude des faits qui sont en notre faveur, il semble impossible de ne pas reconnaître que l'activité normale est tout au moins la cause d'un bien grand nombre de nos plaisirs. Mais en est-elle la cause unique? Si l'activité a ses plaisirs, l'oisiveté, qui est son contraire, n'a-t-elle pas aussi les siens? Qui n'a pas entendu vanter les charmes de l'oisiveté? Dans tous les temps d'aimables poëtes se sont plu à les célébrer dans des vers pleins de grâce et d'abandon, dont il paraît difficile de soupçonner la sincérité. On rencontre même de semblables témoignages chez des penseurs d'une plus grande gravité. Ainsi, selon La Rochefoucauld : « Le repos de la paresse est un charme secret de l'âme qui suspend nos plus ardentes poursuites et nos plus fermes résolutions[1]. » Dans sa *Description de l'homme*, Buffon semble vouloir faire de la paresse le principe général et dominant : « Tous les hommes, dit-il, tendent à la paresse. » A prendre à la lettre un passage des *Rêveries*, où Rousseau décrit le bonheur dont il jouit dans l'île de Saint-Pierre, on croirait d'abord qu'il est lui-même un partisan très-convaincu de tous les charmes de la paresse et de toutes les douceurs du *far niente* : « Le précieux *far niente* fut, dit-il, la première et la principale des jouissances que je voulus savourer dans toute sa douceur ; et tout ce que je fis, durant mon séjour, ne fut en effet que

---

1. Maxime 511.

l'occupation délicieuse et nécessaire d'un homme qui s'est dévoué à l'oisiveté. Ne voulant plus d'œuvre de travail, il m'en fallait une d'amusement qui me plût et qui ne me donnât de peine que celle qu'aime à prendre un paresseux. J'entrepris de faire la *Flora petrinsularis* et de décrire toutes les plantes de l'île, sans en omettre une seule, avec un détail suffisant pour occuper le reste de mes jours. »

Convenons que voilà un oisif d'une espèce particulière. Il plaît à Rousseau d'appeler *far niente* quelque chose qui ressemble fort peu à l'oisiveté et à la paresse. Il s'agit sans doute d'une occupation de prédilection, mais qui n'en exige pas moins beaucoup d'activité, soit physique, soit intellectuelle. Est-il donc juste de confondre avec la paresse le travail et la passion du botaniste?

Il en est de même toutes les fois qu'on vient à analyser ce charme si vanté de l'oisiveté; toujours on trouve que ce qui réellement nous en plaît n'est pas le désœuvrement, mais une activité, une occupation de notre choix, proportionnée à notre goût et à nos forces. Ce n'est pas à la paresse, comme le dit Buffon, mais à une activité de ce genre que tendent tous les hommes. Appellerons-nous donc oisive la vie du sage dans la retraite? Elle ne l'est pas plus que la vie de Rousseau dans l'île Saint-Pierre. Disons, avec La Bruyère : « qu'il n'y manque qu'un meilleur nom, et que méditer, parler, lire et être tranquille s'appelât travailler[1] ». Ajoutons encore avec le même moraliste : « La liberté n'est pas oisiveté : c'est le choix du travail et de l'exercice ; être libre, en un mot, n'est pas ne rien faire, c'est être le seul arbitre de ce qu'on fait ou qu'on ne fait point ; quel bien en ce sens que la liberté[2] ! »

L'oisiveté qui nous charme n'est jamais, à vrai dire, qu'un travail plus ou moins attrayant. Il en est ainsi, non-seulement de l'oisiveté du sage, mais même de celle du vulgaire des hommes. Tout travail, sans doute, n'est pas un plaisir ; mais tout vrai désœuvrement est une peine qui, à la longue, devient insupportable. Il n'y a d'agréable oisiveté que celle où on ne cesse pas d'agir, sinon avec l'esprit, au moins avec le corps. Selon l'heureuse expression de Rousseau, quand on ne fait pas œuvre de travail, il faut faire œuvre d'amusement. Considérez l'enfant : voici l'heure de la récréation ; l'écolier va-t-il rester inactif et immobile pour se reposer du travail et de l'étude ? Il s'en gardera bien ; voyez-le courir et s'ébattre ! Quelle dépense d'activité physique, que de peine pour s'amuser ! « Ils sont contents, dit Rollin en parlant des enfants, pourvu qu'ils changent souvent de place. »

1. Chap du Mérite personnel.
2. Chap des Jugements.

Il en est des grandes personnes comme des enfants. Combien la plupart des gens oisifs ne sont-ils pas ingénieux à occuper leurs loisirs et à se préserver, par tous les moyens possibles, de ce prétendu plaisir de ne rien faire? Le premier soin de celui qui n'a plus rien à faire, c'est de chercher, d'inventer quelque chose à faire. « Vous trouverez fort peu de paresseux, dit Vauvenargues, que l'oisiveté n'incommode, et si vous entrez dans un café, vous verrez qu'on y joue aux dames[1]. » L'homme est tellement fait qu'il ne peut se souffrir dans l'inaction; quand il n'agit pas, il s'agite, comme l'a dit un ingénieux et spirituel moraliste[2].

Le conseil que donnait Cinéas à Pyrrhus, de prendre immédiatement ce repos qu'il ajournait après tant de fatigues et de dangers, recevait en effet, comme le dit Pascal, bien des difficultés. Les hommes croient chercher sincèrement le repos et ne cherchent en réalité que l'agitation. S'il y a un plaisir du repos et du sommeil, quand nos forces sont épuisées, c'est pour les réparer et nous mettre à même d'agir de nouveau. D'ailleurs le repos musculaire coïncide, suivant la remarque d'Alexandre Bain, avec la plus grande activité des fonctions physiologiques, de telle sorte que, comme

1. *Pensées*, 373.
2. M. Bersot, *Morale et politique*, derniers souvenirs du comte d'Estourmel.

nous l'avons déjà dit, l'activité se déplace plutôt qu'elle n'est suspendue. On doit reconnaître la justesse de cette réflexion de Champfort sur Robinson dans son île : « Privé de tout et forcé aux plus pénibles travaux pour la subsistance journalière, il supporte la vie et même goûte de son aveu plusieurs moments de bonheur. Supposez qu'il soit dans une île enchantée, pourvu de tout ce qui est agréable à la vie, peut-être le désœuvrement lui eût-il rendu la vie insupportable[1]. »

Il nous faut du mouvement, du changement, non-seulement, cela va sans dire, au sein de la misère, mais même au sein du contentement et du bonheur. Notre nature ne s'accommode pas d'un idéal qui ne laisserait plus rien à désirer au delà, rien à atteindre de plus parfait et de meilleur par notre activité et nos efforts. Si dans la logique, en remontant de démonstration en démonstration, il y a, comme l'a dit Aristote, une nécessité de s'arrêter, ἀνάγκη στῆναι, dans la vie de l'homme, au regard des désirs de l'âme, il y a une nécessité contraire, celle de ne s'arrêter jamais. Par de là ce que nous avons, par de là le degré où nous sommes montés, notre pensée impatiente, qui toujours anticipe sur l'avenir, veut encore un autre but et un autre horizon. Si le temps mar-

---

1. *Pensées* de Champfort.

chait, si l'aiguille avançait sur le cadran au gré de nos désirs, que la vie serait courte ! Elle ne durerait pas plus que celle de ces insectes qui se développent, qui vieillissent et meurent en quelques heures. Du moment où nous ne voyons pas devant nous un champ indéfini où notre activité puisse s'exercer, l'inquiétude, le malaise, l'ennui s'emparent de nous. Rien de fixe, rien de définitif, même au sein de la pleine possession du plus grand bonheur que nous ayons rêvé, ne saurait nous plaire bien longtemps. « Notre bonheur ne consistera jamais, a dit profondément Leibniz, dans une pleine jouissance où il n'y aurait plus rien à désirer et qui rendrait notre esprit stupide, mais dans un degré perpétuel à de nouveaux plaisirs et de nouvelles perfections[1]. »

Quoi de plus doux que la découverte et la possession de la vérité ? Cependant ne serions-nous pas malheureux, le jour où notre intelligence n'aurait plus rien à découvrir, plus rien à chercher ? Si la Providence, dit Lessing, me montrait enfermée dans une main la vérité absolue ne laissant plus aucune place au doute et à la recherche et, dans l'autre, la vérité incomplète et imparfaite qui provoque les recherches et les efforts, je dirais : garde celle-là, donne-moi celle-ci. Nous aimons la re-

---

1. *Principes de la nature et de la grâce.*

cherche et la poursuite plutôt que la possession et la prise.

Tel est le cœur du savant, tel est aussi celui de l'homme d'État et du guerrier. Alcibiade n'est pas le seul ambitieux auquel puissent s'appliquer ces paroles de Socrate : « Je crois que si quelque Dieu te disait tout à coup : Alcibiade, qu'aimes-tu mieux, ou mourir tout à l'heure, ou, content des avantages que tu possèdes, renoncer à en acquérir de plus grands ; oui, je crois que tu aimerais mieux mourir[1]. »

Avec quelle énergie Gœthe, de même que Lessing, n'a-t-il pas exprimé cet insatiable besoin d'activité et de mouvement! « Si jamais, dit Faust à Méphistophélès, étendu sur un lit de plumes, j'y goûte la plénitude du repos, que ce soit fait de moi à l'instant!... Si tu peux me séduire au point que j'en vienne à me plaire à moi-même, si tu peux m'endormir au sein des jouissances, que ce soit pour moi le dernier jour... Si jamais je dis à l'heure présente : attarde-toi, tu es si belle! Alors

---

1. *Premier Alcibiade*, trad. de Cousin.
On peut rapprocher de ces paroles de Socrate à Alcibiade celles de Napoléon à Duroc. « On me croit donc bien ambitieux, dit-il un jour à Duroc. — Il y a des gens qui imaginent que vous prendriez, s'il vous laissait faire, la place de Dieu le père. — Ah! je n'en voudrais pas, dit l'empereur, c'est un cul-de-sac. » (Cité par M. Bersot dans un article sur les Derniers souvenirs du comte d'Estourmel. *Morale et politique*.)

tu peux me charger de liens, alors je consens à m'engloutir, alors la cloche des morts peut sonner, alors tu es affranchi de ton service ; que le cadran s'arrête, que l'aiguille tombe et que le temps soit accompli pour moi[1] ! »

Montesquieu remarque, non sans une malicieuse finesse, combien on est embarrassé, dans toutes les religions, quand il s'agit de donner une idée des plaisirs parfaits et achevés réservés aux élus dans une autre vie[2]. Il semble en effet qu'ils perdent bien de leur charme par leur éternelle monotonie. Bossuet lui-même en semble embarrassé ; après avoir dit, d'après saint Augustin, que toute l'action des saints dans le ciel sera un amen, un alleluia, il croit devoir ne pas laisser l'esprit des fidèles sous l'appréhension de l'ennuyeuse monotonie de cet éternel alleluia. Aussi s'empresse-t-il d'ajouter : « N'allez pas vous attrister en considérant ces choses d'une manière toute charnelle,

---

1. *Faust*, 1ʳᵉ partie, trad. de Castil-Blaze.
2. « On épouvante facilement les méchants par une longue suite de peines dont on les menace, mais pour les gens vertueux on ne sait que leur promettre ; il semble que la nature des plaisirs soit d'être d'une courte durée, l'imagination a peine à s'en représenter d'autres. J'ai vu des descriptions du paradis capables d'y faire renoncer tous les gens de bon sens ; les uns font jouer sans cesse de la flûte ces ombres heureuses ; d'autres les condamnent au supplice de se promener éternellement ; d'autres enfin, qui les font rêver là-haut aux maîtresses d'ici-bas, n'ont pas cru que cent millions d'années fussent un terme assez long pour leur ôter le goût de ces inquiétudes amoureuses. » (*Lettres persanes*, lettre cxx.)

et ne dites pas ici que si quelqu'un entreprenait, étant debout, de répéter toujours: amen, alleluia, il serait bientôt consumé d'ennui, et s'endormirait enfin tout en répétant ces paroles. Cet amen, cet alleluia, ne seront point exprimés par des sens qui passent, mais par les sentiments de l'âme embrasée d'amour[1]. »

Descendons de ces hauteurs pour considérer de nouveau ce qui se passe plus près de nous. Quels sont les jeux qui passionnent au plus haut degré le jeune homme et l'homme fait? Ce sont ceux-là précisément qui exigent le plus grand travail du corps ou de l'esprit. Que d'efforts, que de fatigues, que d'adresse, ne faut-il pas pour la course, la lutte, la chasse! C'est de là même que vient tout leur attrait, et non, comme le dit Pascal, qui nous semble ici se tromper, de ce qu'ils nous délivrent du spectacle importun de nous-mêmes. Il n'y a nulle contradiction, quoi qu'il prétende, chez ce

---

1. *Quatrième sermon pour la fête de tous les saints.*
Leibniz aussi repousse cette pensée d'une béatitude close et immobile : « Nisi beatitudo in progressu consisteret, stuperent beati. » (*Briefwechsel*, etc., ou *Recueil de lettres entre Leibniz et Wolf sur l'idée de la perfection*, édité par Gehrart, Halle, 1860, lettre VIII.) « L'inquiétude, dit-il ailleurs, est essentielle à la félicité des créatures, laquelle ne consiste jamais dans une entière possession qui les rendrait insensibles et comme stupides. » (*Essai sur la puissance et la liberté.*)

« Ah! que ce paradis m'épouvante, s'écrie Jean Raynaud, et que j'aime encore mieux ma vie, avec ses tribulations et ses peines, que cette immortalité avec sa paix béate! » (*Ciel et terre.*)

chasseur qui préfère, au lièvre qu'on lui mettrait dans la main, celui qu'il poursuivra tout le jour, peut-être vainement, à travers les monts et les vallées. Il semble qu'il oublie ce qu'il a si bien dit ailleurs : « que nous ne cherchons pas tant les choses elles-mêmes que la recherche des choses. »

Aussi, suivant une juste remarque d'Aristote, un objet nous est d'ordinaire d'autant plus cher qu'il nous a coûté plus de peine pour l'acquérir. « On s'attache, dit-il, toujours davantage à ce qui a coûté de la peine, et c'est ainsi que ceux qui ont acquis leur fortune eux-mêmes l'estiment bien plus que ceux qui l'ont reçue par héritage. Or recevoir un bienfait est une chose qui évidemment ne demande point d'effort pénible, tandis qu'il en coûte souvent beaucoup pour obliger. Voilà pourquoi aussi les mères ont davantage l'amour de leurs enfants ; leur part dans la génération a été bien autrement pénible et elles savent mieux qu'ils leur appartiennent. C'est là sans doute aussi le sentiment des bienfaiteurs à l'égard de leurs obligés [1]. »

---

[1]. *Morale à Nicomaque*, liv. IX, chap. x, trad. Barthélemy Saint-Hilaire. Cette pensée se trouve dans ces deux beaux vers de Corneille :

> Pour paraître à mes yeux son mérite est trop grand,
> On n'aime point à voir ceux à qui l'on doit tant.
>
> (*Nicomède*.)

Le même sentiment a été mis spirituellement à la scène dans une bonne comédie de notre temps, *le Voyage de M. Perrichon*, par Labiche.

Platon, avant Aristote, avait déjà observé cette disposition du cœur humain qui tient au principe même de la sensibilité. En effet, voici ce qu'il fait dire à Socrate, dans le premier livre de la République : « Tu m'as paru fort peu attaché à la richesse, ce qui est ordinaire à ceux qui ne sont pas les artisans de leur fortune ; au lieu que ceux qui la doivent à leur industrie y sont doublement attachés : ils l'aiment d'abord parce qu'elle est leur ouvrage, comme les poëtes aiment les vers et les pères leurs enfants ; ils l'aiment encore, comme tous les autres hommes, par l'utilité qu'ils en retirent[1]. »

Bayle, il est vrai, a prétendu que la vérité de cette observation n'était pas générale : « Les goûts, dit-il, sont différents. Il y a plusieurs personnes qui font plus de cas d'un bien qui leur coûte beaucoup de peine que d'un bien qui leur est tombé des nues, pour ainsi dire. Quantité d'autres personnes seraient bien aises que le bien leur vînt en dormant[2]. » Nous ne nions pas l'agréable surprise de celui auquel le bien vient en dormant ; mais nous croyons, avec Aristote et Platon, que celui qui n'a eu que la peine de le prendre y tiendrait encore davantage, si c'était le fruit du travail et non du hasard. De là tant de fils de famille dis-

---

1. Trad. Cousin.
2 *Réponse aux questions d'un provincial*, chap. LXXXIII.

sipateurs, de là par contre l'âpreté en fait d'argent de celui qui l'a gagné sou à sou, à la sueur de son front, comme l'homme de la campagne.

Revenons à la question des jeux. Il en est dans lesquels c'est l'esprit, non le corps qui travaille. Il y a des jeux dont les combinaisons ne sont pas moins savantes et compliquées que celles d'un problème d'algèbre ou de géométrie, des jeux qui exigent l'attention la plus soutenue, les calculs les plus compliqués. Ce sont ces jeux dont Leibniz a dit : « L'esprit humain brille dans les jeux plus qu'en tout autre chose [1]. » La Bruyère ne les estime pas moins pour les qualités d'esprit qu'ils requièrent: « Que dirai-je encore de l'esprit de jeu? Pourrait-on me le définir? Ne faut-il ni prévoyance, ni habileté, ni finesse pour jouer l'hombre ou les échecs [2]? » A quel point ces jeux n'absorbent-ils pas et n'excitent-ils pas l'esprit? « A voir, dit Diderot, un joueur d'échecs concentré en lui-même et insensible à tout ce qui frappe ses yeux et ses oreilles, ne le croirait-on pas occupé du soin de sa fortune ou du salut de l'État? Ce recueillement si profond a pour objet d'exercer l'esprit pour la position d'une pièce d'ivoire [3]. »

---

1. Édit. Erdmann, p. 700.
2. Chap. des Jugements.
3. *Encyclopédie*, art. PLAISIR.

Fontenelle n'a pas dédaigné de faire une comparaison entre l'esprit du jeu et l'esprit géométrique : « L'esprit du jeu, dit-il, n'est pas estimé ce qu'il vaut. Il est vrai qu'il est un peu déshonoré par son objet et par la plupart de ceux qui le possèdent, mais il ressemble assez à l'esprit géométrique. Il demande aussi beaucoup d'étendue pour embrasser à la fois un grand nombre de rapports, beaucoup de sûreté pour déterminer le résultat des comparaisons et, de plus, une extrême promptitude d'opérer[1]. »

L'attrait même des jeux de hasard n'est pas uniquement dans l'enjeu. Tel s'y passionne qui n'est ni intéressé ni avare, qui n'a pas à redouter la perte et qui n'a que faire du gain. Les vicissitudes de crainte ou d'espérance par où ils nous font passer, les continuelles agitations, les vives secousses qu'ils donnent à l'esprit, voilà, pour une grande part, le secret de la passion, de l'ivresse qu'ils excitent.

Combien frappant est le contraste des effets de l'inaction ! Quel tourment que celui de l'ennui, cet inséparable compagnon du désœuvrement ! Sénèque a raison : *In odium vitam sui adducere solet iners otium*[2]. « Ce qui tue, dit G. Sand, c'est de sentir tout son être inutile. » L'ennui, le *spleen*,

---

1. *Éloge de René de Montmort.*
2. Sénèque, ep. LXXVIII.

comme disent les Anglais, inspire le dégoût de la vie elle-même et pousse ses tristes victimes à la mort et au suicide. Dans la vie de tout homme, depuis le boutiquier et le commerçant jusqu'au magistrat et à l'homme d'État, c'est une crise redoutable que la transition d'une vie active, du commerce, de l'industrie, des affaires, à l'oisiveté et au repos de la retraite, alors même qu'elle a été le plus vivement désirée et qu'elle n'est imposée ni par la limite d'âge, ni par une disgrâce.

Malheur à ce commerçant devenu rentier, à cet officier ou à ce magistrat mis en retraite, s'ils ne savent pas tout aussitôt se créer quelque activité nouvelle ! Au milieu de ce repos, après lequel ils ont peut-être soupiré, bientôt ils s'ennuient, ils languissent et n'ayant, pour ainsi dire, plus de raison de vivre, plus de ressort tendu, plus de force de résistance, ils sont pour la mort comme une proie facile et sans défense. Quand on n'a plus de raison de vivre, on est bien près de la mort[1]. « Rien, dit Pascal, n'est si insupportable à l'homme que d'être dans un plein repos, sans passion, sans affaire, sans divertissement, sans application... Quand un soldat se plaint de la peine qu'il a, ou un laboureur, qu'on les mette à rien faire ! »

---

1. « La meilleure manière d'entretenir en soi la vie, a très-bien dit M. Martha, est de trouver qu'il vaut encore la peine de vivre. (*Notice sur M. Patin.*)

Voltaire, qui a reproché à Pascal une tendance à concentrer l'activité tout entière de l'homme dans la contemplation de soi-même, exprime avec des traits non moins vifs ce besoin d'activité qui est le fond même du cœur de l'homme : « L'homme est né pour l'action... N'être point occupé et n'exister pas est la même chose pour l'homme. Job a bien dit : L'homme est né pour le travail comme l'oiseau pour voler [1]. » Selon Kant, l'inertie ne s'accorde pas plus avec la vie intellectuelle que l'immobilité du cœur avec la vie physique [2].

Sans vouloir entrer dans un domaine qui n'est pas le nôtre, celui de la physiologie, dont on abuse tant, comme nous l'avons dit en commençant, nous nous bornerons, en terminant ce chapitre, à faire remarquer que la sensibilité est particulièrement expressive. Nous croyons que toutes les facultés de l'âme, qu'une grande pensée, qu'une volonté ferme, ont aussi leur reflet sur la figure humaine et leur expression au dehors; mais, de toutes nos facultés, la sensibilité est expressive au plus haut degré et en un beaucoup plus grand détail [3]. Notre théorie psychologique du plaisir et de la

---

[1]. *Commentaire sur les Pensées de Pascal.*
[2]. *Anthropologie (du plaisir et de la peine)*, trad. Tissot.
[3]. Voir le *Traité des passions* de Descartes et les travaux contemporains de Bain, *the Emotions and the Will*, 3ᵉ édit., 1875, et de Darwin, *the Expression of the emotions*, etc.

douleur semble se traduire plastiquement et se vérifier en quelque sorte au dehors par une pantomime si expressive, qu'elle n'a jamais trompé aucun œil humain, à moins de feinte et de fourberie. Dans le plaisir, comme dit Cabanis, tous les organes semblent aller au-devant des impressions, ils s'épanouissent pour les recevoir par plus de points[1]. Il y a une surexcitation d'énergie musculaire qui manifeste d'une manière sensible cette surexcitation d'activité interne d'où naît le plaisir.

De même que le plaisir se traduit au dehors par un épanouissement, par une dilatation des organes, de même la douleur a pour expression la contraction, la dépression, l'abattement. Dans la douleur, dit encore Cabanis, l'animal se retire tout entier sur lui-même, comme pour présenter le moins de surface possible au mal qu'il souffre ou qu'il redoute. Cependant on peut objecter qu'une douleur vive, plus excitante encore que le plaisir, se manifeste par une dépense extraordinaire d'énergie, par des mouvements désordonnés, des convulsions, des crises nerveuses, ne ressemblant guère à cet abattement qui, selon nous, est l'effet et le signe de la douleur.

Il est vrai que tels sont les premiers symptômes

---

[1]. *Rapports du physique et du moral*, 2ᵉ mémoire, Histoire physiologique des sensations.

de certaines douleurs. Il y a, au premier moment, des efforts, des mouvements extraordinaires, et comme une sorte de révolte dans tout l'organisme pour les expulser. Mais, à cette première phase de la douleur, à ces efforts excessifs, succèdent bientôt l'épuisement, l'abattement, la prostration. Cette énergie extraordinaire était au détriment de l'énergie requise pour l'accomplissement régulier des fonctions organiques; c'était un déplacement, un trouble, et non pas, comme dans le plaisir, un réel surcroît d'activité et de force. L'affaissement, la prostration, qui suivent si promptement, rendent assez manifeste que la douleur est bien par elle-même essentiellement déprimante [1]. Ainsi l'expression externe de la sensibilité vient-elle confirmer ce que nous croyons avoir observé au dedans. Cette activité intérieure d'où naît le plaisir, et ce défaut d'activité d'où naît la douleur, impriment pour ainsi dire leur image sur

---

[1]. Voir l'appendice B de la dernière édition de *Senses and intelligence* de Bain, intitulé : *Physical accompaniements of pleasure and pain*. — Je me borne à citer, d'après Bain, le passage suivant de l'*Anatomy of expression* de Charles Bell :

« In pain, the body is exerted to violent tension, and all the emotions or passions allied to pain, or having their origin or foundation in painful sensations, have this general distinction of character, that there is an energetic action or tremor, the effect of universal and great excitement. It must at the same time be remembered that all the passions of this classe, some more immediately, others more indirectly, produce in the second stage exhaustion, debility, and loss of tone, from over exertion.

l'organisme tout entier et se rendent sensibles du dehors même à tous les yeux[1].

1. Saint Augustin a dit : « Lætitia animi diffusio, tristitia animi contractio. » (*In Joannem evangelistam*, cap. x.) Ces mêmes termes ont été employés par Jouffroy. Rien, suivant lui, n'exprime mieux que les termes de dilatation et de contraction, la joie et la tristesse (*Mélanges philosophiques*, amour de soi.)

# CHAPITRE VII

### DU PLAISIR DANS LA DOULEUR.

Antinomie apparente de la sensibilité. — Le plaisir mêlé à la douleur. — Complaisance de l'âme au sein de ses afflictions. — Divers témoignages en faveur de ce phénomène. — Douceur secrète des larmes versées sur nos propres infortunes et sur celles des autres. — Tristesses attirantes. — Le plaisir de la pitié et de la tragédie comparé par La Fontaine au rire et à la comédie. — Fascination et attrait des tragédies réelles, des jeux sanglants du cirque, des supplices. — Exemples de Léonce et d'Alypius dans Platon et dans saint Augustin. — Diverses explications de cette contradiction du cœur humain. — Sentiment du contraste avec le sort que nous croyons avoir mérité. — — Sentiment de la convenance. — L'activité intellectuelle et morale surexcitée est la cause principale du plaisir au sein de la douleur. — Nouvelle confirmation de notre principe de la sensibilité.

Si le plaisir et la douleur, suivant l'apologue de Socrate, sont enchaînés l'un à l'autre par une chaîne indissoluble, si la douleur chasse le plaisir, le plaisir se mêle aussi à la douleur et forme avec elle un sentiment complexe à la fois pénible et doux. En pénétrant au fond d'un cœur affligé on est parfois surpris d'y découvrir quelque sentiment de douceur qui tempère l'amertume de son affliction. Nous voulons montrer que la source en est dans un surcroît de cette activité que le plaisir suit toujours et partout, comme l'effet suit la cause.

Mais, au premier abord, la sensibilité nous présente un contraste, une sorte d'apparente antinomie, qui n'a échappé ni aux moralistes anciens ni aux modernes. Le cœur semble parfois se complaire dans sa propre douleur ; les plus grandes afflictions peuvent enfermer une secrète douceur. Il y a quelques perles, a dit Young, dans le torrent de l'affliction. « Nous ne goûtons rien de pur, a dit Montaigne, même la douleur. » De même aussi y a-t-il de secrètes amertumes dans la condition en apparence la plus heureuse. De la source même des voluptés, comme l'a dit Lucrèce avec tant de vérité et de poésie, quelque chose d'amer s'élève qui nous prend à la gorge au milieu même des fleurs :

..... Medio de fonte leporum
Surgit amari aliquid quod in ipsis floribus angat[1].

Mais par une sorte de compensation, comme on en rencontre de plus d'une sorte dans ce vaste domaine

---

1. *De natura rerum*, lib. VI, 1129.

Nos plaisirs les plus doux ne vont pas sans tristesse.
(Corneille, *Horace*.)

du plaisir et de la douleur, de la source même des douleurs s'élève aussi parfois, pour l'âme affligée, quelque chose de doux qui lui plaît au sein même de son affliction, de telle sorte qu'il y a aussi quelque chose de vrai dans cette contre-partie des beaux vers de Lucrèce :

..... Medio de fonte dolorum
Surgit amœni aliquid luctu quod amamus in ipso [1].

Homère se sert plus d'une fois de cette expression remarquable : jouir de sa douleur, τέρπειν γόοιο [2]. L'alliance de ces deux mots, qui sembleraient ne pas devoir se rencontrer ensemble, a été remarquée par La Fontaine : « Les larmes, dit-il, que nous versons sur nos propres maux sont, au sentiment d'Homère, une espèce de volupté. Car en cet endroit où il fait pleurer Achille et Priam, l'un du souvenir de Patrocle, l'autre de la mort du dernier de ses enfants, il dit qu'ils se saoulent

---

1. Ces vers sont cités dans le *Cours de littérature dramatique* de M. Saint-Marc Girardin.

> La peine a ses plaisirs, le péril a ses charmes.
> (Voltaire, *Henriade*, chant V.)

Lamartine a dit aussi :

> Oui, dans la coupe amère où nous buvons la vie,
> Il se mêle toujours quelque goutte de miel.

2. Dans la prière de Priam à Achille, liv. XXIII, v. 98, et dans plusieurs autres passages de l'*Iliade* et de l'*Odyssée*, parmi lesquels nous citerons l'apparition de l'ombre de Patrocle à Achille, l'évocation par Ulysse de sa mère Anticlée.

de ce plaisir; il les fait jouir de pleurer, comme si c'était quelque chose de délicieux¹. »

Platon, dans le *Philèbe*, a aussi signalé ces rapports si intimes du plaisir et de la douleur : « Ne conviens-tu pas, dit Socrate à Protarque, que la colère, la crainte, le désir et la tristesse, l'amour, la jalousie, l'envie et les autres passions semblables, sont des douleurs propres de l'âme? — Oui. — Ne trouverons-nous point qu'elles sont remplies de plaisirs inexprimables? Est-il besoin que, par rapport au ressentiment et à la colère, nous rappelions que la colère entraîne quelquefois le sage à se courroucer :

Plus douce que le miel qui coule du rayon².

et les plaisirs mêlés avec la douleur dans les lamentations et les regrets. Tu te rappelles aussi les représentations tragiques où l'on pleure en même temps que l'on goûte de la joie³. »

Selon Aristote, comme selon Platon, il y a quelque plaisir même dans le deuil et dans les larmes. On s'afflige, dit-il, parce qu'une personne n'est plus, mais on trouve du charme à se souvenir d'elle, à la voir dans sa pensée, à se rappeler ses actions et toute sa personne⁴. Il cite ensuite cette

---

1. *Amours de Psyché*, fin du I<sup>er</sup> livre.
2. Vers d'Homère, *Iliade*, liv. XVIII, v. 108.
3. Platon, le *Philèbe*, trad. Cousin, t. III, p. 407.
4. Καὶ ἐν τοῖς πένθεσι καὶ θρήνοις ἐγγίνεταί τις ἡδονή. Ἡ μὲν γὰρ

autre expression non moins vraie, non moins profonde, d'Homère : ἵμερος γόοιο, qu'on ne retrouve pas moins souvent, dans l'*Iliade* et l'*Odyssée*, que celle de τέρπειν γόοιο.

Ovide a dit aussi :

> Fleque meos casus ; est quædam flere voluptas,
> Expletur lacrymis egeriturque dolor [1].

et Sénèque : « Fit infelicis animi prava voluptas dolor [2], » et ailleurs : « Inest quiddam dulce tristitiæ [3]. »

Lucain nous montre Cornélie, après la mort de Pompée, embrassant étroitement sa cruelle douleur ; elle jouit de ses larmes, elle aime son deuil à la place de l'époux qu'elle a perdu :

> Sævumque arcte complexa dolorem
> Perfruitur lacrymis et amat pro conjuge luctum.

Voici une pensée analogue de Sénèque le tragique :

> Mœror lacrymas amat assuetas
> Flendi miseris dira cupido est [4].

λύπη, ἐπὶ τῷ μὴ ὑπάρχειν, ἡδονὴ δὲ ἐν τῷ μεμνῆσθαι καὶ ὁρᾶν πως ἐκεῖνον, καὶ ἃ ἔπραττε, καὶ οἷος ἦν. Διὸ καὶ τοῦτο εἴρηται, ὡς φάτο :

> Τοῖσι δὲ πᾶσιν ἐφ' ἵμερον ὦρσε γόοιο.
> (Arist., *Rhét.*, liv. I, chap. XI.)

1. *Trist.*, lib. VI, eleg. III.
2. *Consolat. ad Marciam.*
3. *Epist.* XCIX.
4. *Thyest.*, act. V.

Saint Augustin a dit, à propos de la mort de son ami : mes pleurs seuls m'étaient doux et avaient succédé à mon ami dans les délices de mon âme [1].

Nous ne goûtons rien de pur, même la douleur, selon Montaigne, mais il ajoute : « Métrodorus disait qu'en la tristesse il y a quelque alliage de plaisir. Je ne sais s'il voulait dire autre chose, mais moi j'imagine bien qu'il y a du dessein, du contentement et de la complaisance à se nourrir en la mélancolie. Je dis qu'outre l'ambition qui s'y peut encore mêler, il y a quelque ombre de friandise et de délicatesse qui nous rit et qui nous flatte au giron même de la mélancolie. Y a-t-il pas des complexions qui en font leur aliment? Et dit un Attalus, en Sénèque, que la mémoire de nos amis perdus nous agrée comme l'amer au vin trop vieil. » Racine n'a pas moins bien connu le cœur humain, quand il a fait dire à Phèdre, comme Sophocle à Electre [2] :

Il fallait bien souvent me priver de mes larmes.

---

1. *Confess.*, liv. IV, chap. IV. Tel est aussi le sentiment de ces deux bien touchantes inscriptions funèbres citées par Hamilton :

Heu quanto minus est cum reliquis versari quam tui meminisse,

et celle-ci :

I would not give my dead son for the best living son in Christendom.

2.     Οὐδὲ γὰρ κλαῦσαι πάρα
τοσόνδ' ὅσον μοι θυμὸς ἡδονὴν φέρει.

(V. 281.)

## DU PLAISIR DANS LA DOULEUR

L'homme s'attache à ses maux comme à ses plaisirs. Philoctète ne quitte pas sans attendrissement la caverne où il a tant souffert[1]. Les maux eux-mêmes, dit Œdipe, nous laissent quelque regret[2].

Les philosophes et les moralistes s'accordent ici, d'ailleurs, avec les poëtes. Selon Descartes, « il y a même quelque douceur et contentement dans la tristesse que l'on ressent à l'occasion des autres[3]. » Selon Malebranche, « la douceur est au nombre des éléments qui se rencontrent dans toutes les passions sans exception, même les plus mélancoliques et les plus tristes[4]. » Le même philosophe dit ailleurs : « La tristesse est le sentiment le plus agréable que puisse avoir un homme dans le temps qu'il n'a pas le bien qu'il souhaite[5]. » Je trouve sur ce même sujet, à l'occasion des passions,

---

1. Ἐγὼ δ'ἀνάγκῃ προὔμαθον στέργειν κάκα.
(v. 598.)

2. Πόθος καὶ κακῶν ἄρ ἦν τις.
(*Œdipe à Colone.*)

La Fontaine a dit :

..... Il n'est rien
Qui ne soit souverain bien,
Jusqu'au sombre plaisir d'un cœur mélancolique.
(Fin du I<sup>er</sup> livre de *Psyché*.)

Il dit encore dans *Psyché :* « La compassion a aussi ses charmes qui ne sont pas moindres que ceux du rire. »

3. Sixième lettre à la princesse Élisabeth.
4. *Recherche de la vérité*, liv. V.
5. *Méditations métaphysiques et chrétiennes*, médit. XIX.

quelques pages intéressantes dans les *Institutiones philosophicæ* de Pourchot, un des meilleurs et des plus célèbres professeurs cartésiens de l'Université de Paris, vers la fin du XVIIᵉ siècle[1].

Dans toute affection, dit Pourchot, même dans la tristesse, nous ressentons une douceur secrète qui fait que nous nous y abandonnons volontiers et que nous ne pouvons pas supporter qu'on détourne notre esprit de la pensée de l'objet qui nous arrache des larmes.

Cela n'est pas seulement vrai des regrets qu'inspire la perte d'une personne aimée, mais aussi, suivant Lévêque de Pouilly, comme suivant Platon, de la haine et de toutes les passions dont elle est le principe, de la crainte, de la pitié, des émotions douloureuses que provoque le spectacle de la souffrance et de la mort. Les récits effrayants de la veillée, les histoires de revenants et d'assassins excitent une terreur agréable dans le cercle tremblant qui les écoute[1].

S'il y a du plaisir dans les larmes que nous versons sur nos propres maux, il y en a aussi dans celles que nous versons sur les maux des autres. La pitié, la compassion, sont des affections douces au cœur. Nous éprouvons de la joie, selon la remarque de Platon, aux représentations drama-

---

1. *Pars tertia Physices*, sect. III, cap. v.

tiques qui nous arrachent des larmes¹. Dans le récit des amours de Psyché, au moment où finissent le bonheur et la gloire de son héroïne, victime d'une curiosité fatale, La Fontaine s'interrompt et demande à ses amis de le dispenser de raconter le reste, de peur de trop émouvoir leur pitié. Là-dessus s'engage entre les quatre amis une spirituelle et ingénieuse discussion sur les plaisirs comparés de la pitié et du rire, de la tragédie et de la comédie. Malgré tout son esprit, Gélaste, l'avocat du rire et de la comédie, ne nous semble pas l'emporter sur Ariste, qui a pris en main la cause de la pitié et de la tragédie et qui soutient que la volupté des belles tragédies est plus grande que celle du comique. « Les traits comiques, tout beaux qu'ils sont, n'ont ni la douceur du charme, ni la puissance de la tragédie. Celle-ci plaît, l'autre ravit, voilà la différence entre la pitié et le rire². » Telle est la conclusion de cette délicate et ingénieuse digression sur les deux grandes formes du plaisir dramatique.

Guizot, qui a aussi analysé les causes de ce même

---

1. Un poëte latin moderne, Virginius Cæserinus, cité par Hamilton, a très-bien exprimé cette disposition du cœur humain

> Oblectat pavor ipse animum; sunt gaudia curis,
> Et stupuisse juvat, quem doluisse piget.

2. Cette charmante digression se trouve à la fin du premier livre des *Amours de Psyché*. Quelques éditeurs ont eu le tort de la supprimer, la considérant sans doute comme un hors-d'œuvre.

plaisir, le ramène, conformément à notre principe, à la satisfaction qui naît d'une plus grande énergie d'existence. « Livrés tout entiers, dit-il, dans ces jeux de l'âme à l'exercice de nos facultés morales, nous nous y portons avec cette satisfaction vigoureuse qui naît d'une plus grande énergie d'existence ; si un peu de douleur vient se mêler à cette satisfaction, le mal de souffrir n'est plus alors que le plaisir de sentir [1]. »

Saint Augustin s'étonne de cette tendance du cœur humain à trouver du plaisir aux tristes spectacles de la souffrance et de la douleur. Il se demande pourquoi l'homme ne contemple pas sans quelque attrait des événements lamentables et tragiques que lui-même il ne voudrait certainement pas endurer. « Et cependant il veut en souffrir quelque douleur, et c'est cette douleur même qui est son plaisir. Quelle misérable folie ! s'il n'est pas douloureusement ému, si le spectacle le laisse froid et insensible, il s'en va dégoûté et mécontent. Si au contraire il est ému douloureusement par le spectacle qui fixe son attention, il est joyeux et il pleure : « gaudens lacrymatur, lacrymæ ergo amantur et dolores [2]. » Enfin il demande à Dieu pourquoi les larmes sont douces aux affligés :
« Unde igitur suavis fructus de amaritudine

---

[1]. *Corneille et son temps*, in-8, p. 210.
[2]. *Confessions*, liv. IV, chap. v.

itæ carpitur, gemere et flere, suspirare et conueri¹? » On ne peut mieux mettre en saillie ce ontraste, sans toutefois en donner aucune explition. Le même fait n'a pas échappé à Fontenelle : Quoiqu'il soit fort étrange de l'avancer, il est vrai ependant, dit-il dans un petit *Traité du bonheur*, ue nous avons un certain amour pour la douleur t que dans quelques caractères il est invincible². »

Rappelons ici encore : « cette tristesse attirante ont parle Rousseau, et qu'il n'aurait pas voulu ne as avoir³. » Combien ont souffert pour de nobles entiments, pour de grandes causes, la religion, la atrie, et qui n'auraient pas voulu ne pas avoir es souffrances au cœur! Combien de victimes de amour, de la foi, du devoir se sont écriées, dans  fond de leur cœur, comme Carmosine, dans lfred de Musset : « O ma chère douleur o délieuse souffrance ! »

Herbert Spencer remarque l'existence d'un sen ment singulier, la volupté de la douleur, luxury f pity⁵. Schopenhauer attribue aux Anglais, le lus mélancolique des peuples, suivant lui, cette utre expression non moins caractéristique, de joie

---

1. *Confessions*, liv. IV, chap. v.
2. *Œuvres*, t. III.
3. *Lettre à Malesherbes*.
4. Gœthe a chanté les charmes de la mélancolie, *Wonne der ehmuth (Gedichte)*.
5. *Principes de psychologie*, chapitre des Sentiments altruistes.

de la douleur, joy of grief. Que de chrétiens ont savouré la croix et le martyre[1] !

Nous avons rapporté assez de témoignages et de faits pour mettre hors de doute cet alliage singulier du plaisir et de la douleur, ce charme amer de certaines douleurs, au sein desquelles l'âme semble se complaire, comme elle se plaît aussi dans le spectacle des fictions et des représentations tragiques, plaisir égal, sinon supérieur, à celui de la comédie. Mais voici un autre attrait, encore plus étrange, qui se mêle à la répugnance, à la pitié et à l'horreur qu'excitent les tragédies réelles, les souffrances d'autrui, le sang versé, les supplices. Combien de faits qui prouvent que les plus douloureux spectacles, en même temps qu'ils repoussent, ont aussi quelque chose qui attire ! Que de spectateurs, qui d'ailleurs n'ont rien de méchant et de pervers, y sont entraînés et retenus comme malgré eux !

Platon raconte que Léonce, fils d'Aglaïon, a été poussé, malgré lui, à se détourner de sa route pour aller contempler des cadavres de suppliciés qu'il apercevait de loin en revenant du Pirée. S'étant approché : « il résista d'abord et se cacha le visage, mais enfin, cédant à la violence de son désir, il courut vers ces cadavres et, ouvrant de grands

---

1. Fac me cruce Christi inebriari ! Hymne *Stabat mater*.

yeux, il s'écria : Hé bien, malheureux, rassasiez-vous d'un si beau spectacle[1] ! » Quel n'était pas l'attrait des jeux sanglants du cirque ! L'histoire d'Alypius, rapportée par saint Augustin, montre bien quelle fascination ils exerçaient, même sur des hommes de mœurs douces et d'un esprit cultivé. Entraîné de force par quelques amis à ces jeux, dont jusque là il avait eu horreur, Alypius s'était promis de tenir les yeux fermés pendant la durée de cet odieux spectacle. Mais une immense clameur, poussée par la foule, les lui ayant fait ouvrir, le voilà séduit et entraîné comme les autres. Ut enim vidit illum sanguinem, immanitatem simul ebibit; et se non avertit, sed fixit aspectum; et hauriebat furias et nesciebat; et delectabatur scelere certaminis et cruenta voluptate inebriebatur[2] !

Ces cruelles voluptés ne sont pas particulières aux temps anciens ni aux jeux du cirque, malgré l'adoucissement des mœurs chez les modernes.

---

1. *République*, liv. IV, trad. Cousin. — C'est ainsi que la foule court à la Morgue pour rassasier ses yeux d'un spectacle du même genre.

2. *Confessions*, lib. IV, cap. VIII. Plaçons à côté du récit de Saint Augustin cette conversation avec un ami revenant d'Espagne, que rapporte Saint-Marc Girardin : « Je lui demandai si les combats de taureaux l'avaient beaucoup choqué. — Oui, dit-il, au premier moment, mais dès le second coup d'œil cela m'intéressait au point que je ne pouvais plus en détacher mes yeux. » *Cours de littérature dramatique*, Ier vol., chap. Ier.)

Pourchot, le savant cartésien que nous avons déjà cité, rapporte qu'un prêtre, homme d'ailleurs excellent et instruit, ayant assisté quelquefois des condamnés à mort, avouait naïvement qu'il avait été ensuite poussé par je ne sais quel plaisir à voir de semblables exécutions. Quel n'est pas l'empressement de la foule autour d'un échafaud? N'achète-t-on pas encore aujourd'hui le plaisir de voir tomber une tête? A défaut de l'échafaud, on court avidement à des spectacles dangereux où il y a la chance de voir un homme se tuer ou bien être la proie des animaux féroces. « Nous voulons être effrayés, dit Leibniz, par des danseurs de corde qui sont sur le point de tomber, et nous voulons que les tragédies nous fassent presque pleurer[1]. » N'aurions-nous pas en France, sinon les jeux du cirque, au moins les courses de taureaux, sans la police et les magistrats?

Demandons-nous maintenant quelle peut être la raison de ces contradictions du cœur humain? Pourquoi donc y a-t-il du plaisir là même où nous devions si peu nous attendre à le rencontrer, c'est-à-dire au sein de la douleur, son contraire? On en a donné diverses explications. En voici une d'abord, proposée par Herbert Spencer.

Il se peut que le sentiment qui pousse l'homme

---

[1]. *Essais de théod.*, 1<sup>re</sup> partie, 512.

en proie à la douleur à rester seul avec son chagrin, résulte de ce qu'il fixe son attention sur le contraste qu'il y a entre ce qu'il croit mériter et le traitement qu'il a reçu[1]. Ainsi une âme se complairait au sein de la douleur, d'après Spencer, parce qu'elle aurait la conscience d'avoir mérité un meilleur sort. Nous croyons qu'un retour de ce genre, que la comparaison entre ce qu'on croit avoir mérité et les maux qu'on éprouve, que cette justice qu'on se rend à soi-même, au sein de certaines infortunes imméritées, peut bien en effet intervenir pour en adoucir l'amertume. Mais ce sentiment n'entre certainement pour rien dans bien des douleurs, des regrets et des larmes. Ajoutons d'ailleurs que Spencer lui-même n'affirme pas que cette explication soit la vraie et qu'il ne la donne que comme probable.

Nous croyons qu'il y a une plus grande part de vérité dans le sentiment de la convenance avec l'état où nous sommes, selon l'explication donnée par Malebranche, Pourchot et Lévêque de Pouilly. Si l'âme affligée se complaît dans sa douleur, si elle ne veut pas être consolée, c'est qu'elle a la conscience que l'état où elle se trouve est l'état de cœur et d'esprit qui convient le mieux à sa situation.

---

1. *Principes de psychologie*, chapitre des Sentiments altruistes.

Pourchot cherche même, non sans quelque subtilité, à rattacher cette explication aux hypothèses physiologiques de Descartes sur les passions. Telle est, dit-il, l'union de l'âme et du corps, que l'âme aime à être touchée et excitée par lui, pourvu que le choc ne soit pas trop violent et que les organes n'en reçoivent aucun dommage. Ainsi l'âme s'assure-t-elle que le corps est en bon état, ce qu'elle considère comme un bien, à cause du lien qu'elle a avec lui. Si l'âme, dans tous les mouvements des passions, même les plus douloureux, est en quelque sorte chatouillée par une douceur secrète, c'est à cause de la loi établie par Dieu entre le corps et l'âme, d'après laquelle l'âme éprouve du plaisir, quand elle cède aux impressions du corps et les sent telles qu'elles doivent être par rapport à l'affection qu'elle éprouve[1].

Mais si le sentiment de la convenance avec l'état où nous sommes est pour quelque chose dans cette complaisance de l'âme au sein de certaines douleurs nous croyons, avec Hamilton, que la cause principale est dans le surcroît, dans l'excitation extraordinaire d'activité, dans les secousses que donnent à notre être tout entier soit le ressentiment de nos propres douleurs, soit les spectacles tragiques qui s'offrent à nos yeux. Le propre

---

[1]. *Institut. philosophicæ (pars tertia Physices)*, sect. III, cap. v.

des affections pénibles, dans l'ordre moral, n'est-il pas en effet d'inciter à un haut degré le souvenir et l'imagination? Avec quelle vivacité la pensée de celui qui pleure, toujours en éveil et en mouvement, ne se reporte-t-elle pas sur toutes les causes, sur tous les objets de sa douleur et de ses larmes, sur les biens que nous n'avons plus, sur les êtres chéris que nous avons perdus, sur tous leurs traits et toutes leurs paroles, sur toutes les circonstances qui ont précédé ou accompagné leur perte? Telle est l'excitation d'esprit que causent, par une sorte de contre-coup, les douleurs morales et qui vient contre-balancer, pour ainsi dire, l'abattement vital qui est le propre de la douleur en elle-même.

C'est ce surcroît d'activité intellectuelle, cette réaction contre l'abattement de la douleur, qui relève les affligés et leur apporte le mystérieux adoucissement dont ils ont si grand besoin, et grâce auquel ils supportent de si grandes et de si longues douleurs.

Quant à cet attrait odieux des tragédies réelles, du spectacle, du danger, de la souffrance et du sang, tout en ne dissimulant pas la répugnance qu'il nous inspire, gardons-nous cependant de faire l'humanité, ou même une portion de l'humanité, pire qu'elle n'est en réalité. Ce n'est pas la vue des mourants et des morts, du sang et des supplices qui attire la foule, mais la vivacité des émotions et des pensées qu'excitent dans l'âme de pareils spectacles. « Généralement l'âme, a dit Descartes, se plaît de sentir émouvoir en soi des passions de quelque nature qu'elles soient[1]. » Ajoutons avec Lucrèce :

> Non quia vexari quemquam est jucunda voluptas,
> Sed quibus ipse malis careas quia cernere dulce est.

Ainsi la vérité du principe d'où nous avons déduit le plaisir et la douleur reçoit une confirmation nouvelle, même de ces apparentes contradictions de la sensibilité.

Si d'ailleurs nous avons pris soin de mettre en lumière ce côté du cœur humain, cet adoucissement de la douleur qui sort par contre-coup du principe même de tout plaisir, qu'on ne nous prête pas la pensée, ridiculement optimiste, de vouloir transformer la douleur elle-même en quelque chose de doux et d'agréable et de placer la béatitude dans l'affliction. Malgré cet adoucissement qu'y fait pénétrer l'excitation de l'activité intellectuelle et morale, la douleur reste la douleur. Contentons-nous de dire avec Bossuet : « Il nous est resté une petite goutte de joie pour rendre la vie supportable et tempérer par quelques douceurs ses amertumes infinies. »

---

1. *Lettre à la princesse Elisabeth*, édit. Cousin, t. IX, p. 241.

# CHAPITRE VIII

### LA SYMPATHIE.

La sensibilité par sympathie. — Importance du rôle social de la sympathie. — Retentissement dans notre cœur des plaisirs et peines des autres. — Il n'y a pas deux principes de la sensibilité. — La sensibilité par sympathie a la même cause que la sensibilité personnelle. — Analyse des causes de la sympathie. — Ressemblance et analogie de nature. — Ce qu'on aime en dehors de soi est la même chose que ce qu'on aime en soi. — Rien de plus doux à l'homme que l'homme. — La sympathie plus ou moins grande suivant l'état social. — Rapports et proportions des affections sympathiques avec les affections personnelles. — Divers éléments, d'après Jouffroy, du plaisir sympathique. — Explications diverses de la sympathie par Malebranche, par Bain, par Spencer. — L'excitation de l'activité cause des plaisirs de la sympathie.

Tous les plaisirs que nous avons jusqu'à présent considérés présentaient ce caractère commun de sortir, pour ainsi dire, du fond même de l'individu et d'être l'accompagnement du jeu original et propre de ses diverses énergies. Mais voici une autre sensibilité, la sympathie, qui ne nous émeut que par une sorte de contre-coup, de répercussion de la sensibilité d'autrui. Admirons d'abord ici la multiplicité infinie, l'inépuisable fécondité de ces causes de plaisir, comme aussi de douleur, qui sans cesse nous émeuvent. Non-seulement il n est pas un seul mode de notre activité propre, quel qu'il soit, qui ne porte avec lui un certain plaisir, ou qui ne soit une occasion de douleur, mais il n'est pas, au dehors de nous, chez nos semblables, chez les animaux eux-mêmes, dans toute la nature animée et vivante, une seule trace de vie, de plaisir ou de douleur, dont nous soyons les témoins, qui ne se réfléchisse plus ou moins en notre propre cœur et ne puisse l'émouvoir à quelque degré. Sans doute cette seconde sensibilité, cette sensibilité d'emprunt, pour ainsi dire, n'a pas autant de profondeur ni autant de vivacité que la première, mais elle a une plus grande étendue ; si son importance est moindre au regard de l'individu, combien n'est-elle pas grande au regard de la société ?

Ressentie au dedans de nous pour le compte des autres, et non pour notre compte propre, le rôle qu'elle joue dans le monde moral est semblable à celui de l'attraction dans le monde physique. C'est elle qui tend à réunir tous les hommes entre eux par le lien si doux et si fort de la sympathie ; c'est elle qui est la mère de la pitié, qui, de concert avec les idées morales ou religieuses, ou même quelquefois à leur défaut, excite toute seule en nous la charité et le dévouement ; c'est elle enfin qui est, dans tous les cœurs, le puissant auxiliaire du grand précepte de s'aimer les uns les autres. « En donnant les larmes à l'homme, la nature montre, dit Juvénal, qu'elle a donné aux hommes des cœurs sensibles. C'est la meilleure partie de notre âme. Nous gémissons, par une loi de la nature, quand nous rencontrons le convoi d'une jeune fille... Cela nous sépare, ajoute-t-il, du troupeau des bêtes[1]. »

Telle est encore cette bonté naturelle dans laquelle Bossuet croyait voir la marque de l'origine divine de l'homme. Sachons-lui gré de ces belles et touchantes paroles : « Lorsque Dieu forma le cœur de l'homme il y mit premièrement la bonté comme le propre caractère de la nature divine et pour être la marque de la main bienfaisante d'où nous sortons. La bonté devait donc faire comme le fond de notre cœur et devait être en même temps

---

1.  Mollissima corda
Humano generi dare se natura fatetur,
Quæ lacrymas dedit, hæc nostri pars optima sensus.
Naturæ imperio gemimus quum funus adultæ
Virginis occurrit.....
    Separat hoc nos
A grege mutorum.
(Sat. XV.)

Il ne nous semble pas qu'on puisse affirmer, quoi que dise ici Juvénal, qu'il n'y ait point de traces de sympathie chez les animaux et que ce soit là une ligne de démarcation absolue entre eux et nous. Bien des observations justifient la vérité de ce vers de Virgile, dans la description de la peste des animaux :

... it tristis arator
Mœrentem abjungens fraterna morte juvencum.
(Georg., liv. III, v. 517.)

le premier attrait que nous aurions en nous-mêmes pour gagner les autres hommes[1]. » Schopenhauer, le plus pessimiste de tous les philosophes, a néanmoins merveilleusement célébré la sympathie, la seule chose, il est vrai, qu'il trouve bonne et qu'il laisse subsister dans la morale[2].

Notre but n'est pas de donner ici une étude complète des phénomènes de la sympathie et des diverses lois qui les régissent. Pour cette analyse nous renvoyons à Aristote, à Spinoza, à Hume, à Adam Smith, à Rousseau[3], aux Écossais, aux Anglais et à Jouffroy. Il s'agit pour nous seulement de montrer ici que les plaisirs et les douleurs de la sympathie ne font nullement exception à la loi générale que nous avons établie, qu'il n'y a pas deux sensibilités, l'une pour notre compte, l'autre pour autrui, l'une égoïste, l'autre désintéressée,

---

1. *Oraison funèbre du prince de Condé*. Il dit ailleurs : « Cette puissance divine qui a partagé la nature humaine entre tant de particuliers ne nous a pas tellement détachés l'un de l'autre, qu'il ne reste toujours dans nos cœurs un lien secret et un certain esprit de retour pour nous rejoindre. »

2. La sympathie est cet étonnant, on pourrait dire ce mystérieux passage de nous-même dans un autre être ; elle supprime les barrières de l'égoïsme ; elle fait en quelque sorte du moi le non moi. C'est donc le sentiment moral par excellence, un lien par lequel et dans lequel nous sentons que nous sommes tous frères. Avoir pitié, c'est devenir un être moral. Sympathiser avec la nature entière, c'est le véritable état du sage ici-bas. (Cité par Foucher de Careil dans son ouvrage sur Schopenhauer et Hegel, p. 286.)

3. Voir le IIIe livre de l'*Emile*

ais une seule qui, malgré la diversité de ses
ffets, tantôt partant de nous, tantôt partant des
utres, tantôt personnelle, tantôt sympathique, se
amène à un seul et même principe. Quelles sont,
n effet, parmi les manifestations si diverses des
très qui nous entourent, celles qui ont la pro-
riété de nous émouvoir agréablement ou désa-
réablement ?

Jouffroy semble avoir traité avec une sorte de
rédilection cette question de la sympathie,
'abord dans son *Cours de droit naturel*, mais
'une manière encore plus profonde dans son
*ours d'esthétique*. A notre avis, il a pleine-
ient résolu la question que nous venons de poser,
'est-à-dire il a démontré l'unité de la sensibilité,
u'elle s'applique à nous-même, ou bien qu'elle
'applique aux autres, qu'elle soit égoïste ou,
omme disent les positivistes, altruiste.

Qu'aimons-nous en effet dans les autres ? Rien
ue ce que nous aimons en nous-même ; ce qui
ous fait de la peine ou du plaisir en autrui est
récisément ce qui nous fait en nous de la peine ou
u plaisir pour notre propre compte. Supposez que
ous n'aimions rien absolument en nous, nous n'ai-
ierions rien dans les autres ; tout comme, pour
mprunter une comparaison à la morale, nous ne
especterions rien chez les autres, si nous n'avions
en à respecter en nous-même. En continuant la

comparaison, on pourrait dire encore que, comme la racine de la morale sociale est la morale individuelle, la racine de la sensibilité sympathique est la sensibilité personnelle. De part et d'autre il n'y a qu'un seul et même principe qui, de nous-mêmes, va à autrui et qui revient sur nous par une sorte de réflexion.

Qu'aimons-nous donc en nous-mêmes et que n'aimons-nous pas ou, ce qui revient au même, quand et pourquoi sommes-nous agréablement ou désagréablement affectés? Il suffit de rappeler que le libre développement, que la réussite des modes divers de notre activité est la cause de tout plaisir, tandis que la contrainte, l'empêchement, l'échec, est la cause de toute douleur. Or sommes-nous témoins des vicissitudes de cette lutte d'une activité vivante, semblable, ou même seulement analogue à la nôtre, nous ressentons au dedans de nous, à un certain degré, ce que nous ressentirions si notre activité propre était elle-même directement en cause.

En face de cette nature active et vivante, où nous voyons un constant effort contre tous les obstacles du dehors et du dedans qui compriment ses libres manifestations, contre le lourd poids de la matière inerte, contre une enveloppe plus ou moins épaisse, contre les pesantes chaînes du mécanisme, nous ne pouvons pas demeurer froids, indifférents et insensibles. Sans nous rendre compte sans doute du vrai motif, nous nous sentons invinciblement attirés vers elle et nous prenons son parti. Quelque chose nous crie que cette lutte est la même au fond que celle dont nous aussi nous sommes le théâtre, et que la cause dont il s'agit est notre propre cause : *tua res agitur*

Si nous la voyons succomber, vaincue et impuissante, dans ce combat de tous les jours, contre tous ces obstacles qui semblent conjurés pour sa ruine, nous éprouvons quelque douleur ; au contraire, la voyons-nous triompher, la voyons-nous se manifester libre et victorieuse, nous ne pouvons pas ne pas éprouver du plaisir. C'est la communauté, la parenté de nature qui nous émeut de la sorte, en présence d'êtres doués, comme nous, de vie et de sensibilité. « En toute chose, ce que nous aimons, a bien dit M. Damiron, c'est l'âme ou l'analogue de l'âme, c'est le principe d'action qui est à la racine de tout être, s'y développe dans son essence et y accomplit sa destinée[1]. »

La ressemblance ou l'analogie de nature, voilà donc l'unique principe de la sympathie. Ce qui achève de le démontrer, c'est que la sympathie croît ou décroît, selon que cette analogie est elle-

---

1. *Mémoire sur Helvétius.*

même plus ou moins grande. Déjà la plante, la fleur n'est pas sans l'exciter en nous à quelque degré. Avec Virgile, nous ne sommes pas même tout à fait insensibles à la fleur tranchée par le soc de la charrue:

> Purpureus veluti cum flos succisus aratro
> Languescit moriens.

Mais combien notre sympathie n'est-elle pas plus grande pour les animaux, sauf les cas particuliers, les circonstances accessoires, les associations d'idées, comme celles de crainte, de dégoût, de danger, qui la contrarient et la détournent? Parmi les animaux, ceux-là, en général, nous sont plus sympathiques qui se rapprochent le plus de nous, un oiseau plus qu'un poisson, un chien plus qu'un oiseau.

De tous les êtres vivants, ceux-là mettent le plus vivement en jeu notre sympathie, en qui nous voyons une nature, non plus analogue, mais semblable à la nôtre, soumise aux mêmes épreuves, enchaînée dans les mêmes entraves. Aristote a bien dit : rien n'est plus doux à l'homme que l'homme lui-même[1]. Bossuet n'a pas dit moins bien : « le plaisir de l'homme c'est l'homme[2]. »

Cette sympathie de l'homme pour l'homme se

---

1. *Morale à Eudème*, liv. VII, chap. II.
2. *Premier sermon sur la Circoncision*, prêché à Metz.

montre elle-même à des degrés bien divers, selon qu'elle est empêchée ou favorisée par la lutte ou par l'harmonie des individus et des classes, par l'état plus ou moins avancé de la société et de la civilisation. La sympathie ne peut être bien vive là où elle est neutralisée par la concurrence, par le combat pour la vie, là où tout homme peut apparaître à l'homme comme un plus dangereux ennemi que la plus cruelle des bêtes féroces. Mais, comme le dit H. Spencer, quand les activités destructives sont moins habituelles et la répression de sympathie moins constante, les sentiments altruistes qui trouvent leur satisfaction dans une conduite pleine d'égards pour les autres hommes, et mènent ainsi à une coopération harmonieuse, deviennent plus forts. Le caractère sacré de la vie, de la liberté, de la propriété, est ressenti de plus en plus vivement à mesure que la civilisation avance. L'augmentation des ressources pour la vie, l'adoucissement des mœurs, les spectacles, devenus plus rares, de la souffrance et de la misère, sont autant de causes favorables pour l'accroissement de la sympathie dans les cœurs[1].

Remarquons encore, avec Jouffroy, que le degré de notre sympathie, indépendamment de toute circonstance ou relation particulière, n'est pas le

---

[1]. Voy. dans mes *Études familières de psychologie et de morale* les effets de la distance sur la sympathie.

même pour les individus d'une même espèce, hommes ou animaux. Les individus les mieux doués de l'espèce, ceux qui, par leur aspect extérieur, par leurs qualités, manifestent le mieux l'activité et la vie, voilà ceux qui ont le privilége d'exciter entre tous notre sympathie, dont les préférences, moins fantasques et capricieuses qu'on pourrait le croire au premier abord, se règlent en général sur la loi même que nous venons d'établir. Entre des animaux semblables nous préférons celui qui nous paraît le plus agile, le plus fort, le plus doué de sensibilité et d'intelligence[1]. De même aussi, parmi les hommes, toutes choses égales d'ailleurs, celui-là nous attire surtout qui manifeste davantage en lui les puissances et les forces de l'humanité. Nos sympathies sont acquises, de préférence à tous les autres, à l'homme de génie et au héros.

C'est ainsi que la sympathie, se proportionnant toujours au degré de la ressemblance et de l'analogie, s'étend, au delà même de l'humanité, sur

---

[1]. Cicéron cite un exemple remarquable de cette sympathie pour les animaux qui, par l'intelligence, se rapprochent le plus de nous, à propos de combats d'éléphants donnés dans le cirque par Pompée : « Elephantorum extremus dies fuit; in quo admiratio magna vulgi atque turbæ, delectatio nulla exstitit; quin etiam misericordia quædam consecuta est, atque opinio ejusmodi, esse quamdam illi belluæ cum genere humano societatem. » (*Epist. ad Marium*, lib. VII, epist. 1.)

toute la nature vivante. Le vers célèbre de Térence :

> Homo sum, humani nil a me alienum puto,

n'exprime que le degré le plus élevé de la sympathie, mais non la sympathie dans toute son extension. Elle a un champ plus vaste, aussi étendu que la vie elle-même ; rien de ce qui, dans la nature entière, témoigne de la vie ne nous laisse absolument indifférents.

Mais la vivacité des plaisirs et des douleurs de la sympathie n'en égale pas l'étendue. Moindres sont ses plaisirs et ses peines que ceux que nous éprouvons pour notre propre compte. Écho plus ou moins affaibli, la sympathie ne peut rivaliser en intensité avec la sensibilité propre et personnelle. Elle est plus faible s'il s'agit de plaisir, moins amère, s'il s'agit de douleur : voilà où se ramènent toutes les différences que Jouffroy a si délicatement analysées dans son *Cours d'esthétique*.

Le sentiment sympathique s'affaiblit en passant d'une âme dans une autre, mais il ne subit pas au passage de réfraction qui altère sa nature propre. S'il était plaisir, il reste plaisir, quoique à un moindre degré ; s'il était douleur, il reste douleur, mais une douleur tempérée par la douceur attachée à tout état sympathique. La pitié et la compassion ont sans doute quelque chose de pénible, mais elles ne sont pas sans douceur pour celui qui les ressent dans son cœur en présence des infortunes et des souffrances d'autrui. C'est un partage volontaire et doux dont on se sait quelque gré[1]. Plus douces encore sont la pitié et la compassion pour celui qui en est l'objet. Semblables à un baume salutaire, elles font pénétrer dans le cœur de celui qui souffre la seule consolation dont il soit susceptible au moment même où il est en proie à sa douleur. S'il y a des douleurs si grandes qu'elles ne veulent pas être consolées, il n'en est pas qui ne veuillent être partagées. Aristote a bien dit, en parlant de l'amitié : « Lorsqu'on vient voir un ami affligé on le soulage et l'on prend sur soi une part du fardeau qui l'accable[2]. » Dans ses pénétrantes analyses des diverses lois de la sympathie, il semble qu'Adam Smith n'ait fait que commenter cette profonde et délicate observation du plus grand des moralistes anciens. Citons encore une pensée de Duclos qui complète celle d'Aristote : « Celui dont les malheurs attirent l'attention est à demi consolé. »

Telle est la force de cette pitié sympathique, que souvent, au sein même de la plus grande

---

1. « La pitié est un mouvement charitable et généreux, une tendresse de cœur dont tout le monde se sait gré. » (La Fontaine, *Psyché*, à la fin du Ier livre.

1. *Morale à Nicomaque*, liv. IX, chap. II, trad. de Barthélemy Saint-Hilaire.

prospérité elle nous importune et nous empêche de jouir de notre propre bonheur en face de trop grandes infortunes. Combien vraie est cette pensée de La Bruyère : « Il y a une espèce de honte d'être heureux à la vue de certaines misères[1]. » Voici une observation non moins vraie de Massillon : « Si dans une condition médiocre on forme quelquefois de ces désirs chimériques de parvenir à de grandes places, le premier usage qu'on se propose de cette nouvelle élévation, c'est d'être bienfaisant et d'en faire part à tous ceux qui nous environnent; c'est la première leçon de la nature et le premier sentiment que les hommes du commun trouvent en eux[2]. » Nous faisons effort pour mettre nos sentiments au niveau de ceux d'autrui, pour ne pas trop rester au-dessous de leur douleur. Si on évite de se rencontrer face à face avec les grandes infortunes, ce n'est pas le plus souvent par insensibilité, mais par la conscience de ne pouvoir élever à leur niveau nos sentiments de sympathie et de condoléance.

Nous ne sommes pas non plus insensibles au

---

1. Chap. de *l'Homme*. La Bruyère a dit encore dans le même chapitre : « Il semble qu'aux âmes bien nées les fêtes, les spectacles, la symphonie, rapprochent et font mieux sentir les infortunes de nos proches et de nos amis. » — « Une grande âme est au-dessus de l'injure, de l'injustice, de la douleur, de la moquerie; elle serait invulnérable, si elle ne souffrait par la compassion. »

2. *Petit carême*, 5ᵐᵉ sermon.

bien d'autrui : la vue d'un sourire en appelle un autre sur nos lèvres ; nous partageons la joie de celui qui vient d'échapper à un danger. Nous sympathisons aussi avec la grandeur et la richesse, mais moins vivement qu'avec la douleur, peut-être à cause de quelque envie secrète, peut-être aussi parce que les heureux du siècle n'ont que faire de notre aide et de notre bienveillance. Il ne faut pas accepter sans réserve cette pensée de J.-J. Rousseau : « Il n'est pas dans le cœur humain de se mettre à la place des gens qui sont plus heureux que nous, mais seulement de ceux qui sont plus à plaindre[1]. » Le propre du bonheur, comme du malheur, est d'exciter la sympathie. Ainsi se passent naturellement les choses dans le cœur humain, sans cette prévoyance intéressée, sans aucun de ces calculs si faussement imaginés par La Rochefoucauld.

Mais, sans pousser plus avant ces analyses, il s'agit pour nous de rechercher la cause de ce plaisir inhérent à l'état sympathique, plaisir sans aucun mélange de peine, quand il est excité par la joie d'un autre, plaisir au contraire qui se mêle à la douleur et qui la tempère, quand c'est la douleur qui éveille en nous la sympathie. Il s'agit de ré-

---

[1]. *Emile*, III<sup>e</sup> livre. C'est une des trois maximes dans lesquelles il résume toutes ses observations sur la sympathie, qui font presque un traité sur la question.

pondre à la question posée en commençant: sommes-nous ici en présence de deux principes, l'un égoïste, l'autre altruiste, pour parler la langue des philosophes qu'on nous a opposés comme ayant connu mieux que nous la nature humaine? Ou bien n'y en a-t-il qu'un seul qui, au fond toujours le même, se manifeste à nous par des effets en apparence opposés ?

On ne peut, nous dit-on, réduire la sensibilité à l'amour de soi. Tous les systèmes qui l'ont tenté, y compris le nôtre, tombent dans des contradictions ou de vaines explications[1]. On ajoute que le positivisme lui-même donne sur ce point une bonne leçon aux spiritualistes en faisant une place à l'altruisme. Notre contradicteur se trompe; il nous semble n'avoir pas suffisamment bien étudié la doctrine de l'altruisme et du positivisme où il veut que nous allions prendre une leçon. Nous le renvoyons d'ailleurs nous-même au chapitre sur les sentiments altruistes des *Principes de psychologie*, de H. Spencer. Il y verra que les sentiments altruistes ne sont qu'une transformation des sentiments égoïstes, en passant par l'intermédiaire des sentiments égo-altruistes. Dans tous les sentiments altruistes il entre, selon l'expression de Spencer, un facteur égoïste. Nous ne

---

[1]. Courdaveaux, *Des Causes du rire*, petit in-12, Didier, 1875.

pensons pas qu'aucune doctrine positiviste interprète l'altruisme d'une autre façon et le purifie de ce facteur égoïste.

Accordons cependant que l'expression d'amour de soi a quelque chose de trop restreint, qu'elle a le tort de sembler n'être pas égale en extension à cet amour de l'être qui, suivant nous, est le principe de toute notre activité et par conséquent de toute la sensibilité. L'amour de l'être en effet comprend non pas seulement ce qui nous est exclusivement personnel, mais ce qui est conforme à notre être, à notre nature, à ce qui nous en semble comme l'image, l'extension et la prolongation en dehors de nous. « Les plus hautes affections et les plus désintéressées rentrent, a bien dit Damiron, dans l'amour de soi plus général qui embrasse à la fois tous les intérêts de l'âme humaine[1]. » C'est encore nous-même, comme nous l'avons vu, que nous aimons dans les autres. L'amour de l'être, l'égoïsme, agrandi en vertu de la similitude et de l'analogie de nature, embrasse à la fois l'amour de nous-même et l'amour des autres. Il n'y a donc qu'un principe unique de toutes les manifestations diverses, ou même en apparence opposées, de la sensibilité. On a dit de l'amitié qu'elle était de l'égoïsme à deux; osons dire que la

---

[1]. *Psychologie.*

sympathie est de l'égoïsme étendu à tous nos semblables et même à tout ce qui sent et vit comme nous.

Quant au plaisir qui s'y attache, il a aussi son explication dans le redoublement d'activité excité par la sympathie. Jouffroy, il est vrai, y fait entrer d'autres éléments, mais qui ne sont qu'accessoires ou qui, en réalité, se ramènent à ce même principe. Le premier est, suivant lui, le plaisir de la curiosité satisfaite que nous fait éprouver la découverte, à travers l'enveloppe matérielle qui la cache aux yeux, d'une matière active, animée, semblable ou analogue à la nôtre, dont nous suivons les divers mouvements ou manifestations. Cette découverte, cette curiosité satisfaite, sont-elles donc autre chose que le fait même sans lequel il n'y aurait pas de sympathie ? A la curiosité satisfaite s'ajoute, d'après Jouffroy, le sentiment qu'on peut se soustraire à ce que la sympathie aurait de trop douloureux. Nous avons en effet la conscience qu'il dépend de nous de la faire cesser cette peine en nous éloignant, en détournant nos yeux, ou en portant ailleurs notre pensée. En outre, nous sommes assurés de n'avoir pas à redouter les conséquences fâcheuses, la responsabilité, le trouble intérieur, les remords qui agitent et tourmentent celui qui enferme dans son sein la passion avec laquelle nous sympathisons plus ou moins. Nous croyons, avec Jouffroy, qu'en effet ce sentiment vient adoucir l'amerture de la peine que la sympathie transporte en nous, à la vue des souffrances d'autrui ou de passions violentes ; mais ce n'est encore là qu'un sentiment accessoire et secondaire qui n'explique nullement la sympathie elle-même et le plaisir qui y est attaché.

Mentionnons encore une explication, plus originale et ingénieuse, à notre avis, qu'exacte et vraie, d'Alexandre Bain. La tendance d'une idée à se réaliser au dehors, voilà, selon ce philosophe, le vrai principe de la sympathie. Nous sommes capables, dit-il, de concevoir les douleurs des autres êtres par l'expérience personnelle que nous en avons et, quand nous les concevons, nous nous sentons disposés à faire les mêmes choses pour les soulager que si ces peines étaient nôtres. C'est la pure idée de douleur, sans réalité correspondante en nous, qui s'empare de notre esprit; mais cette idée nous induira à agir comme si elle représentait une réalité dont nous aurions l'expérience propre. En dehors de cette domination de l'idée, je ne vois rien, dit-il, qui puisse nous faire sympathiser, la volonté étant strictement renfermée dans les limites de notre propre conservation. Mais l'intelligence, qui peut se faire des idées de la condition des autres êtres sensibles, nous pousse à les traduire en acte et à nous conduire comme s'il s'agissait de nos propres peines[1]. Nous admettons cette tendance, mais elle nous semble l'effet extérieur plutôt que la cause de la sympathie. C'est la sympathie qui nous pousse à traduire nos idées et nos sentiments en acte, et non cette prétendue tendance des idées à se réaliser au dehors qui fait la sympathie.

Nous accorderons à Herbert Spencer que l'amour de la faiblesse, amour qu'il rattache à l'amour des parents pour les enfants, des adultes pour les petits, chez l'homme et l'animal, est pour quelque chose aussi dans la douceur qui se mêle à l'émotion pénible de la pitié[2]. Mais nous croyons devoir faire dériver d'une source plus élevée et plus générale le plaisir de la sympathie.

Nous revenons ici à Jouffroy qui, aux deux éléments déjà indiqués, en ajoute un troisième plus important, de son propre aveu, que les deux autres. Cet élément qui est en effet, selon nous, le principal, consiste dans le surcroît d'activité qu'excite la sympathie. La sympathie double en quelque sorte les mobiles d'activité, dont le principe est en nous, par d'autres qui viennent du dehors. Aux pensées, aux sentiments formés directement en nous-même, elle en ajoute d'autres provoqués par

---

[1]. *Intelligence et Sens*, chapitre sur les Sentiments idéaux, 1874, trad. Cazelle.

[2]. *Principes de psychologie*, t. II, chap. des Sentiments altruistes.

le spectacle des êtres semblables ou analogues autour de nous ; de là un redoublement d'activité, de là le plaisir de la sympathie, même quand elle nous fait entrer en partage de la douleur des autres.

Ainsi la sensibilité est une ; les plaisirs sympathiques, comme tous les autres, découlent de l'amour de l'être, amour qui embrasse à la fois ce qui est en nous et ce qui, hors de nous, est semblable à nous, non par une transformation, encore moins par une contradiction, mais en quelque sorte par un prolongement naturel, en vertu de l'identité ou même de l'analogie de nature. Ils ont donc aussi pour cause générale l'activité, et pour cause particulière ce surcroît d'activité que détermine la répétition, la réflexion, en notre âme propre, des sentiments dont nous avons le spectacle, dans tous les êtres animés, dans toutes les autres âmes de la nature.

# CHAPITRE IX

## LA SENSIBILITÉ ET LA MÉMOIRE.

Comment nous impressionnent les choses passées. — De la sensibilité dans ses rapports avec la mémoire. — Du rôle de la sensibilité dans l'association des idées. — Comparaison de la sensibilité rétrospective et de la sensibilité originale. — Plaisirs et peines de la première non moins réels que ceux de la seconde. — Nul sentiment n'est représentatif. — Il y a des ressentiments, non des idées ou images du plaisir et de la douleur. — Pourquoi nous ne confondons pas ces deux sortes de plaisirs et de peines. — Distinction d'un double courant, le fort et le faible, dans les phénomènes de conscience. — Continuel mélange de l'un et de l'autre. — Nécessité de la discrimination pour le souvenir. — La mémoire n'a prise que par les idées sur les faits affectifs. — Métamorphoses de la sensibilité dans la mémoire. — Douleurs transformées en plaisirs. — Plaisirs transformés en douleurs. — Exceptions à cette double loi.

D'après tous les moralistes, sacrés ou profanes, rien de plus fugitif que les plaisirs et les joies de ce monde. Tous ont dit, presque à satiété, combien sont courts les moments du plaisir, avec quelle rapidité ils passent, ne laissant après eux que le vide, le dégoût ou la douleur de les avoir perdus? Mais quelle que soit la vérité de cette pensée psychologique et morale, elle souffre cependant une restriction considérable. Le plaisir passé, pas plus que la douleur, ne s'évanouit en entier et pour toujours, en même temps que son objet. S'il fuit d'une fuite éternelle, selon l'expression de Pascal, grâce à la mémoire qui le ressaisit dans cette fuite et qui en garde la trace, il pourra nous charmer encore, pendant bien des années, et même jusqu'à la dernière heure de la vie, s'il ne s'agit pas d'un plaisir indigne de nous.

Mais le souvenir du plaisir ne va pas sans le souvenir de la douleur. Si la mémoire retient et prolonge le plaisir, autant elle en fait à l'égard de la douleur. Ne nous hâtons pas néanmoins de trop nous en plaindre et de la mettre en cause comme coupable de priver nos peines du bénéfice de l'oubli. Elle en conserve, il est vrai, la trace, mais non sans atténuation et adoucissement, ni même quelquefois sans une complète et heureuse métamorphose. Il y a en effet, nous allons le voir, des douleurs dont le souvenir n'est pas douloureux, comme il y a aussi des plaisirs dont le souvenir n'a rien d'agréable.

Les souvenirs de nos plaisirs et de nos douleurs tiennent une grande place dans cette suite ininterrompue de sentiments et de pensées qui relient tous les moments de notre existence intellectuelle et morale et que les psychologues appellent l'association des idées. Nous n'avons pas à traiter ici de ce fait capital de l'intelligence qui explique bien des choses en psychologie, mais qui cependant ne les explique pas toutes, qui surtout ne saurait tenir lieu des facultés, et encore moins de l'âme elle-même, comme le prétend une certaine école. Notre intention est seulement de montrer quelle part il faut y faire à la sensibilité.

En effet, cette chaîne de phénomènes n'est pas formée par les idées toutes seules, comme on pourrait le croire, à prendre à la lettre cette dénomination inexacte d'association des idées. Elle vient sans doute de ce que, dans le cours ordinaire des phénomènes de la conscience, ce sont les idées qui ont le plus de saillie et qui se font d'abord remarquer avant tous les autres. Cependant avec quelque attention il ne nous est pas difficile d'apercevoir que, non-seulement la sensibilité n'en est nullement absente, mais qu'elle y joue un rôle non moins considérable que l'intelligence elle-même. Il ne s'agit pas seulement ici de ces grandes douleurs, de ces grands plaisirs, qui nous frappent vivement encore, toutes les fois qu'ils réapparaissent à la pensée, mais de ceux, en plus grand nombre, qui nous échappent plus ou moins, à cause de leur confusion et de leur faiblesse. S'il est vrai, comme nous croyons l'avoir montré, que nulle idée ne nous laisse absolument insensibles, que toute perception, image ou conception, s'accompagne de quelque sentiment de peine ou de plaisir, il est vrai aussi qu'il n'y a pas, pour ainsi dire, un seul interstice dans toute l'association des idées qui ne soit rempli, comblé, par la sensibilité. Les sensations et les sentiments n'y figurent pas en moins grand nombre que les idées elles-mêmes auxquelles ils sont toujours liés comme des effets à leurs causes. De là, en y joignant aussi les impressions actuelles de tout ce qui agit sur nous, au dedans et au dehors, ces dispositions d'esprit, ces humeurs plus ou moins gaies, où nous jette, sans que nous nous en rendions compte, telle ou telle suite de pensées, telle ou telle rêverie, selon la prédominance de ces petits plaisirs ou de ces petites douleurs dont sans cesse, en l'absence de sentiments plus vifs, nous affecte la mémoire, au fur et à mesure des idées qu'elle rappelle à l'esprit.

Plaisirs et douleurs s'associent, passent et repassent dans la mémoire, suivant les mêmes lois et avec les mêmes rapports que les idées elles-mêmes auxquelles ils demeurent indissolublement unis, dans cette seconde apparition, comme ils l'ont été une première fois dans la conscience. Nous ne connaîtrions donc qu'une bien faible partie de ce vaste domaine de la sensibilité et nous ne saurions apprécier toute son influence sur le bonheur ou le malheur des vies humaines, si, à l'analyse de la sensibilité des choses présentes, nous n'ajoutions celle de la sensibilité renouvelée au souvenir des choses passées, si nous ne tenions pas un grand compte de ces plaisirs de seconde formation, que nous devons à la mémoire, et qui sont comme le reflet ou plutôt le renouvellement de ceux que les objets eux-mêmes nous ont fait d'abord directement éprouver.

« L'homme peut être affecté, comme dit Spinoza, d'une impression de joie ou de tristesse par l'image d'une chose passée ou future, comme par celle d'une chose présente [1]. » Voyons d'abord comment il est affecté par les choses passées. Il y a une sensibilité renouvelée ou rétrospective, suivant une expression de Brown [2], qu'il s'agit de mettre en regard de la sensibilité directe qui en est l'original. Nous évitons de l'appeler sensibilité représentative ou idéale, comme quelques auteurs, par souci de l'exactitude et par crainte de malentendu. Suivant nous, il n'y a point de sentiments représentatifs, *representative feelings*, comme dit Spencer, point de plaisir idéal, point de douleur idéale, comme le dit Alexandre

---

1. *Éthique*, 3ᵐᵉ partie, prop. XVIII, trad. Saisset.
2. Brown, qui classe les émotions par rapport au temps, les divise en émotions immédiates, rétrospectives et prospectives. (*Philosophy of the human mind*, lecture LII.)

Bain; c'est-à-dire, il n'y a point d'images, point d'idées du plaisir ou de la douleur qui soient autre chose que du plaisir et de la douleur de nouveau ressentis. Le plaisir et la douleur se sentent, ou bien se ressentent, à des degrés différents, mais ne sont pas susceptibles d'une représentation quelconque. Les réminiscences du plaisir ou de la peine ne sont pas des sensations, des sentiments transformés en idées, des phénomènes d'un ordre particulier, un je ne sais quoi d'intermédiaire entre un fait purement sensible et une idée; ce ne sont pas des images réfléchies, des espèces fantastiques, de vains fantômes, mais de vraies douleurs et de vrais plaisirs. Qu'ils soient éprouvés pour la première fois, ou reproduits par la mémoire, les sentiments et les sensations restent ce qu'ils ont été, c'est-à-dire des faits purement affectifs; il n'y a de représentatif que ce qui est en dehors d'eux, que ce qui n'est pas eux, à savoir les idées qui les font renaître, les circonstances qui les ont accompagnés et dont il est impossible de les séparer. A l'état de réminiscence, un plaisir ne se changera pas plus en idée qu'une idée elle-même en plaisir, il demeure tout aussi réellement du plaisir que le plaisir original dont il est la reproduction, quelque affaibli ou émoussé qu'il puisse être. La différence entre les premiers et les seconds n'est pas dans la nature, elle est seulement dans le degré. Quant à la cause elle n'est plus la même ; nous ne sommes plus émus par les objets, mais par leurs idées ou images.

Allons au-devant d'une difficulté qui semble se présenter ici. S'il n'y a point de différence de nature entre ces deux ordres de plaisirs et de peines, comment se fait-il que nous ne les confondions pas les uns avec les autres ? Comment se fait-il que, sans nous tromper, sans hésiter, nous rapportions les uns au passé et les autres au présent ? La différence de degré ne saurait suffire toute seule pour nous guider dans un discernement si prompt et si sûr, car elle n'a rien de fixe et d'absolu, et même elle n'existe pas toujours. En plus d'une circonstance, elle serait même, au contraire, tout à l'avantage du souvenir sur la réalité. Si nous situons dans le passé, et non dans le présent, à telle distance, plutôt qu'à telle autre, il y a dix ou vingt ans plutôt qu'hier, certaines joies et certaines douleurs, c'est uniquement en raison de la position qu'elles occupent dans l'association des idées, au sein de laquelle elles ont été ramenées à la mémoire et à la conscience. La suite des idées et des faits dans lesquels elles reparaissent comme encadrées nous empêche de les confondre avec l'original, de prendre pour des impressions nouvelles des impressions qui ne sont que renouvelées, en nous obligeant de les reporter

dans un passé plus ou moins éloigné, après t(
tel événement, avant tel ou tel autre.

On peut, avec H. Spencer, distinguer da
vie de l'esprit deux sortes de courants de pł
mènes de conscience, l'un fort et l'autre faibl
premier composé de sensations et de percep
actuelles; le second de réminiscences et de s(
nirs. Mais il ne faut pas se représenter ces
courants comme coulant parallèlement, l'i
côté de l'autre, chacun en un lit séparé, sai
mêler et se confondre. Tout au contraire, il y
mélange presque continuel, une sorte d'entre
ment des sensations et des perceptions actu
avec celles qui se réfèrent à un passé quelco
dont elles ne sont que l'image ou le ressentin
Parmi les premières, il n'en est pas une q
puisse servir de point de départ, de point
tache, à toute une chaîne nouvelle d'idées
même aussi, il n'est pas d'association d'idé
laquelle des sensations ou perceptions nouv
ne viennent, presque à chaque instant, donne
autre cours, ou du moins infléchir en tel ou tel
plutôt qu'en tel autre. Le sommeil lui-même n
pas exception; les impressions du dehors, le b
la température, la position du corps, l'état
organes, introduisent sans cesse dans le rêv
éléments nouveaux, si même ils ne le rempla
**tout à coup par quelque autre rêve, sans nul**

port avec le premier. Ainsi la sensibilité qui embrasse la vie entière, qui en fait le bonheur ou le malheur, est un continuel et intime mélange des impressions de ce qui est actuellement et des impressions de ce qui n'est plus; tantôt ce sont les objets eux-mêmes, tantôt seulement leurs images conservées par la mémoire qui nous affectent et nous émeuvent.

L'opposition entre la vivacité d'un des courants et la faiblesse de l'autre n'est elle-même vraie que d'une manière générale, et non dans toutes les circonstances. Sans doute l'image est généralement moins vive que la réalité, la copie a moins de relief que l'original, le ressentiment nous impressionne moins que le sentiment dont il est un écho plus ou moins affaibli. Mais les impressions de la mémoire n'ont cette infériorité au regard des impressions des objets présents, que toutes choses à peu près égales d'ailleurs, c'est-à-dire à la condition que les peines et les plaisirs comparés; dans ce double courant, aient quelque proportion et quelque analogie.

Le souvenir d'un repas exquis, quoiqu'il puisse encore de loin faire venir l'eau à la bouche d'un gourmand, ne saurait s'élever à la hauteur du plaisir goûté pendant le repas lui-même. La pensée d'une opération douloureuse, même toute récente, est sans doute loin de nous affecter au même point que l'opération elle-même. Mais il pourra bien n'en être plus de même si le parallèle a lieu entre des faits d'un ordre différent et disproportionnés les uns avec les autres, comme des faits de l'ordre physique et des faits de l'ordre moral. Combien ne pourra pas l'emporter sur des souffrances physiques le souvenir de la perte d'une personne aimée ?

Il arrive même que les plaisirs de l'esprit et du cœur nous paraissent plus grands de loin qu'ils ne l'ont été dans la réalité, grâce à l'imagination, ou à la faculté que nous avons de les idéaliser, c'est-à-dire de nous les représenter, moins les contrariétés, les points noirs, les contre-temps, les dégoûts, qui s'y sont mêlés au temps de la jouissance actuelle. Il est d'ailleurs inutile d'insister sur ce pouvoir de raviver les plaisirs en les idéalisant, que les poëtes et les moralistes ont décrit avec tant de charme et de vérité[1]. Remarquons cependant que ces plaisirs de la mémoire et de l'imagination ne sauraient longtemps se suffire à eux-mêmes. Ils ont besoin de s'alimenter de temps à autre de la nourriture plus substantielle de la réalité, tout de même, suivant l'ingénieuse comparaison de Bain, que le papier-monnaie a besoin de reposer sur une certaine réserve métallique.

---

1. Voir particulièrement dans la *Philosophie du bonheur* par M. Janet, le chap II, de l'Imagination.

Mais examinons à quelles conditions la mémoire peut garder, reproduire, exciter, en l'absence même de leurs objets et de leurs causes, nos peines et nos plaisirs passés. Selon une observation qui s'étend à tous nos souvenirs, de quelque ordre qu'ils soient, la mémoire n'a réellement prise que là où il y a, comme disent les Anglais, discrimination, c'est-à-dire sur cela seul qui présente des caractères plus ou moins nets et précis par où il se distingue de tout autre phénomène. Quant aux choses vagues et confuses, elle n'en prend que difficilement l'empreinte et n'en garde guère le souvenir. Ainsi, parmi nos perceptions, celles-là se retiennent le mieux qui ont le plus de caractères particuliers et distinctifs, comme les perceptions de la vue. Il n'en est pas de même de celles du goût et de l'odorat, qui se distinguent par des caractères moins nombreux et moins tranchés. Il y a comme une échelle de réviviscence des états de conscience, plus ou moins faciles à retenir, d'après ce caractère plus ou moins marqué de discrimination. Or les faits affectifs purs sont au plus bas degré de cette échelle.

En effet, considérés intrinsèquement, ils ne diffèrent, comme nous le verrons quand il s'agira de les classer, que par la durée et l'intensité, sans que l'une et l'autre puissent se mesurer rigoureusement. Comment, dans ces impressions vagues et confuses, qui ne sont susceptibles que d'une faible discrimination, la mémoire trouverait-elle, en quelque sorte, par où les saisir? Elle n'y réussit qu'à l'aide de distinctions extrinsèques empruntées aux idées auxquelles ces impressions sont attachées. C'est par là seulement qu'elle est capable, nous ne disons pas de les garder, mais de les renouveler. Se peut-il que le plaisir et la douleur tout seuls, c'est-à-dire complétement isolés d'autres phénomènes, subsistent, à un degré quelconque, dans la mémoire et y laissent une trace plus ou moins fugitive? Nous croyons que l'expérience est tout à fait impossible; aussi n'hésitons-nous pas à affirmer qu'en fait, jamais le plaisir et la douleur n'apparaissent, si ce n'est par leur association à des faits ntellectuels qui les excitent de nouveau, et auxquels ils empruntent ce caractère de discrimination qui leur fait défaut[1].

On ne peut se rappeler une saveur agréable sans l'idée du mets qui en a été la cause ou de quelques-unes des circonstances dans lesquelles cette sensation a été éprouvée? Tout de même on ne par-

---

1. « Nous n'avons qu'une faible réminiscence, dit Buffon, de la sensation même, tandis que nous avons une mémoire nette des circonstances qui l'accompagnaient et du temps où elle est arrivée. » (*Disc. sur la nature des animaux.*) Mais si Buffon attribue une faible réminiscence à la sensation même, il est à remarquer qu'il n'entend pas par sensation un fait purement affectif; il y mêle plus ou moins l'élément représentatif de la perception.

vient pas à se souvenir d'une douleur quelconque, physique ou morale, sans songer en même temps aux objets, aux personnes qui en ont été la cause, aux lieux, aux circonstances où on l'a ressentie.

Ainsi les peines et les plaisirs ne restent dans l'esprit qu'autant qu'ils sont liés avec des idées et par l'intermédiaire des idées. Les faits affectifs, avons-nous dit, bien que renouvelés par la mémoire, ne changent réellement pas de nature ; ce sont toujours des plaisirs et des peines, quoique ordinairement d'une intensité plus ou moins affaiblie ; s'ils se réfèrent au passé, c'est uniquement par la place qu'ils occupent dans la chaîne de nos idées. Mais en demeurant toujours des faits purement affectifs, malgré leur passage de l'actualité au souvenir, du présent au passé, ils sont sujets, sans sortir du domaine de la sensibilité, à des métamorphoses qui ne sont pas assurément un des faits les moins merveilleux de la mémoire. Il y a tel plaisir d'autrefois qui, vu dans le passé et à distance, se change en une peine. Il y a, au contraire, telle douleur qui devient un plaisir, comme par une sorte de réfraction au travers de la mémoire. De là une nouvelle preuve qu'il n'y a point de sensibilité par représentation, point d'image du plaisir et de la douleur. En effet, la copie ne faisant que reproduire l'original, le souvenir d'un plaisir serait toujours un plaisir, celui d'une douleur serait toujours une douleur. Voyons maintenant les lois de ces curieuses métamorphoses.

Rappelons ici qu'il y a un plaisir attaché à l'exercice de toutes nos facultés en vertu d'une loi générale à laquelle la mémoire ne fait pas exception. La mémoire ne nous présente jamais rien, dit Aristote, qu'elle ne nous apporte du plaisir. De là il ne suit pas cependant que tout souvenir, pas plus que toute perception, soit chose agréable. En effet, ce plaisir, inhérent à l'exercice même de la mémoire, peut être compensé, neutralisé, effacé tout à fait, par l'agrément ou le désagrément de l'objet en face duquel la mémoire nous place de nouveau. Nous avons sans doute toujours du plaisir à nous souvenir, mais combien la peine l'emporte-t-elle sur le plaisir, s'il s'agit de quelque événement douloureux, de quelque fait lamentable ou odieux, s'il s'agit surtout de quelque faute commise? Que se passe-t-il alors dans l'esprit? Loin de s'ouvrir, en quelque sorte, pour recueillir ce souvenir, alors qu'il se présente, loin de faire effort pour le garder et le compléter, la mémoire recule attristée et épouvantée; elle fait un effort contraire, comme pour se fermer ; elle s'en détourne avec horreur. Ainsi Énée, malgré l'invitation de Didon, ne reporte qu'avec douleur sa pensée sur la prise et le sac de Troie :

Infandum, regina, jubes renovare dolorem...
Meminisse horret luctuque refugit [1].

Ainsi, avec plus d'horreur encore, Macbeth, et tous les assassins du monde repoussent-ils le souvenir et l'image sanglante de leurs victimes.

Nous distinguerons deux classes principales de ces métamorphoses que subit la sensibilité, à travers la mémoire : celles du plaisir en douleur, et celles de la douleur en plaisir. « Je me souviens avec joie, dit saint Augustin, de ma tristesse passée et avec tristesse de ma joie[2]. » Voilà, résumées en quelques mots, les deux grandes lois des variations de la sensibilité excitée par les images ou par les idées des choses passées. Mais ces deux lois ne sont vraies que sous certaines réserves et avec de nombreuses exceptions. Il y a des tristesses dont on se souvient sans nulle joie; il y a des joies dont on se souvient sans tristesse, quoique perdues pour jamais. Il faut tenir compte de la nature des maux ou des plaisirs passés, de l'impossibilité ou de la probabilité de leur retour, de la manière dont nous les avons perdus, sans notre faute ou par notre faute.

Ainsi la pensée des dangers et des maux passés ne peut avoir pour nous quelque charme qu'au-

---

1. *Èn.*, lib. II.
2. « Tristitiam meam transactam lætus reminiscor et tristis lætitiam. » (*Confess.*, lib. X, cap. XIII.)

tant que nous soyons bien assurés de l'impossibilité de leur retour, et que nous nous estimions désormais à l'abri de toute disgrâce du même genre. Ajoutons encore, pour ne pas paraître un instant nous mettre en contradiction avec le cœur humain et avec la morale, qu'aucun crime, aucune honte, aucune faute même, ne doit se mêler à ces souvenirs, sinon rien n'en tempérerait l'amertume. Mais, sauf cette double réserve, il y a quelque chose de doux à se souvenir de ce qu'on a souffert. Les moralistes et les poëtes qui ont le mieux connu le cœur humain en ont tous fait la remarque. Aristote, dans sa *Rhétorique* cite avec éloge cette maxime tirée d'une tragédie perdue d'Euripide : « Il est doux, quand on y a échappé, de se souvenir des dangers[1]. » Au témoignage d'Euripide, il ajoute celui d'Homère, qui a aussi exprimé la même pensée dans ces deux vers : « L'homme qui a supporté beaucoup de fatigues et de travaux se complaît dans le souvenir de ses douleurs[2]. »

Il semble que, par cette vertu bienfaisante du

---

1.   ἀλλ' ἡδὺ τοι σωθέντα μεμνῆσθαι πόνων.
2.   Μετὰ γάρ τε καὶ ἄλγεσι τέρπεται ἀνήρ
     μνήμενος, ὅστις πολλὰ πάθῃ καί πολλὰ ἐόργῃ.
               (*Odyss.*, XV$^{me}$ chant, v. 390).

Chacun connaît le vers célèbre de Virgile :
   Forsan et hæc olim meminisse juvabit.

souvenir, par cet adoucissement après coup, la nature ait voulu mettre une sorte de compensation dans le cœur des malheureux. Mais nous risquerions de nous rendre suspect d'un optimisme excessif en insistant davantage sur des compensations dont, suivant une pensée bien juste de La Bruyère, ceux-là seuls peuvent être juges qui ont passé par les plus dures épreuves de la vie[1].

Il y a certaines âmes, comme nous l'avons déjà remarqué, qui semblent se complaire dans les tristes et mélancoliques pensées et sur lesquelles les plus douloureux souvenirs exercent une sorte de charme et d'attrait. Telle est la force de cette habitude et de cette complaisance que les maux eux-mêmes peuvent se faire regretter, comme dit Antigone, dans *Œdipe à Colone*[2]. « L'homme, a

---

Sénèque a dit de même :

> Quæ fuit durum pati
> Meminisse dulce est.
>
> (*Hercules furens*, acte III, v. 656).

1. Voici complète cette pensée qui contient une critique si profonde d'un faux optimisme: « On demande si en comparant ensemble les diverses conditions des hommes, leurs peines, leurs avantages, on n'y remarquerait pas un mélange ou une espèce de compensation de bien et de mal qu'établirait entre elles l'égalité ou qui ferait du moins que l'une ne serait guère plus désirable que l'autre. Celui qui est puissant, riche, et à qui il ne manque rien, peut former cette question, mais il faut que ce soit un homme pauvre qui la décide. » (Chapitre des Grands.)

2. Πόθος καὶ κακῶν ἄρ' ἦν τις.

(v. 1697).

dit quelque part Chateaubriand, s'attache même à ses malheurs. »

Mais, loin d'être agréable, le souvenir est amer quand il se reporte sur des maux que nous nous sommes attirés par imprudence et par défaut de conduite, quand nous venons à nous rappeler des fautes commises, des infractions à l'honneur et au devoir, des crimes ou des lâchetés ; alors, non-seulement la mémoire est sans nulle douceur, mais elle est sans pitié, elle nous inflige, pour notre châtiment, les plus douloureux, les plus accablants de tous les souvenirs, la plus grande des souffrances morales.

Plaçons-nous maintenant au point de vue opposé ; allons de la douleur au plaisir ; voyons comment la sensibilité est émue, non plus par le souvenir des maux passés, mais par la pensée des biens et des plaisirs qui ne sont plus. Ici la scène change ; ce n'est plus en plaisir, mais en douleur, que le plus ordinairement la métamorphose a lieu. Dans le souvenir de biens perdus et d'un bonheur évanoui, il est une peine, une amertume plus ou moins grande, selon que le contraste est plus ou moins grand avec les misères de la condition présente. Il n'est pas, dit Boëce, de plus grand malheur que le souvenir de la fortune passée au sein de l'infortune présente : In omni adversitate fortunæ infelicissimum genus est infortunii fuisse infelicem[1]. Dante a dit de même : « Il n'y a pas de douleur au monde plus grande que de se rappeler du temps fortuné au sein de la misère[2]. » Cela est vrai sans doute, mais sauf des exceptions et des réserves analogues à celles que nous avons faites au sujet des transformations de la douleur à travers nos souvenirs. Comme nous avons distingué plusieurs sortes de maux passés, nous devons distinguer aussi plusieurs sortes de biens perdus. Il en est dont nous pourrions jouir encore, si nous ne les avions perdus, soit par notre faute, soit par les coups du sort et de la fortune, comme la richesse ou les dignités, ou tout simplement l'aisance et le bien-être ; il en est d'autres que nous avons perdus, mais par le train ordinaire de la nature et des choses, sans qu'il y ait de notre faute ou même de celle de la fortune, comme la jeunesse, l'amour, l'agilité, la force. Si le souvenir des premiers éveille la douleur et les regrets, la pensée de l'homme sage trouve du charme à se reporter sur ces biens dont il a joui autrefois et auxquels il ne peut plus raisonnablement prétendre. Que de dou-

---

1. *De Consolatione*, lib. I, II.
2.    Nessun maggiore dolore
   Che ricordarsi del tempo felice
   Nella miseria.

Dans l'opéra italien d'*Othello*, un gondolier chante ces vers qui se trouvent si bien en harmonie avec la situation de Desdemona. Tasse a dit de même :

   Che ricordarsi il ben doppia la noia.

ceur ces souvenirs, idéalisés par l'imagination, ne donnent-ils pas à l'heure présente et au dernier âge de la vie, à défaut de la réalité qui n'est plus et qui a fui pour toujours. Ainsi, à la vue des douces caresses d'Henriette et de Clitandre, Chrysale se ressouvient de ses jeunes amours et sent son cœur agréablement ému.

Ces effets divers, ces métamorphoses, ces jeux, pour ainsi dire, de la sensibilité à travers le prisme de la mémoire sont dépeints par Fénelon, qui s'inspire de saint Augustin [1], avec autant de mouvement et d'élégance que d'exactitude psychologique. « Je renouvelle quand il me plaît la joie que j'ai ressentie il y a trente ans; elle revient, mais quelquefois ce n'est plus elle-même; elle paraît sans me réjouir. Je me souviens d'avoir été bien aise et je ne le suis point actuellement dans ce souvenir. D'un autre côté je renouvelle d'anciennes douleurs; elles sont présentes, car je les aperçois distinctement telles qu'elles ont été dans leur temps; rien ne m'échappe de leur amertume

---

1. Voici le passage de saint Augustin, imité par Fénelon :

« Affectiones animi mei eadem memoria continet, non illo modo quo eas habet ipse animus cum patitur eas; sed alio modo multum diverso, sicut sese habet vis memoriæ. Nam et lætatum me fuisse, reminiscor non lætus; et tristitiam meam præteritam recordor non tristis. Et me aliquando timuisse recolo sine timore, et pristinæ cupiditatis sine cupiditate sum memor. » (*Confess.*, lib. X, cap. XIII.)

et de la vivacité de leurs sentiments, mais elles ne sont plus elles-mêmes; elles ne me troublent plus; elles sont émoussées. Je vois toute leur rigueur sans la sentir, ou si je la ressens ce n'est que par représentation; et cette représentation d'une peine autrefois cuisante n'est plus qu'un jeu. L'image des douleurs passées me réjouit: il en est de même des plaisirs [1]. »

Tel est bien le tableau animé et fidèle des phénomènes de la sensibilité par représentation, suivant l'expression dont se sert Fénelon pour l'opposer à la sensibilité originale; telles sont les transformations qu'opère la mémoire, comme avec une baguette magique, sur les impressions qu'elle renouvelle dans notre âme.

Nous avons maintenant à voir les transformations analogues qui s'accomplissent dans la sensibilité quand elle est affectée par les images des choses futures.

1. *Traité de l'existence de Dieu.*

# CHAPITRE X

## LA SENSIBILITÉ ET L'IMAGINATION

Comment nous impressionne la pensée des choses futures. — De la sensibilité dans ses rapports avec la prévision et l'imagination. — Impressions causées par la perspective de biens et de maux futurs. — Divers effets en sens contraire de cette perspective sur la sensibilité. — Influence de l'imagination. — Rapport de l'imagination et de la sensibilité. — Pourquoi la sensibilité diminue avec la distance des lieux. — Pourquoi est-elle plus sympathique pour les grands personnages et les victimes illustres? — Question de critique littéraire. — De la part de l'esprit ou du cœur chez les grands écrivains. — Vaut-il mieux oublier que se souvenir? — Thémistocle et Cicéron. — Nulle amertume dans la mémoire, sauf quand il y a eu faute ou crime. — Secours qu'elle prête à la morale. — Le remords.

Comme il y a une sensibilité excitée par le souvenir des choses passées, il y a une sensibilité excitée par la prévision des choses futures, qui est comme une sorte de sensibilité par anticipation. Nous n'avons pas seulement le don de nous souvenir, mais celui de prévoir. De même que la sensibilité revient par la mémoire sur le passé et nous affecte à la seule pensée de maux et de biens qui ne sont plus, la faculté que nous avo[ns de] prévoir l'avenir, jointe à l'imagination, nous a[mène] à la pensée de biens et de maux qui ne son[t pas] encore et qui peut-être ne seront jamais. Les [pen-] ses futures, c'est-à-dire les images des chos[es fu-] tures, des biens que l'on espère ou des maux [qu'on] redoute, ne nous émeuvent pas moins que les [sou-] venirs de nos anciens plaisirs et de nos ancie[nnes] douleurs. De là encore une nouvelle clas[se de] plaisirs et de douleurs dont le rôle n'es[t pas] moins considérable dans le bonheur ou le mal[heur] d'une vie humaine.

Ces deux sortes de sensibilité, quoique incl[inées] en sens contraire, l'une vers le passé, l'autre [vers] l'avenir, ont en commun ce caractère esse[ntiel] qu'elles sont excitées par des idées, par [des] images et non par les objets eux-mêmes, q[ui] sont déjà plus, ou qui ne sont pas encore e[t qui] peut-être ne seront jamais. Que nous soyons [émus] par la pensée de l'avenir ou par celle du p[assé,] dans l'un comme dans l'autre cas, les plaisi[rs et] les douleurs que nous éprouvons sont de vrais [plai-] sirs, de vraies douleurs et notre sensibilité [n'est] pas moins réellement en jeu que s'il s'ag[issait] de choses présentes et d'objets réels. Nous [dis-] tinguons les impressions des choses fu[tures] d'avec celles du présent, comme les impres[sions] des choses passées par la situation qu[i] occupent dans la suite de nos pensées et par le degré généralement moindre de leur vivacité. Cependant la différence en moins n'existe pas toujours, de même que pour les souvenirs ; les terreurs d'un avenir menaçant peuvent dépasser les maux véritables, comme les plaisirs de l'espérance l'emporter sur ceux de la réalité. Il y a des fêtes de l'espérance, comme du souvenir, fêtes sujettes sans doute à bien des illusions et des mécomptes, mais qui, au moins pour un temps, font une heureuse diversion aux misères de l'heure présente, et qui, à tout prendre, sont un bien, plutôt qu'un mal, pour la pauvre humanité.

Cependant tout plaisir entrevu dans nos prévisions sur l'avenir n'est pas, au moment présent, un plaisir pour nous. La pensée d'obstacles, de dangers qui nous en séparent, vient-elle s'y ajouter, jugeons-nous que ces obstacles sont insurmontables, que ces dangers sont trop grands, ce n'est plus du plaisir goûté en quelque sorte à l'avance, c'est le chagrin et la douleur, c'est le désespoir qui s'emparent de nous.

Dans la prévision d'un mal, comme dans celle d'un bien, la sensibilité peut être très-différemment affectée. L'âme passe par tous les degrés, à partir de l'inquiétude, de la simple appréhension, jusqu'à l'angoisse et à la terreur, selon la grandeur et la nature des maux ou des douleurs en perspective, suivant leur probabilité plus ou moins grande, suivant la distance ou la proximité à laquelle ils nous apparaissent. Si nous nous persuadons, au contraire, que nous ne sommes plus menacés, si nous avons la confiance que nous sommes pour toujours à l'abri, alors une évolution en sens inverse se produit dans notre sensibilité. Au lieu de nous attrister, la pensée de ce mal, désormais chimérique, nous réjouit et laisse dans l'âme, en s'évanouissant, un agréable sentiment de délivrance et de sécurité.

Continuons cette analyse et insistons davantage sur les rapports de la sensibilité avec l'imagination, soit pour les choses passées, soit pour les choses futures. Personne n'ignore combien l'imagination influe sur nos propres plaisirs et nos propres douleurs; nous avons déjà vu ailleurs comment elle aiguisait nos plaisirs et nos peines. Mais peut-être a-t-on moins souvent signalé son influence sur l'impression plus ou moins vive que nous font les plaisirs ou les misères d'autrui, sur les degrés divers de sympathie ou de pitié dont chacun de nous est plus ou moins susceptible. L'imagination n'y a pas moins de part que la sensibilité elle-même. Tel qui passe pour dur et insensible pèche plutôt, comme l'a bien observé Dugald Stewart[1], par

---

1. « Il est probable, dit Dugald Stewart, que la froideur et

défaut d'imagination que par défaut de cœur. Ces misères d'autrui, dont il s'émeut trop faiblement, il y compatirait sans nul doute davantage, autant peut-être que ceux qui passent pour avoir un cœur plus sensible, s'il avait la faculté de se représenter, avec le même degré de vivacité, tous les traits, tous les détails, les scènes émouvantes, le pathétique tableau, de ces joies, de ces douleurs, de ces drames, dont il entend le récit, mais qu'il n'a pas vus de ses yeux[1]. De même que la force de l'imagination augmente notre sensibilité pour les souffrances, de même aussi elle l'augmente pour le bonheur d'autrui dont elle nous retrace les riantes images.

Pourquoi les catastrophes lointaines, quelque grandes et terribles qu'elles soient, font-elles généralement si peu d'impression sur nous? La principale cause est dans le défaut de l'imagination impuissante à nous les représenter. On dirait presque que la sensibilité, la sympathie, la pitié, sont dans les cœurs en raison inverse du carré

---

l'espèce d'égoïsme qu'on observe dans beaucoup d'hommes tiennent en grande partie à un défaut d'attention et d'imagination. Il faut être doué de l'un et de l'autre à un certain degré pour comprendre pleinement la situation d'un autre ou pour se faire une idée des maux qui existent dans le monde. » (*Philosophie de l'esprit humain*, II° vol., chap. VIII, section 4.)

1. « La cruauté, dit Lecky, vient en partie bien souvent de l'épaisseur de l'imagination. » (*The natural history of morals*, 2 vol. in-8, 1869; voir la page 141 du 1er volume.)

des distances, suivant la loi de l'attraction newtonienne. Le moindre accident nous touche, s'il a lieu près de nous, dans notre maison, dans notre quartier, dans notre ville ; mais que le théâtre s'éloigne, que la scène se passe à un certain nombre de kilomètres, notre sensibilité va s'affaiblissant. Par delà les Pyrénées ou les Alpes, mais surtout par delà les mers, il faudra qu'un malheur soit bien grand, ou même qu'il prenne d'effroyables proportions, pour ne pas nous laisser plus ou moins insensibles. Ainsi lisons-nous froidement, dans un journal du matin ou du soir, qu'un cyclone, une peste, une famine, un tremblement de terre, ont fait des milliers de victimes dans les Indes, en Chine ou au Japon. Voltaire n'aurait sans doute pas écrit un poëme sur un tremblement de terre au Pérou, comme sur la catastrophe de Lisbonne et l'Europe ne s'en serait que faiblement émue.

Quelle est donc cette sensibilité si courte que rien ne l'émeut plus au delà d'une certaine distance ? Ce n'est pas tant à la dureté et à la sécheresse du cœur qu'il faut s'en prendre, qu'au défaut de l'imagination trop faible pour donner, si loin de nous, des traits et des couleurs, la vie et le relief, à ces grandes calamités, sur des rivages lointains, sous un autre ciel et chez des peuples inconnus.

De même que la sensibilité semble augmenter

ou diminuer, selon la proximité ou la distance, de même aussi elle semble faiblir ou s'accroître, selon les rangs et les conditions, selon que ceux qui souffrent ou qui sont heureux sont plus haut ou plus bas placés. Elle est généralement plus vive pour les grands que pour les petits, pour les chefs que pour la foule, si bien qu'on pourrait la soupçonner de certaines tendances aristocratiques, non pas seulement chez les nobles ou les riches, mais même dans les cœurs de la multitude. Ainsi nous sommes naturellement plus touchés des malheurs d'un homme qui s'élève au-dessus de la foule, des destinées tragiques de ceux qui ont brillé dans le monde, d'un grand, d'un ministre, d'un prince, d'un roi, d'une reine, que du sort de victimes obscures, quoique plus nombreuses et peut-être plus dignes d'intérêt. La mort d'un seul, s'il est en évidence, nous impressionnera plus que celle non moins tragique de beaucoup d'autres qui font partie de la foule, qui n'ont pas de sceptre, de titres, ni de blason. Ces larmes qui abondent, dit Bossuet, dans les yeux d'une reine, nous émeuvent plus que celles d'une humble femme. N'aurionsnous donc réellement de pitié que pour les victimes illustres? Serions-nous indifférents pour ceux qui ont souffert et succombé dans des conditions obscures? Cette dureté pour les petits et les faibles ne ferait pas honneur au cœur humain;

mais la vraie explication est ici la même que tout à l'heure. Nous sommes plus touchés, les passions à part, surtout les passions politiques ou religieuses, du sort des grands de la terre, parce que l'imagination nous les représente mieux avec leurs douleurs insignes et éclatantes. Elle fait revivre sous nos yeux ces personnages aux tragiques destinées ; elle reproduit leurs traits, leurs souffrances, leurs derniers moments ; elle mesure toute la grandeur de leur chute ; nous ne perdons aucun détail de la catastrophe et dans les malheurs d'un seul nous voyons les malheurs et les misères de tous. C'est par là que l'imagination excite si vivement notre sympathie et notre compassion pour les infortunes qui sont comme des illustrations de toutes les infortunes humaines. Au contraire, elle laisse dans le vague et la confusion les maux d'une foule anonyme ou bien les destinées et les vicissitudes d'acteurs effacés qui n'ont joué qu'un rôle secondaire, et dont les physionomies peu distinctes n'ont rien qui attire, d'une manière particulière, la sympathie et la compassion.

On voit quels liens étroits et quelle constante réciprocité d'action et de réaction existent entre l'imagination et le cœur. Le cœur d'abord est ému par le tableau que lui présente l'imagination, puis il excite à son tour l'imagination qui, sous l'influence du cœur, donne un nouveau relief et de nouvelles couleurs à cette première ébauche, d'où suivra encore une nouvelle excitation de la sensibilité

Selon Bain, les sentiments seraient la base de l'imagination, c'est-à-dire l'imagination serait excitée par les sentiments et non les sentiments par l'imagination. Il nous semble que le célèbre psychologue se trompe en ce point et qu'il intervertit les rôles. Dans la région idéale du souvenir et de l'imagination, comme dans celle de la réalité, jamais on ne s'émeut de rien. Pour qu'il y ait émotion, quand il s'agit de faits dont nous n'avons pas été les témoins, il faut aussi qu'il y ait une cause de cette émotion, c'est-à-dire, il faut que l'imagination précède et qu'elle représente d'abord aux yeux de l'esprit la scène qui est propre à nous émouvoir. Puis a lieu, comme nous l'avons dit, une action réciproque du cœur sur l'imagination et de l'imagination sur le cœur. C'est donc, contrairement à l'opinion de Bain, l'imagination qui est la base du sentiment, et non le sentiment la base de l'imagination.

Supposez que l'imagination soit à peu près nulle chez un individu, d'ailleurs assez bien doué des facultés du raisonnement, chez un logicien, un calculateur habile, un mathématicien, nulle aussi ou presque nulle sera chez lui la sensibilité pour des douleurs ou des joies dont il n'aura pas été le témoin, dans l'impuissance où il est de se les représenter : « Nul ne devient sensible, dit Rousseau, que quand son imagination l'anime et le transporte hors de lui[1]. » Selon Herbert Spencer, comme selon Rousseau : « Le sentiment altruiste devient élevé à proportion qu'il devient représentatif[2]. »

Nous rencontrons ici une des questions souvent agitées, surtout de nos jours, par la critique littéraire. Quelle est la part de l'imagination et quelle est celle du cœur, la part de l'émotion vraie et de l'émotion feinte, dans la peinture des passions, dans les inventions et les personnages de tel ou tel écrivain ou poëte? Qu'il s'agisse de Chateaubriand, de Lamartine, de Gœthe, de Byron ou de Victor Hugo, les avis sont assez ordinairement très-partagés. Quelques-uns veulent que, chez celui-ci ou chez celui-là, la tête et l'imagination l'emportent sur le cœur, d'autres pensent que l'émotion vraie, que les sentiments et les passions qui partent du cœur s'allient réellement, dans l'œuvre de ces poëtes, à la puissance de l'imagination. Nous croyons, quant à nous, que la chose n'est pas facile à juger et que celui qui prétend faire ainsi les parts du cœur et de l'imagination court grandement le risque de se tromper. En effet, dans les œuvres d'art, comme dans la conduite de la vie,

1. *Emile*, III⁰ livre.
2. *Principes de psychologie*, chapitre des Sentiments altruistes.

comme dans les mobiles de nos actions, comme dans la sympathie plus ou moins grande pour autrui, ces deux sources d'inspiration se mêlent si étroitement qu'il est bien téméraire de vouloir distinguer ce qui découle de l'une et ce qui découle de l'autre.

C'est ainsi que la mémoire, l'imagination, la faculté de prévoir, agrandissent dans tous les sens, du côté du passé et du côté de l'avenir, le domaine de la sensibilité et reculent ses limites bien au delà des bornes étroites du moment présent et de la réalité.

A la suite de cette analyse, nous pouvons nous demander, en forme de conclusion, à l'exemple de plusieurs des anciens et des modernes, s'il n'eût pas mieux valu, pour le bonheur de l'espèce humaine, que la mémoire et l'imagination, bornées aux idées et aux images, eussent été dépourvues du pouvoir de faire revivre, ou d'exciter par avance, sinon les plaisirs, au moins les douleurs. N'était-ce donc pas assez des peines de l'heure présente, sans y ajouter celles des heures passées et des heures futures?

Cicéron rapporte que Simonide ayant proposé à Thémistocle de lui enseigner l'art de la mémoire, celui-ci aurait répondu qu'il aimait mieux l'art de l'oubli, parce qu'on se souvient de ce qu'on ne voudrait pas et qu'on ne peut oublier ce dont on ne voudrait pas se souvenir. Mais Cicéron ne goûte point cette réponse à laquelle il oppose ce que nous venons de dire de cette vertu qu'a la mémoire de transformer en plaisir des douleurs passées. Comment, dit-il, penser de la sorte, quand le souvenir lui-même des maux passés est agréable? Ne dit-on pas vulgairement : jucundi acti labores ? Euripide, dont je tâche, continue Cicéron, de rendre la pensée en latin, n'a pas mal dit :

    Suavis laborum est præteritorum memoria [1].

Dugald Stewart, cet excellent moraliste, pense aussi, comme Cicéron, que mieux vaut se souvenir: « Je suis convaincu, dit-il, qu'à part quelques circonstances, cette partie de notre constitution est une source plus abondante de plaisirs que de peines [2]. »

Nous sommes de l'avis de Cicéron et de Dugald Stewart. Mieux vaut se souvenir, non pas seulement au point de vue de la science et des opérations de la pensée, dont il n'est pas ici question et qui toutes, sans la mémoire, seraient impossibles, mais au point de vue même de la sensibilité et du bonheur. S'il y a des maux, des peines et des douleurs que la mémoire importune, ravive et prolonge, il en est d'autres, en plus grand nombre, qu'elle ne fait revivre qu'en les transformant en

---

1. *De Finibus*, II, 32.
2. *Philosophie morale*, 12ᵉ vol. p. 418.

un sentiment qui, comme nous l'avons vu, n'est pas sans douceur et sans consolation. Ainsi en est-il des souvenirs les plus douloureux, des plus grandes afflictions, du regret de ceux que nous avons perdus. Qui voudrait avoir le triste don de les oublier et sécher ses larmes à un pareil prix ? Grâce au souvenir, quelque chose nous reste de ceux que nous avons aimés.

Il n'y a qu'un seul cas où la mémoire n'apporte avec elle que peine et amertume sans mélange, c'est celui des fautes commises, des actions basses, honteuses, criminelles. Mais alors la sensibilité, unie à la mémoire, est justement vengeresse, comme elle est rémunératrice quand il s'agit du bien ; elle nous apparaît comme un auxiliaire essentiel de la morale, comme la récompense immédiate et assurée des uns, comme le châtiment non moins assuré des autres. Ainsi, à son plus haut degré d'amertume, la mémoire est bonne, d'autant meilleure même qu'elle est plus amère, car, de toutes les peines, elle est la plus juste, comme aussi la plus salutaire, la seule dont jamais nul coupable au monde n'ait le droit de se plaindre. Le repentir ou le remords, tel est le nom de l'inévitable châtiment qu'inflige la mémoire à quiconque a mal fait.

# CHAPITRE XI

### CONTINUITÉ DE LA SENSIBILITÉ.

La sensibilité a-t-elle des intermittences ou est-elle continue ? — La sensibilité doit être continue comme l'activité elle-même. — Preuve de cette continuité par l'observation. — Opinions contraires de divers psychologues. — Pas d'indifférence absolue. — Pas d'équilibre du plaisir et de la douleur, comme entre des forces mécaniques. — Les petits plaisirs et les petites douleurs. — Leur rôle et leur importance dans l'âme humaine. — Des causes générales qui agissent constamment sur la sensibilité. — L'union de l'âme et du corps. — L'état des organes. — La bonne ou la mauvaise santé. — La nature extérieure. — Les perceptions de chaque sens. — La lumière du jour. — Les plus petites choses nous impressionnent. — Influence des pensées qui sans cesse se succèdent dans notre esprit. — Influence de la sympathie. — De l'anesthésie. — L'anesthésie absolue serait la mort. — Accord de l'induction et de l'expérience en faveur de la sensibilité continue.

Nous allons soumettre à une nouvelle épreuve ce que nous avons dit du principe de la sensibilité. L'activité, essence de l'âme, n'est sujette à aucune suspension ou intermittence ; en quelque moment qu'on cherche à surprendre l'âme, toujours on l'aperçoit agissant ou bien réagissant, soit comme cause du mouvement et de la vie, soit comme cause du penser et du vouloir. Pour notre âme, cesser d'agir et cesser d'exister seraient, comme on l'a dit bien souvent, une seule et même chose. Si donc, conformément à notre théorie, le plaisir et la douleur sont concomitants à tout exercice, libre ou contrarié, de l'activité normale, la sensibilité, pendant toute la période consciente de l'existence de l'âme, ne peut pas plus souffrir d'intermittence que l'activité elle-même dont elle est inséparable. Si l'activité est la vraie cause de la sensibilité, l'âme ne doit pas cesser un seul instant de jouir ou de souffrir. Cette conséquence confirmée par l'observation psychologique sera un argument de plus en notre faveur; sinon ce serait une grave objection contre tout ce qui précède.

Voyons donc si en effet la sensibilité ne fait jamais défaut, s'il n'est pas un seul moment de notre existence qui ne soit peine ou plaisir, ou bien si, entre ces deux états, il en est un troisième, celui de l'indifférence absolue. Ici encore les psychologues sont loin d'être du même avis. Les uns ont nié, les autres ont admis la réalité de cet état intermédiaire d'indifférence, et même lui on fait une assez grande place dans la vie humaine.

Platon n'admet pas la continuité non interrompue du plaisir et de la douleur. « S'il est vrai, dit-il, que lorsque l'animal se corrompt, il ressent de la douleur, et du plaisir, quand il se rétablit, voyons, par rapport à chaque animal, lorsqu'il n'éprouve ni altération, ni rétablissement, quelle doit être dans cette situation sa manière d'être.... N'est-il pas de toute nécessité que, durant cet intervalle, l'animal ne ressente aucune douleur, aucun plaisir ni grand ni petit? — C'est une nécessité[1]. »

Épicure, au contraire, qui nous semble avoir ici raison contre Platon, n'admettait pas d'état intermédiaire entre le plaisir et la douleur; l'absence même de toute douleur lui semble, non-seulement un plaisir, mais, comme on le sait, le bonheur suprême. « Quiconque, dit-il, sent la façon dont il est affecté éprouve nécessairement du plaisir ou de la douleur[2]. » Cicéron combat Épicure; il nie que le *nihil dolere* soit un plaisir, par où il est conduit à admettre dans l'âme, comme Platon, l'indifférence.

Chez les modernes, Leibniz semble aussi admettre cet état intermédiaire entre le plaisir et la douleur; mais comme il le fait consister en des sensations confuses et plus ou moins imperceptibles, et non dans l'absence de toute sensation;

1. *Philèbe*, traduction de Cousin. Il est aussi question, dans le IXe livre de la *République*, de cet état intermédiaire où l'âme se trouve à l'état de repos à l'égard du plaisir et de la douleur.
2. « Quisquis enim sentit quomodo sit affectus, eum necesse est aut in voluptate esse aut in dolore. » (*De Finibus*, lib. I, cap. x.)

comme, d'un autre côté, il fait fréquemment intervenir les petits plaisirs et les petites douleurs, il n'est pas possible de le ranger parmi les partisans de l'indifférence absolue[1].

De même en est-il de Reid. Il est vrai qu'à côté des sensations agréables ou désagréables il en place d'autres, beaucoup plus nombreuses, qui, suivant lui, sont indifférentes. Mais on voit, par l'explication même qu'il en donne, que l'indifférence qu'il leur attribue est purement relative: « Elles attirent si peu, dit-il, notre attention qu'elles n'ont point de nom dans les langues et qu'elles sont oubliées aussitôt que senties. Nous ne parvenons même à nous convaincre de leur existence qu'en observant avec soin les opérations de notre esprit... Les sensations indifférentes sont loin d'être inutiles. Elles nous servent à distinguer les choses indifférentes et nous révèlent, comme autant de signes, ce qui se passe en dehors de nous[2]. » Des sensations qu'on remarque avec quelque attention, des sensations qui nous sont utiles, ne sont pas évidemment des sensations absolument indifférentes. Condillac n'est pas pour l'indifférence : « Parmi ces différents degrés des plaisirs et de la douleur, il n'est pas possible, dit-il, de trouver un état indifférent[3]. »

1. Voir les *Essais de Théodicée*, partie III, § 25.
2. *Essai sur les facultés intellectuelles*, essai XI, chap. XVI.
3. *Traité des sensations*, 1ᵉʳ chapitre.

Les psychologues contemporains, français et étrangers, ne sont pas davantage d'accord sur la question. Selon M. Garnier, pendant l'état de veille, nous sommes souvent dans la plus complète indifférence. « Le plaisir et la peine s'émoussent vite, dit-il ; notre nature ne paraît pas faite pour résister à la présence assidue de l'un ou de l'autre[1]. » Cela est vrai sans doute à l'égard de plaisirs et de peines d'une certaine vivacité ; mais il y a des peines et des plaisirs de tous les degrés et qui, même plus ou moins émoussés, sont encore des peines et des plaisirs.

Hamilton semblerait aussi, au premier abord, devoir être rangé parmi les partisans de l'indifférence. Le plaisir et la douleur, suivant lui, sont opposés comme contraires et non comme contradictoires, parce que l'affirmation de l'un enferme la négation de l'autre, tandis que la négation de l'un n'emporte pas l'affirmation de l'autre. Il croit, en effet, qu'il peut y avoir un état intermédiaire d'indifférence qui ne serait ni le plaisir ni la douleur. Toutefois il n'ose pas l'affirmer ; il ajoute qu'il ne veut pas examiner si cet état existe réellement, ou bien si ce n'est pas un état complexe dans lequel s'équilibrent des doses égales de plaisir et de dou-

---

1. *Traité des facultés de l'âme*, t. I, p. 58.

leur¹. Ainsi il pose la question plutôt qu'il ne la résout, sans se décider entre ces deux alternatives.

Le philosophe allemand Lotze est contre l'indifférence : On doit, dit-il, se déshabituer de considérer les sentiments comme des faits accessoires qui entrent quelquefois dans le cours des états intérieurs, tandis que la plus grande partie s'écoule en une série indifférente de changements sans plaisir et sans douleur. Il est pour l'omniprésence du sentiment, Allegegenwart der Gefuhle². Nous goûtons cette expression et nous soutiendrons, avec Lotze, l'omniprésence de la sensibilité.

En Angleterre, Bain, de même que James Mill³, se prononce en faveur d'états d'indifférence ou de complète neutralité entre le plaisir et la douleur. Sous la dénomination générale et fort équivoque, comme nous l'avons remarqué en commençant, de feelings, il comprend, avec le plaisir et la douleur, des états d'indifférence, qu'il appelle neutral feelings, states of neutral excitement, dont le caractère est, dit-il, de retenir et d'occuper l'esprit sans l'aide de la douleur ou du plaisir, par la seule force de l'excitement. Pour exemple il donne la surprise⁴. Mais comment concevoir un *excite-*

---

1. *Lectures on Metaphysics*, t. II, chap. XLII, p 457.
2. *Microcosmos*, t. I, chap. V.
3. *Analyse des phénomènes de l'esprit*, t. II, chap. XVI, 1869.
4. Voir le 1ᵉʳ chapitre des *Emotions and Will* et l'Appendix de *Mental and moral science*.

*ment*, suivant son expression, où la sensibilité n'entre absolument pour rien, une surprise qui ne soit, au moins à quelque degré, agréable ou désagréable?

Préoccupé par des notions de mécanique ou de chimie qui, à notre avis, ne sont ici nullement à leur place, M. Dumont se persuade à tort qu'il y a indifférence quand il y a équilibre entre des quantités égales de plaisir et de douleur[1]. En effet l'égalité des doses, si jamais elle a lieu d'une manière absolue, n'a pas pour effet dans l'âme, comme en chimie ou en mécanique, une neutralisation, un équilibre des forces. Il en résulte un état complexe de l'âme partagée entre le plaisir et la peine, la joie et la tristesse, l'amour et la haine, la crainte et l'espérance. Combien souvent, et avec quelle délicatesse d'analyse, moralistes, poëtes et romanciers, ne se sont-ils pas plu à décrire ces sentiments complexes, ce mélange d'impressions contraires, ce partage de l'âme entre deux sentiments, deux passions, qui se contredisent et se balancent sans s'annuler, comme il arrive pour certaines propriétés des corps et pour des forces mécaniques? Loin de produire l'indifférence, la neutralisation, l'équilibre, ce conflit d'impressions contraires agite et trouble la sensibilité plus qu'une im-

---

1. *Théorie scientifique de la sensibilité*, p. 98.

pression unique. « L'émotion, dit encore M. Dumont, est une modification concomitante de la conscience, une impression de peine, de plaisir ou d'indifférence accompagnant la sensation, etc. [1]. » Émotion et impression d'indifférence, ne sont-ce pas là des mots contradictoires fort mal accouplés ensemble? Peut-il donc y avoir indifférence là où il y a impression ou émotion?

Telle est la diversité des opinions sur la continuité ou l'intermittence de la sensibilité. Quant à nous, nous n'hésitons pas à déclarer tout à fait chimérique cet état prétendu d'équilibre et d'indifférence, si toutefois on le prend dans un sens absolu. Nous mettons au défi l'observateur le plus attentif de surprendre un seul instant l'âme à sec, pour ainsi dire, l'âme vide de tout plaisir et de toute douleur, sans le moindre sentiment d'aise ou de malaise. En soutenant que la sensibilité est toujours en acte, nous ne voulons pas dire en effet qu'elle soit toujours violemment surexcitée, qu'elle soit continuellement à l'état aigu du plaisir ou de la douleur, au point d'absorber toute notre attention, de tenir en échec toute notre intelligence, d'exciter et de troubler notre organisme tout entier. Dans le train ordinaire de la vie, il n'en est pas ainsi, fort heureusement pour notre frêle exis-

---

1. *Théorie scientifique de la sensibilité*, p. 104.

tence, dont bientôt tous les ressorts seraient usés ou brisés par cette suite ininterrompue de plaisirs trop vifs, non moins que de douleurs trop aiguës. Montaigne s'est plu, un moment, à rêver un monde nouveau où la jouissance continue, à son plus haut degré, serait l'état ordinaire de l'homme. Mais ce rêve n'est pas de longue durée, bientôt il se ravise, il voit le danger qui menacerait cet homme toujours, suivant son expression, en proie à la volupté : « Je le sens fondre, dit-il, sous la charge de son être et le vois du tout incapable de porter une si pure, si constante volupté et si universelle[1]. »

Ce n'est qu'à de courts instants, à de certains intervalles, que nous éprouvons, ou du moins que nous pouvons supporter le plaisir et la douleur à l'état aigu. Que de degrés, que de nuances, en nombre infini, au-dessous de ce maximum de la sensibilité ! Il y a, à travers tous les moments de notre existence, une continuelle circulation de petites aides ou délivrances, comme dit Leibniz, de petits plaisirs, de petites douleurs qui, quoique à peine sensibles, pris à part, ne laissent pas cependant, par leur suite et par leur accumulation, d'influer sur un grand nombre de nos déterminations, sur les dispositions, les humeurs et sur l'état

[1] *Essais*, liv. II, chap. XX.

général de notre âme. Leibniz qui, comme nous l'avons dit ailleurs[1], a introduit les infiniment petits dans l'étude de l'âme, comme dans les mathématiques et dans la physique, a noté l'existence de ces infiniment petits du plaisir et de la douleur, comme aussi celle des infiniment petits de la pensée qu'il appelle des perceptions insensibles ou imperceptibles. Par là il entend, non pas des perceptions qu'on ne perçoit pas, mais des perceptions auxquelles on ne prend pas garde, à cause de leur faiblesse ou de leur confusion. Ces perceptions insensibles s'accompagnent elle-mêmes de demi-plaisirs, de demi-douleurs, de petits empêchements, de petites délivrances qui, d'ordinaire, nous échappent, mais qui se laissent cependant apercevoir, lorsque, rentrant en nous-mêmes, nous observons plus attentivement ce qui se passe dans notre âme.

Considérons-nous d'ailleurs à un de ces moments de calme et d'apparente indifférence où il semble que rien ne nous émeuve et que notre sensibilité engourdie demeure comme suspendue entre le plaisir et la douleur. Cette apparence trompeuse d'insensibilité et de sécheresse, recouvre toujours quelques sensations, plus ou moins faibles, d'aise ou de malaise, quelques sentiments, plus ou moins

---

[1]. *Le Principe vital et l'ame pensante*, deuxième édit., Didier. Voir le chap. XXII sur les Perceptions insensibles.

légers et confus, de joie ou de tristesse, qui, pour n'avoir rien d'excitant et de vif, n'en sont pas moins réels[1]. Comment d'ailleurs notre sensibilité ne serait-elle pas constamment plus ou moins impressionnée par tant de causes générales qui, indépendamment des causes particulières, agissent sur nous si constamment, à chaque instant de notre vie, et qui nous assiégent, pour ainsi dire, sans relâche du dedans et du dehors?

Il en est d'abord que nous portons avec nous, sans jamais pouvoir nous y soustraire. Chacun de nos organes, en raison de la couture si étroite, comme dit Montaigne, de l'âme et du corps, n'est-il pas une cause sans cesse agissante de bien-être ou de mal-être, suivant le jeu régulier ou irrégulier, l'équilibre ou le trouble de ses fonctions? On sait à quel point le plus léger dérangement organique, une bonne ou une mauvaise digestion, pour ne pas citer d'autre exemple, peut influer sur les humeurs et faire voir toutes choses sous un jour plus ou moins sombre ou riant. Dans la jeunesse et la santé il y a un fonds permanent de bien-être, de contentement, de gaieté, qui vient du bon état de l'organisme,

---

1. Il serait plus exact de les appeler *unexciting*, comme le psychologue américain Noah Porter, dans son ouvrage *The human intellect*, qu'indifférentes comme divers auteurs que nous avons cités.

qui persiste, et qu'il n'est pas facile d'épuiser, au milieu même de bien des contrariétés et des traverses.

De là ces vagues dispositions à la tristesse et à la mélancolie, ou au plaisir et à la joie, dont la raison nous échappe. Bichat a dit, non sans quelque vérité, que le caractère moral est la physionomie du tempérament. Sous la seule influence de ces impressions sourdes et confuses de la vie organique, la sensibilité s'élève ou s'abaisse à un certain ton, d'après lequel nous sommes disposés à nous émouvoir plus ou moins, en diverses circonstances, à sentir, à voir et à juger toutes choses. « Tel est le principe, dit Maine de Biran, de cette sorte de réfraction morale qui nous fait voir la nature, tantôt sous un aspect riant et gracieux, tantôt couverte comme d'un voile funèbre, et qui nous représente dans les mêmes êtres, tantôt des objets d'espérance et d'amour, tantôt des sujets d'aversion et de crainte. Aussi le charme, l'attrait, le dégoût ou l'ennui attachés aux divers instants de notre vie dépendent presque toujours de ces dispositions si profondément ignorées de notre sensibilité [1]. »

A ces impressions qui viennent, sans nulle interruption, des organes intérieurs, en vertu de l'union de l'âme et du corps, il faut ajouter les

---

1. *Rapports du physique et du moral.*

impressions, presque aussi continues, qui nous arrivent par les sens extérieurs. Il n'est pas de perception si habituelle, si insignifiante, que n'accompagne une certaine affection, plus ou moins faible, plus ou moins confuse. Non-seulement nous ne pouvons goûter une saveur, sentir une odeur, mais nous ne pouvons entendre un son, voir la lumière, éprouver un contact, voir ou toucher un objet quelconque, sans être plus ou moins affectés d'une manière agréable ou désagréable. Il y a des couleurs tristes et des couleurs gaies; il n'en est pas qui nous soient absolument indifférentes. Où est la forme si insignifiante, de la nature ou de l'art, qui, à quelque degré, ne nous plaise ou nous déplaise? Les plus petites choses, surtout parmi celles qui touchent à notre personne, suffisent à nous jeter brusquement d'un état dans un autre, à nous égayer ou à nous assombrir. Vous alliez gaiement à la promenade ; voilà qu'un léger désordre aperçu dans votre toilette, je ne sais quelle petite tache, un peu de boue à l'habit ou à la chaussure, un faux col qui ne tient pas, font passer tout à coup un léger nuage sur votre belle humeur.

Quel est l'homme tout à fait insensible au seul aspect des lieux qui l'environnent, au changement des saisons, à l'état du ciel et de l'atmosphère? Cette influence est particulièrement remarquable sur certains tempéraments, mais il n'est personne qui ne la ressente à quelque degré[1]. Les langues sont remplies de métaphores qui marquent, de la manière la plus expressive et la plus poétique, ces harmonies des divers aspects du monde extérieur avec les divers états sensibles de notre âme. Il y a des lieux riants, il en est d'autres qui sont mornes et désolés; il y a des jours et des saisons où, comme disent tous les poëtes, classiques ou romantiques, la nature est en deuil. Nous sommes plus naturellement portés à la mélancolie, à la tristesse, à l'ennui, quand de sombres nuages couvrent le ciel, quand la pluie tombe; mais lorsque le ciel est serein, lorsque le soleil brille de tout son éclat:

Pacatumque nitet diffuso lumine cœlum

[1]. Maine de Biran lui-même peut être cité comme un exemple de ces natures qui sont particulièrement sensibles aux circonstances atmosphériques. Voici ce qu'en dit M. Naville : « Toute sa vie il subit au plus haut degré les influences du dehors ; le vent qui change modifie ses dispositions, l'état de son âme varie avec le degré du thermomètre. Son journal intime renferme des notes souvent très-détaillées sur la température, l'état du ciel, l'humidité ou la sécheresse de l'atmosphère. Vous croiriez avoir affaire à un physicien. Rien cependant de plus éloigné des habitudes et des goûts de l'auteur que l'observation scientifique. Si ces faits attirent son attention, c'est uniquement à cause de leur rapport avec ses impressions personnelles. Un temps humide ou sec, agité ou tranquille, se traduisent immédiatement dans telle disposition particulière de son être intellectuel et moral ; chaque saison, chaque état de l'atmosphère le retrouvent, en se reproduisant, triste ou gai, confiant ou découragé, enclin à des méditations paisibles ou attiré par les distractions du monde. » (*La vie et les pensées de Maine de Biran*, 1 vol. in-12.)

suivant l'admirable vers de Lucrèce, l'âme elle-même incline, sans autre cause, à la sérénité et au contentement. « L'air même et la sérénité du ciel, dit Montaigne, nous apportent quelque mutation[1]. » Nul, plus que Montesquieu, n'aurait ressenti cette influence bienfaisante du jour et de la lumière, à en juger d'après ce qu'il nous dit lui-même : « Je m'éveille le matin avec une joie secrète de voir la lumière ; je vois la lumière avec une sorte de ravissement et tout le reste du jour je suis content[2]. »

Le plus grand mal de la mort semblait aux anciens la privation de la lumière. Combien sont touchants, chez les tragiques grecs, les adieux à la lumière de ceux qui vont mourir? Aussi appelaient-ils les morts : ceux qui manquent de la lumière, *corpora luce carentum*[3]. Le soleil, a dit poétiquement Pline l'Ancien, dissipe la tristesse du ciel et rassérénit les nuages de l'âme humaine[4]. Telle est sans doute une des principales raisons pour lesquelles les peuples du Nord sont plus enclins à la mélancolie que ceux qui habitent sous le ciel riant du Midi.

Ce n'est pas seulement la nature extérieure, et

---

1. *Apologie de Raymond de Sébonde.*
2. *Pensées diverses.*
3. Virgile, *Géorgiq.*, IV.
4. « Sol cœli tristitiam discutit et nubila animi humani serenat. » (*Hist. nat.*, lib. II, cap. IV.)

notre propre corps, qui constamment agissent sur notre sensibilité, c'est notre esprit lui-même avec les idées qui s'y succèdent sans interruption. Que d'ombres ou de rayons, que de points noirs ou lumineux, que d'alternatives plus ou moins brusques, plus ou moins marquées, que de sentiments contraires se suivent sans interruption, sous l'influence des idées présentes à notre esprit! Disons encore qu'il n'est pas une seule idée, de quelque nature qu'elle soit, qui ne mène à sa suite quelque peu de peine ou de plaisir. Nulle perception, selon Leibniz, n'est complétement indifférente. « Il y a diverses sortes d'attrait et de répugnance, dit Ampère, dont sont accompagnées toutes ou presque toutes nos pensées[1]. » M. Taine a dit de même : « Toute idée, représentation ou conception a une double face. D'un côté elle est une connaissance, de l'autre elle est une émotion[2]. » Ajoutons encore que, selon Spencer, l'élément intellectuel et l'élément émotionnel de l'esprit sont inséparables. Tantôt c'est un objet représenté par notre imagination, une idée amenée par le cours capricieux de l'association et de la rêverie, tantôt une conception de notre esprit, ou même un simple rêve, qui change nos humeurs, qui nous égaye et nous relève, ou bien nous assombrit et

---

1. *Philosophie d'Ampère*, p. 339.
2. *De l'intelligence.*

nous abat. Quelles rapides métamorphoses, quels changements à vue dans nos sentiments! Qu'il faut peu de chose pour faire succéder le plaisir à la douleur! Qu'il en faut moins encore pour faire succéder la peine au plaisir!

La sympathie, comme nous venons de le voir, redouble encore et multiplie le jeu de la sensibilité en transportant les sentiments des autres dans notre propre cœur, de telle sorte qu'il n'est jamais vide, soit par lui-même, soit, pour ainsi dire, par voie d'emprunt. Gardons-nous d'oublier une autre grande et abondante source de sentiments, la volonté. D'une part tout acte de volonté réclame une intervention de la sensibilité, puisque nous ne pouvons rien vouloir sans le désirer, et de l'autre, tout acte de volonté, qui est un acte d'activité par excellence, ne peut se produire sans être accompagné d'un plaisir.

Rien ne prouve que l'anesthésie elle-même, cet état artificiel, dont le but est de suspendre la douleur, en supprimant momentanément la sensibilité, la supprime en effet d'une manière absolue. D'après les témoignages des chirurgiens et des témoins les plus dignes de foi, divers symptômes, les gémissements sourds, la sueur qui coule à grosses gouttes, indiquent que le malade opéré n'est pas sans souffrir et qu'il éprouve des sensations douloureuses, plus ou moins sourdes et confuses. Quand même il n'en aurait aucun souvenir à son réveil, il n'est pas certain qu'il n'ait rien senti. La mémoire peut manquer sans que la sensibilité ait fait défaut. Nous inclinons pour notre part à croire qu'il y a diminution, engourdissement, mais non extinction totale de sensibilité ; il n'y a sans doute de réelle et complète anesthésie que la mort même [1].

Ainsi, dans ces apparentes interruptions de la sensibilité, dans ce prétendu état d'indifférence qui, selon certains psychologues, prend place dans l'âme entre le plaisir et la douleur, il ne faut voir qu'un état relatif et non un état absolu. C'est le plus faible degré, un degré presque insensible, mais non l'extinction complète du plaisir et de la douleur, qui se tempèrent plus ou moins l'un par l'autre, mais qui ne se neutralisent jamais d'une manière absolue.

Concluons qu'il n'y a point dans l'homme de zéro, de *Nullpunct,* comme disent les Allemands,

---

1. Voir l'ouvrage de Ramon de la Sagra : *Démonstration de la réalité de l'âme déduite des effets du chloroforme,* etc., 1 vol. in-18, chez G. Baillière. — L'auteur soutient que la faculté de sentir n'est pas atteinte par les substances anesthésiques ; qu'elle peut même encore être exercée par l'âme, non pas sur des impressions nerveuses dont le cours est interrompu par les anesthésiques, mais sur des idées fournies auparavant et sur des impressions intérieures inconnues. — « Rien ne prouve, dit Durand de Gros, la privation absolue de la sensibilité dans l'anesthésie. » (*Polyzoïsme,* in-18, p. 258, bibliothèque Germer Baillière.)

mais au contraire une continuité ininterrompue, une omniprésence de sensibilité, *Allengegenwart*, suivant l'expression de Lotze. Entre le plaisir et la douleur, il n'y a pas de milieu; on ne peut nier l'un sans affirmer l'autre. Ce ne sont pas seulement des états contraires, mais contradictoires. Nous vivons et nous nous mouvons au sein de la sensibilité; tout notre être en est, pour ainsi dire, constamment baigné. S'il est vrai de dire, avec Descartes : l'âme pense toujours; il n'est pas moins vrai que l'âme sent toujours. *A priori*, la continuité de la cause exigeait la continuité de l'effet; en montrant, par l'expérience, comme nous venons de le faire, que la sensibilité ne souffre pas d'intermittence, nous avons achevé de prouver que nous ne nous sommes pas trompé sur le vrai principe de la sensibilité.

# CHAPITRE XII

## ANTÉRIORITÉ DU PLAISIR SUR LA DOULEUR.

De la nature de la douleur. — Que la douleur est inséparable du plaisir. — Enchaînement étroit de l'un et de l'autre. — Apologue de Socrate dans le *Phédon*. — Le plaisir est-il l'antécédent de la douleur ou la douleur du plaisir ? — Divers systèmes. — Aristote et Platon. — Opinion faussement attribuée à Platon par Aristote. — Le plaisir n'est-il que la cessation de la douleur ? — Partisans de cette doctrine chez les modernes. — Cardan, Verri, Kant. — Conséquences de cette doctrine. — Le plaisir est l'antécédent de la douleur. — La première manifestation de l'instinct est le plaisir. — Le plaisir mode positif, la douleur mode négatif. — Différence qualitative entre le plaisir et la douleur.

Nous venons de voir que la sensibilité est continue et non intermittente. Cette continuité ne se maintient qu'à travers des alternatives diverses de plaisirs et de douleurs. Comparons entre eux ces deux éléments opposés de la sensibilité; examinons quels sont leurs rôles, quelles sont leurs proportions réciproques dans la vie humaine. Déjà nous connaissons la cause de la douleur, puisque nous connaissons celle du plaisir, en vertu, comme nous l'avons déjà dit, de l'unité de la science des contraires. Ce que nous voudrions maintenant considérer c'est le rapport de la douleur avec le plaisir. Qui des deux précède ou suit l'autre? Qui des deux tient la plus grande ou la plus petite place dans la vie et dans le monde? Enfin, quelque dure qu'elle soit, la douleur n'a-t-elle pas des utilités qui en compensent l'amertume, ou même qui la rendent nécessaire, pour concourir, de concert avec le plaisir, à la conservation de notre existence et à l'accomplissement de notre destinée?

Le plaisir, nous l'avons vu, est l'attrait doux et puissant, la grâce prévenante, selon une expression empruntée aux théologiens, qui pousse tous les êtres vivants aux actes nécessaires à leur conservation. Par l'attrait du plaisir, les bêtes, comme dit Montesquieu, conservent leur être particulier; il en est de même des hommes, quoiqu'ils soient doués de la raison.

En dépit des déclamations de tous les stoïciens, de tous les ascètes, de tous les mystiques, anciens ou modernes, en dépit même de tous les abus et de tous les excès que nous en faisons, n'hésitons pas à dire que le plaisir nous a été donné pour notre bien, pour notre conservation, non pour notre corruption et notre ruine. Oui, le plaisir est le caractère naturel et incontestable d'un bien; le plaisir en lui-même est bon, comme l'a dit Malebranche, qui n'est rien moins qu'un épicurien, malgré l'accusation d'Arnauld.

Quant à nous, nous avons d'autant moins à redouter une pareille accusation que nous sommes obligé, sous peine de la plus grande des contradictions, de faire ici immédiatement une apologie tout à fait semblable de la douleur elle-même. D'abord il y a une connexion nécessaire, sur laquelle nous insisterons, entre le plaisir et la douleur, de telle sorte qu'il est impossible de concevoir que la douleur ne soit pas là où est le plaisir. En outre, la douleur prête le plus efficace, le plus énergique concours, pour notre conservation que le plaisir tout seul serait impuissant à garantir. Comme il ne s'agit ici que d'une étude de psychologie, et non de morale ou de théologie, nous ne traiterons de la douleur que dans ses rapports avec les conditions actuelles de l'humanité, avec la conservation de notre existence, sans nous engager dans aucun problème métaphysique sur l'existence, sur l'origine du mal et sur la façon dont on peut le concilier avec la divine Providence.

Platon, au commencement du *Phédon*, met dans la bouche de Socrate un ingénieux apologue où il montre cet enchaînement nécessaire du plaisir et de la douleur. Au matin du jour où Socrate doit mourir, ses amis, en entrant dans sa prison le trouvent assis sur son lit et frottant avec la main la jambe que le geôlier venait de délivrer d'une chaîne pesante. A une sensation douloureuse a succédé une sensation agréable de soulagement et de bien-être; de là cette réflexion de Socrate :

« L'étrange chose, mes amis, que ce que les hommes appellent le plaisir, et comme il a de merveilleux rapports avec la douleur qu'on prétend son contraire ! Car si le plaisir et la douleur ne se rencontrent jamais en même temps, quand on prend l'un, il faut accepter l'autre, comme si un lien naturel les rendait inséparables. Je regrette qu'Ésope n'ait pas eu cette idée, il en eût fait une fable, il nous eût dit que Dieu voulut réconcilier ces deux ennemis, mais que, n'ayant pu y réussir, il les attacha à la même chaîne ; que, pour cette raison, aussitôt que l'un est venu, on voit bientôt arriver son compagnon [1]. »

Comment, en effet, les détacher l'un de l'autre ? Quel moyen de faire que la privation d'un bien ne soit pas un mal, ou qu'il y ait un mal dont la cessation ne soit pas un bien ? Cette impossibilité est bien vivement mise en saillie par Pascal : « Nous sommes si malheureux que nous ne pouvons prendre plaisir à une chose qu'à la condition de

---

[1]. Traduction de M. Cousin. Tite-Live a dit comme Platon : « Labor voluptasque dissimillima natura, societate quadam naturali inter se juncta sunt. » (Lib. V, disc. d'Appius Claudius.)

nous fâcher si elle réussit mal, ce que mille choses peuvent faire et font à toute heure. Qui aurait trouvé le secret de se réjouir du bien sans se fâcher du mal aurait trouvé le point ; c'est le mouvement perpétuel. »

Tel est en effet le point qu'ont à chercher ceux que révolte l'existence de la douleur en ce monde et qui voudraient s'en affranchir pour ne garder que le plaisir. Mais, en attendant qu'il aient trouvé ce point, pas de plaisirs sans peine, selon le vieil adage. Dans son sermon sur les plaisirs, Bossuet développe en psychologue et en théologien ces deux vérités qui forment la division de son discours : « Les plaisirs sources de douleurs, les douleurs sources de plaisirs. » Plaisir et peine marchent de compagnie. Pas de plaisance sans déplaisance, pas de plaisir sans déplaisir[1]. Le plaisir ne saurait exister sans la douleur pour inséparable compagne ; la douleur le suit comme l'ombre la lumière. Il est tout aussi impossible de concevoir l'un sans l'autre que la montagne sans la vallée ou la vallée sans la montagne, que la face

---

1. Ce mot de déplaisir, qui est si bien fait, par opposition au mot plaisir, avait autrefois une force qu'il n'a plus aujourd'hui. Les héroïnes de Corneille, Chimène, Camille, Albine, Pauline, se plaignent, dans les situations les plus tragiques, de leurs déplaisirs. Aujourd'hui ce mot de déplaisir semble avoir perdu toute sa force et ne s'emploie plus guère que pour signifier quelque léger ennui, quelque petite contrariété.

convexe d'un verre sans sa face concave, qu'une étoffe ou bien une médaille sans le revers, suivant une expression de Leibniz. Les conditions de la douleur ne sont que les conditions retournées du plaisir. « Puisque tu es homme, dit à Agamemnon son vieux et fidèle serviteur, il faut que tu te réjouisses et il faut bien pareillement que tu sois affligé[1]. »

Mais, quelque étroite que soit cette connexion du plaisir et de la douleur, elle n'empêche pas qu'il y ait entre eux un certain ordre d'antécédence ou de priorité chronologique. Cherchons quel est celui des deux qui précède et qui, pour ainsi dire, a le pas sur l'autre : De ses deux faces opposées, quelle est la première sous laquelle se manifeste à nous la sensibilité? Le plaisir est-il la condition de la douleur ou bien la douleur la condition du plaisir? Quel est celui des deux qui n'est qu'une négation de l'autre?

La question a été agitée, et différemment résolue, par les anciens et par les modernes. Il semble que sur ce point, comme sur beaucoup d'autres, Platon et Aristote, qui tous deux ont si profondément étudié la nature du plaisir, soient tout à fait en désaccord. Mais le désaccord n'est qu'apparent, comme nous allons le voir ; osons même dire

---

[1]  Δεῖ δέ σε χαίρειν καὶ λυπεῖσθαι.
(Euripide, *Iphigénie*, 1re scène.)

qu'Aristote lui-même s'est trompé dans la façon dont il interprète la doctrine de Platon.

Nul philosophe, nul moraliste, n'a jamais distingué plus profondément que Platon les plaisirs du corps des plaisirs de l'âme, les plaisirs du sage de ceux de l'homme charnel, les vrais plaisirs des faux plaisirs. Pour bien comprendre sa doctrine il ne faut pas perdre de vue cette distinction. Quand il dit que le plaisir n'a pas de réalité propre, qu'il n'est qu'un mouvement, qu'il est toujours en génération, il a en vue les faux plaisirs, les jouissances du corps et non celles de l'âme. Tels sont les plaisirs dont il est question dans ce passage du *Philèbe :* « Les plaisirs du boire et du manger, qui sont les types de ces plaisirs inférieurs, ne peuvent exister qu'à la condition d'avoir été précédés par la douleur de la faim et de la soif. Ces plaisirs supposent antérieurement dans notre nature un vide, une brèche, qu'ils comblent et réparent[1]. » De là cette expressive métaphore de πλήρωσις, dont il se sert fréquemment pour marquer leur nature propre et le besoin dont ils sont la satisfaction. D'ailleurs, dans le *Gorgias*[2], dans la *République*, et même dans d'autres passages du *Philèbe*, il restreint expressément cette définition aux plaisirs du corps. « C'est, dit-il, la qualité

---

1. *Philèbe*, trad. Cousin, p. 352.
2. Voir la dernière partie, la discussion avec Calliclès.

commune à tous les plaisirs du corps d'être nécessairement précédés de la douleur, et c'est ce qui les a justement fait appeler serviles[1]. » Dans la *République*, il place, bien au-dessus des plaisirs du corps, d'autres plaisirs plus élevés qui sont sans mélange, qu'aucune douleur ne précède, qu'aucune douleur n'accompagne. D'ailleurs il combat lui-même, ce qui achève de mettre en lumière sa vraie doctrine, ceux qui prétendent que tout plaisir est une cessation de la douleur : « Je ne suis nullement de l'opinion de ceux qui veulent que tous les plaisirs ne soient qu'une cessation de la douleur, mais, comme je te le disais, je me sers d'eux, comme de devins pour prouver qu'il y a des plaisirs qu'on prend pour réels et qui ne le sont pas, et qu'un grand nombre d'autres, qui passent pour très-vifs, sont confondus avec des douleurs positives et des intervalles de repos au milieu de souffrances excessives, dans certaines situations critiques du corps et de l'esprit[2]. »

1. IX<sup>e</sup> livre. Mais il n'est pas vrai, comme il le dit dans ce même livre, que le malade qui prend pour un plaisir la cessation de a douleur prend l'ombre pour la réalité. Ce n'est pas une ombre mais bien une réalité que le retour de l'activité à l'ordre et à la loi.
2. *Philèbe*, trad. Cousin, p. 419. Voici encore un autre passage non moins explicite du IX<sup>e</sup> livre de la *République* : « Maintenant pour que tu ne sois plus tenté de croire qu'en cette vie la nature du plaisir et de la douleur se réduit à n'être, l'un que la cessation de la douleur et l'autre que la cessation du plaisir, considère des plaisirs qui ne viennent à la suite d'aucune douleur. » *(Ibid.)* Puis

Ainsi Platon lui-même avoue ici que, dans une intention morale, il a été au delà de la vérité en dépouillant de toute réalité les plaisirs du corps, pour les réduire à une simple négation de la douleur. Nous pourrions d'ailleurs, s'il en était besoin, après le témoignage de Platon lui-même, nous appuyer encore sur l'autorité d'un certain nombre de philosophes platoniciens de l'antiquité qui, avec les mêmes textes du *Philèbe* et de la *République*, ont parfaitement démontré que la doctrine de Platon ne différait pas essentiellement de celle d'Aristote. Cependant citons la critique que fait Aristote, quoique à tort, de la doctrine de Platon : « Cette doctrine, dit-il, semble avoir été tirée des plaisirs et des souffrances que nous pouvons éprouver en ce qui regarde les aliments. Quand on a été privé de nourriture et qu'on a préalablement souffert, on sent une vive jouissance à satisfaire son besoin. Mais il n'en est pas de même pour tous les plaisirs. Jamais ceux que donne la culture des sciences ne sont accompagnés de douleur, et même, parmi les plaisirs des sens, ceux de l'odorat, de l'ouïe et de la vue, n'en sont pas accompagnés davantage. Et quant aux plaisirs de

il énumère un certain nombre de plaisirs et parmi eux il place même les plaisirs de l'odorat, quoiqu'ils soient des plaisirs du corps. Aristote néanmoins opposera à Platon, dans un passage que nous citons, ces plaisirs de l'odorat comme n'étant pas précédés d'une douleur.

la mémoire et de l'espérance, il en est bon nombre que la douleur n'accompagne jamais. De quoi ces plaisirs pourraient-ils donc être des générations, puisqu'ils ne correspondent à aucun besoin dont ils puissent devenir la satisfaction naturelle[1]? »

Aristote a sans doute raison; on ne peut mieux montrer la fausseté de la doctrine qui donne à tous les plaisirs, sans exception, un besoin, une douleur pour antécédent. Mais cette critique, encore une fois, ne saurait justement s'adresser à Platon qui, non moins bien qu'Aristote, et avant lui, a enseigné que certains plaisirs, surtout les plus élevés de notre nature, ne sont pas au prix de la satisfaction d'un besoin préalable.

Quoi qu'il en soit, et sur la foi d'Aristote, bon nombre d'historiens et de philosophes ont faussement attribué à Platon ce sentiment de la génération du plaisir par la douleur. Rien de moins favorable au plaisir qu'une semblable doctrine, à la prendre dans toute sa rigueur. Jamais plaisir ne serait acheté que par la douleur, et il faudrait nécessairement passer par la peine pour rencontrer la joie. Il semble que nous sommes bien loin de la philosophie d'Épicure. Cependant c'est de là même que veut la faire dériver M. Dumont, dans sa classification ingénieuse, mais un peu ar-

---

1. *Morale à Nicomaque*, liv. X, chap. II.

tificielle, des systèmes sur le plaisir[1]. Il la rapporte à Épicure lui-même, par une généalogie fort inattendue, pour la faire passer ensuite, à travers toute l'histoire de la philosophie, à des philosophes et à des écoles qui, en fait de morale et de plaisir, sont précisément à l'extrémité opposée des doctrines épicuriennes. L'ascétisme et l'épicurisme sont-ils donc la même chose, tous deux aussi peu favorables l'un que l'autre au plaisir ?

Sans doute, il y a ici quelque confusion ou méprise. Il ne faut pas prendre le *nihil dolere* d'Épicure pour une définition du plaisir, mais pour l'état auquel le sage doit aspirer, pour le bonheur du sage qui est la résultante du bon gouvernement de soi-même et qui ne doit pas être confondu avec le plaisir lui-même.

Malgré cette prétendue origine épicurienne, nous ne voyons pas que cette doctrine ait eu beaucoup de partisans chez les anciens. M. Dumont lui-même ne peut pas nous en signaler quelques-uns avant l'époque de la Renaissance ou dans les temps modernes. Ce ne sont d'ailleurs que des penseurs isolés qui ne forment point une école et qui ne songent nullement à rapporter, soit à Platon, soit à Épicure, cette triste et mélancolique notion de la nature purement négative du plaisir.

---

1. *Théorie scientifique de la sensibilité*, chap. II.

De tous ces rares partisans, le plus original, comme le plus convaincu, est assurément le fameux Cardan. Non content de la professer en théorie, il a voulu en faire l'application à lui-même, dans la conduite de la vie et dans la recherche bien entendue du bonheur, sans reculer devant les conséquences extrêmes du principe, c'est-à-dire en se procurant ingénieusement à lui-même des douleurs, dans le but de se procurer des plaisirs. Ainsi il raconte qu'il avait l'habitude de chercher à se donner à lui-même des causes de douleur, quand elles venaient à lui manquer, persuadé que la volupté consiste dans l'apaisement d'une douleur antérieure[1]. Il est même si convaincu de l'excellence de cette singulière méthode, qu'il trouve fort étrange que plusieurs eussent l'air de s'en étonner. Voilà assurément un genre de vie qui semble plus d'accord avec les pratiques des anachorètes qu'avec les maximes d'Épicure. M. Dumont cite un passage où Montaigne s'est plu à ne représenter le plaisir que comme une privation du mal; mais il faut plutôt y voir un trait lancé contre notre misérable condition qu'un système ou même une opinion : « La misère de notre condition porte que nous n'avons pas tant à jouir qu'à fuir, et que l'extrême volupté ne

---

1. *De vitâ propriâ*, cap. VI.

nous touche pas comme une légère douleur... Notre bien-être, ce n'est que la privation d'être mal[1]. »

Leibniz semblerait pencher pour la même doctrine, mais non sans beaucoup l'adoucir au moyen des douleurs imperceptibles ou demi-douleurs : « Dans le fond, dit-il, sans ces demi-douleurs, il n'y aurait pas de plaisir et il n'y aurait pas moyen de s'apercevoir que quelque chose nous aide et nous soulage, en ôtant quelques obstacles qui nous empêchent de nous mettre à notre aise[2]. » La nature, dit-il encore, nous a donné ces demi-douleurs pour que nous jouissions de l'avantage du mal sans en avoir l'incommodité.

Dans un de ses ingénieux dialogues des morts, entre Apicius et Galilée, Fontenelle a effleuré cette question. Peut-on trouver de nouveaux plaisirs comme on trouve de nouvelles connaissances : voilà le sujet de ce dialogue. « Quoi, chaque plaisir, s'écrie Apicius, serait fondé sur un besoin ! J'aimerais autant abandonner l'un pour l'autre. La nature ne nous aurait donc rien donné gratuitement ? » — Galilée : « Ce n'est pas ma faute. »

Un des partisans les plus décidés de cette doctrine, après Cardan, est le philosophe italien Verri, auteur d'un discours sur le plaisir et la douleur où il soutient que les plaisirs des beaux-arts ont

---

[1]. *Essais*, liv. II, chap. XII.
[2]. Édit. Erdmann, p. 248.

eux-mêmes pour antécédents certaines douleurs, peu distinctes, il est vrai, et innommées[1].

Kant, qui avoue d'ailleurs avoir emprunté cette doctrine à Verri, envisage aussi la douleur comme l'antécédent et la condition même du plaisir. Le plaisir, selon Kant, est le sentiment de la promotion de la vie, tandis que la douleur est le sentiment de ce qui lui fait obstacle; or, comme la promotion suppose l'empêchement, le plaisir suppose la douleur. Tout plaisir n'est donc qu'un allégement, une délivrance de la peine. La douleur est l'état continu de notre nature, le mobile qui sans cesse nous pousse au changement, tandis que le plaisir n'est qu'un état passager, apparaissant, par courts intervalles, au milieu de la série ininterrompue de nos inquiétudes, de nos désirs, de nos besoins. Par une conséquence qui semble rigoureusement découler de cette doctrine, mais qui, à notre avis, n'est nullement d'accord avec l'expérience, il soutient encore, d'après Verri, que deux plaisirs consécutifs sont impossibles, une douleur quelconque devant toujours nécessairement prendre place entre l'un et l'autre[2]. Nous

---

[1]. *Discorso sull'indole del piacere e del dolore.* « I piaceri delle belle arti nascono di dolori innominati. » (Chap. VIII.) Ce discours est compris dans les *Opere filosofiche*, edizione novissima, Paris, 1784.

[2]. *Anthropologie*, trad. Tissot. Voir le chapitre du Sentiment du Plaisir et de la Douleur.

croyons, contrairement à Kant et à Verri, qu'il arrive fréquemment que deux plaisirs se suivent et s'associent, comme ceux de l'odorat ou du goût ou, comme à l'Opéra, le plaisir des yeux et des oreilles, sans qu'il soit possible de discerner aucune douleur qui se glisse et s'intercale, pour ainsi dire, nécessairement entre eux.

Si Aristote a tort de prêter à Platon une doctrine qui, comme nous l'avons montré, n'est pas la sienne, nous croyons qu'il a raison contre les anciens et les modernes, quels qu'ils soient, qui n'ont vu dans le plaisir que la satisfaction d'un besoin pénible ou, ce qui revient au même, que la cessation d'une douleur. Le plaisir ne consiste pas toujours dans un retour à sa nature propre du sujet sentant qui s'en est plus ou moins écarté. S'il y a, en effet, ce que nous ne contestons nullement, des plaisirs qui consistent dans la réparation de quelque mal ou imperfection, il en est d'autres, bien plus nombreux, qui naissent dans une nature en équilibre et sans défaut, ou bien dans une nature réparée, de l'action même et du libre jeu de nos facultés[1]. Voilà ce que l'auteur de la *Morale à Nicomaque* démontre avec la connaissance la plus exacte et la plus approfondie de la nature et du cœur de l'homme.

---

1. *Morale à Nicomaque*, liv. X, chap. II, et *Grande morale*, liv. II, chap. IX.

Il y a sans doute lieu de faire une distinction entre ces deux sortes de plaisirs, en raison des circonstances diverses au milieu desquelles ils prennent naissance, mais les uns et les autres ont toujours, ce qu'il ne faut pas perdre de vue, une même cause, à savoir l'activité de l'âme humaine, tantôt suivant librement son cours normal, tantôt le reprenant, après en avoir plus ou moins dévié, après avoir surmonté les divers obstacles qui le troublaient et le suspendaient. Les uns et les autres sont d'ailleurs des plaisirs au même titre, non moins réels les uns que les autres. Platon a tort de dire que le malade qui prend pour un plaisir la cessation de la douleur prend l'ombre pour la réalité. Il y a sans doute des plaisirs que, par l'effet du contraste, la douleur rend plus saillants, comme la santé après la maladie. mais il n'en est pas qui prennent réellement naissance dans le sein de la douleur elle-même, sinon il faudrait donner raison à Cardan, sinon le pessimisme de Schopenhauer serait justifié. La racine de ces plaisirs qui succèdent à une douleur n'est pas dans la cessation même de cette douleur mais bien dans l'activité qui, après avoir triomphé d'un arrêt ou empêchement quelconque, reprend son cours et se développe de nouveau conformément à sa loi.

La question de savoir si la douleur est l'antécédent du plaisir, ou le plaisir l'antécédent de la douleur se trouve par là même implicitement résolue.

S'il est vrai que tout plaisir a pour cause le jeu de notre activité et toute douleur un arrêt de cette même activité, une entrave, un trouble quelconque à ses divers modes d'action, il faut bien reconnaître, contrairement à Cardan, à Montaigne, à Kant et à Verri, et même à Leibniz, que le fait primitif est le plaisir et non pas la douleur. Sans doute, à prendre au hasard quelques anneaux de la chaîne ininterrompue de nos plaisirs et de nos douleurs, tantôt on verra une douleur précéder un plaisir, tantôt un plaisir précéder une douleur, selon les anneaux interceptés, selon le point où la chaîne aura été coupée. Mais qu'on remonte à l'origine même d'une série, l'expérience, d'accord avec le raisonnement, montrera toujours qu'un plaisir a précédé la douleur, que toute douleur, ou même toute série de douleurs, a dû avoir et a eu un premier terme qui est le plaisir. Arrêt, suspension, choc, empêchement, épuisement, excès, toutes choses sans lesquelles il n'y aurait point de douleur, supposent pour condition antérieure un développement régulier, un équilibre, une évolution normale, qui n'a pas eu lieu, quelque courte qu'on la suppose, sans un sentiment de plaisir. Comment imaginer un arrêt, une suspension, un choc, là où d'abord il n'y aurait pas eu au moins quelques pas en avant dans la bonne voie, là où déjà ne se serait pas manifesté quelque commencement de ce déploiement régulier d'activité dont l'accompagnement est toujours le plaisir?

On peut le prouver encore par l'analyse de nos sensations et de nos instincts. Ce n'est pas un besoin pénible, comme l'ont pensé quelques auteurs, mais au contraire un plaisir qui accompagne notre activité et qui la pousse en telle ou telle direction salutaire à notre conservation. Avant de se faire sentir par une douleur, l'instinct se manifeste par une incitation agréable. Verri a tort de dire que l'appétit de boire et de manger ne peut nous exciter avant que nous ayons supporté la douleur de la faim et de la soif[1]. Il n'est pas vrai non plus que : « chaque appétit, comme le dit Reid, soit accompagné d'une sensation désagréable qui lui est propre et qui est plus ou moins vive suivant la vivacité du désir que l'objet nous inspire[2]. »

Il y a là, croyons-nous, une grave erreur sur la première manifestation de l'instinct; c'est prendre pour la phase primitive ce qui n'est qu'une phase ultérieure. L'appétit, au sens spécial de première manifestation du désir de boire et de manger, non-seulement n'a rien de pénible, mais,

1. *Del piacere e del dolore*, chap. XI.
2. *Œuvres*, t. IV, p. 38, trad. Jouffroy.

chacun le sait, a quelque chose d'agréable. Ce n'est que lorsqu'il n'est pas satisfait à temps, ou d'une manière suffisante, qu'il se transforme en une souffrance qui est la faim[1]. De même aussi en est-il de l'instinct du sexe. Pour passer à des instincts d'un autre ordre, le désir de connaître qui éveille la curiosité, qui met en jeu nos facultés intellectuelles, est d'abord une incitation agréable; il ne deviendra une peine qu'après la déception des vaines recherches, après la stérilité d'efforts tentés pour vaincre l'ignorance.

Tel est donc le caractère de toutes les manifestations primitives de l'instinct. Le besoin, la douleur, ne viennent qu'après l'attrait et le plaisir. Mais, quelque promptement que la douleur suive, toujours le plaisir a précédé, ne fût-ce même que d'un instant imperceptible. Il ne faut pas, comme Verri, opposer les cris de douleur de l'enfant dès qu'il vient au monde; ces cris arrachés par la vivacité de tant d'impressions nouvelles n'ont-ils pas eu pour antécédent le bien-être dans le ventre de la mère? Descartes a raison de dire : « Je juge que la première passion de l'âme a été la joie, parce qu'il n'est pas croyable que l'âme ait été mise dans le corps, sinon lorsqu'il a été bien disposé, et que lorsqu'il a été bien

---

[1] « The appetite for eating commences with a pleasant feeling. » (Bain, *Intellect.*, etc., p. 145.)

disposé, cela nous donne naturellement de la joie[1]. »

Si, dans toute existence sentante, le premier moment est au plaisir et le second seulement à la douleur, ce n'est pas le plaisir qu'il faut définir par la privation de la douleur, mais la douleur par la privation du plaisir. En d'autres termes, des deux grands modes opposés de la sensibilité, le mode positif, pour parler la langue des physiciens, est le plaisir, tandis que le mode négatif est la douleur. Selon Schopenhauer, en opposition peut-être à la doctrine de la négativité du mal de Leibniz, c'est la douleur et non la jouissance, qui est le terme positif[2], doctrine qui, d'ailleurs, se rattache à tout son pessimisme. Par tout ce qui précède nous croyons avoir amplement démontré le contraire, ce qui cependant n'ôte rien à la douleur de son amertume et de sa triste réalité, si on la considère, non en elle-même, mais par rapport à nous.

Enfin quelques philosophes, parmi lesquels Hartmann, ont prétendu qu'entre le plaisir et la

[1]. *Lettre à Chanut*, édit. Cousin, t. X, p. 8.
[2]. *Der Schmerz, nicht der Genuss, ist das Positive* (*Die Welt als Wille und Vorstellung*, IV° liv., chap. XLVI). Il a été combattu sur ce point par Hartmann. *Kritik der Schopenhauer'schen Theorie von der Negativitaet der Lust.* (*Philosophie des Unbewusten*, 3° partie.) Hartmann soutient qu'il y a des plaisirs qui ne naissent pas de la cessation de la douleur, mais qui sortent directement du point d'indifférence, *Nullpunct*, de la sensation, tels que les plaisirs de la science, de l'art, etc.

douleur il n'y avait qu'une différence quantitative et non qualitative. Selon nous, il y a une différence de nature, et non pas seulement de degré, entre le plaisir et la douleur. Ils sont séparés, non pas par le plus ou le moins, mais par une grande ligne de démarcation qui est l'activité normale; ce qui est en dessus ou en dessous de cette ligne, voilà le domaine de la douleur; ce qui se produit en proportion, en harmonie avec l'activité normale, voilà le domaine du plaisir. Entre les deux, il y a quelque chose de plus qu'une différence de quantité, comme entre le chaud et le froid; il y a une différence de qualité fondée sur ce qui est conforme, ou sur ce qui n'est pas conforme à notre nature. Plus l'accord est grand, plus grand est le plaisir; plus grand est le désaccord, plus grande est la douleur.

# CHAPITRE XIII

### UTILITÉ DE LA DOULEUR.

*Utilité de la douleur pour la conservation de notre être. — Péril continuel de mort pour tout être vivant sans l'avertissement de la douleur. — Insuffisance du plaisir. — Diverses hypothèses imaginées par Bayle pour mettre à la place de la douleur quelque avertissement plus doux. — Voix de la raison. — Idée claire du péril. — Gradation ascendante et descendante du plaisir. — Aveu de Bayle. — Concession faite à Bayle par Leibniz. — Inefficacité d'un simple pressentiment du mal. — Hypothèse de Malebranche et de quelques théologiens pour soustraire à la douleur Adam avant la chute. — Insuffisance des simples dégoûts contre la distraction ou la passion. — La mort seule remplacerait la douleur si la douleur pouvait être retranchée. — Nécessité de la douleur au point de vue de la vie physique.*

Non-seulement la douleur ne se laisse pas détacher du plaisir; non-seulement l'un et l'autre, suivant l'apologue de Socrate, sont liés par un lien indissoluble, mais il nous est impossible de concevoir que, sans la douleur, aucun être vivant puisse se maintenir dans l'existence. Nous ne pouvions conserver notre vie qu'au prix de la douleur, voilà comment la douleur semble justifiée, même sans recourir à aucune autre considération, d'un ordre différent, empruntée à la religion ou à la morale.

Sans doute le plaisir nous avertit doucement, amicalement, pour ainsi dire, de ce qui nous est bon, sans doute il nous pousse dans les voies conformes à notre nature, mais il fallait encore, pour assurer efficacement notre salut, le ressort plus énergique de la douleur. Bayle, si ingénieux et si empressé à inventer ou à mettre en relief une foule de contradictions et d'antinomies au profit du scepticisme, ne cesse pas de mettre la douleur en opposition avec la perfection infinie de Dieu. « Si une souveraine intelligence eût établi, dit-il, les lois du sentiment, elle aurait entièrement banni de l'univers tous les sentiments douloureux. » Nous pouvons d'abord opposer ici à Bayle le jugement de Voltaire qui, quoique fort enclin lui-même au scepticisme et au pessimisme, quoique l'auteur de *Candide* et du *Tremblement de terre de Lisbonne* nous semble avoir apprécié beaucoup plus équitablement le rôle de la douleur et de la Providence dans ces beaux vers d'une sage philosophie :

> Mortels, à vos plaisirs reconnaissez un Dieu.
> Que dis-je à vos plaisirs ? C'est à la douleur même
> Que je connais de Dieu la sagesse suprême.
> Ce sentiment si prompt dans nos corps répandu,
> Parmi tous vos dangers sentinelle assidu,

D'une voix salutaire incessamment nous crie :
Ménagez, défendez, conservez votre vie [1].

Cependant je ne veux pas, je le répète, même avec Voltaire, prendre la question de si haut, ni chercher à faire ici une justification de la divine Providence. Je laisse de côté la théodicée, pour demeurer enfermé dans la psychologie, ne considérant la douleur qu'au regard de l'homme et des conditions actuelles de son existence. Or, avec la meilleure foi du monde, je demande ce qui, dans l'intérêt de notre conservation physique, aurait pu tenir la place de ces sentiments douloureux qui nous font sentir les besoins de notre nature, qui nous avertissent que notre machine se dérange, qui nous retiennent sur les pentes glissantes, qui nous préservent de distractions fatales, au bout desquelles sont infailliblement la destruction et la mort. Un seul d'entre nous serait-il encore du nombre des vivants, si la douleur ne nous prévenait pas, quand notre attention est ailleurs, du fer qui pénètre dans nos chairs, du feu qui désorganise nos tissus, ou de la nécessité de ne pas demeurer plus longtemps sans boire, sans manger ou même sans dormir ?

Supposez que cette courte anesthésie, que le chirurgien produit artificiellement, et pendant

---

1. *Cinquième discours sur l'homme.*

laquelle il nous coupe un membre à notre insu, devienne l'état normal de notre existence, nous ne ferions pas un mouvement sans être en danger de mort. « Si l'âme, dit Malebranche, n'apercevait que ce qui se passe dans sa main quand elle se brûle, si elle n'y voyait que le mouvement et la séparation de quelques fibres, elle ne s'en mettrait guère en peine et elle pourrait même y prendre quelque satisfaction comme ces fantasques qui se divertissent à tout rompre dans leurs emportements et leurs débauches[1]. » Ailleurs encore, il dit, avec non moins de vérité : « Ne serions-nous pas souvent en peine de savoir si nous nous chauffons ou si nous nous brûlons? N'arriverait-il pas quelquefois que nous nous donnerions la mort par inadvertance, par chagrin, ou même par curiosité pour apprendre l'anatomie[2]? »

Si nous n'étions pas promptement et vivement avertis de nous mettre en garde contre toutes les causes de destruction qui, à chaque instant, nous menacent, la mort serait continuellement sur nos têtes, avant même que nous eussions soupçonné l'approche d'un danger. « Il a fallu, comme a bien dit Bossuet, que l'âme fût invitée à prendre soin du corps par quelque chose de fort[3]. » Ce quelque

---

1. *Recherche de la vérité*, Ier liv., chap. x.
2. *Conversations chrétiennes.*
3. *Traité de la connaissance de Dieu et de soi-même*, quatrième

chose de fort, c'est la douleur et rien que la douleur ; tout le reste est faible et impuissant. Cherchons, en effet, si à ce dur avertissement quelque autre pouvait être substitué, moins cruel et plus facile à concilier avec la bonté infinie du Créateur. Était-il possible, par exemple, que quelque sensation agréable, que le plaisir, proportionné diversement, d'après une certaine règle et sur une certaine échelle, remplît pour notre bien cet office salutaire, mais dur, de la douleur? Plus de douleur ; le plaisir à la place de la douleur, et rien que le plaisir, quoi qu'il arrive, voilà sans doute un beau rêve, mais aussi une bien dangereuse illusion. Malheur en effet au genre humain si ce beau rêve venait à être réalisé, si la douleur était un jour proscrite pour faire place au plaisir tout seul! Supposez quelque dieu malin et trompeur, semblable à celui que Descartes a imaginé pour pousser jusqu'au bout son doute provisoire ; de tous les piéges, le plus perfide que ce génie du mal pût tendre à l'espèce humaine serait assurément cette substitution, si avantageuse en apparence, du plaisir à la douleur, de quelque façon que ce plaisir à contre-temps soit tempéré ou gra-

---

partie. « C'est pour nous conserver, dit aussi Rousseau, que la nature nous fait sentir nos besoins. La douleur du corps n'est-elle pas un signe que la machine se dérange et un avertissement d'y pourvoir? » (*Profession de foi du Vicaire savoyard.*)

dué. Eh quoi! quand, sous peine de la vie, il faut s'abstenir, s'arrêter, à l'instant même, quand il faut tout à coup rebrousser chemin, nous n'aurions, pour nous avertir, que le plaisir qui par sa nature nous charme, qui nous retient, qui nous attire, qui nous pousse en avant, au lieu de nous faire brusquement retourner en arrière! Dans un si étrange bouleversement des lois de la nature et de la raison, qui pourrait donc encore se défendre contre la mort? Car enfin, comme dit naïvement Agnès, dans l'*École des femmes* :

**Le moyen de chasser ce qui nous fait plaisir!**

Quelle ruse infernale, quelle douceur perfide! Le miel serait au bord de la coupe, non pas pour faire boire à l'enfant, suivant la comparaison de Lucrèce et du Tasse, le breuvage amer qui doit le sauver, mais bien le poison mortel qui le tuera!

Mais s'il est contradictoire que ce qui doit nous retenir soit précisément ce qui, par sa nature, nous incite et nous attire, la douleur, à tout le moins, ne pouvait-elle être remplacée par quelque autre avertissement qui ne fût pas une torture en même temps qu'un avis salutaire, qui s'adressât, par exemple, uniquement à l'intelligence et non à la sensibilité? Ne suffisait-il pas d'une voix intérieure, nous criant de prendre garde à nous, d'un simple conseil, ou plutôt d'un ordre clair et pressant de la raison ? C'est une des hypothèses imaginées par Bayle qui tient si fort à prouver que les sentiments de douleur n'étaient pas nécessaires aux animaux pour les mettre en garde contre ce qui peut leur nuire : « Que l'âme, dit-il, ait à point nommé une idée claire du péril qui environne sa machine, que cette idée soit suivie de la même promptitude des esprits animaux qui accompagnent aujourd'hui le sentiment de douleur, on s'éloignera du péril toutes les fois qu'il le faudra, comme on s'en écarte présentement[1]. » Sans doute ce mode d'avertissement aurait quelque avantage sur le précédent. Du moins ne pourrait-on lui reprocher la même perfidie, du moins, si nous ne sommes pas retenus, nous ne serions pas poussés du côté même où est le péril, et dont il faut se détourner. Mais cette simple idée, cette idée claire, serait-elle efficace ? Que de fois, dirons-nous encore avec Malebranche, la passion, ou une simple distraction, ne nous empêcherait-elle pas d'écouter ces avis de la raison, même les plus impérieux, même les plus essentiels à notre existence, s'ils n'étaient pas immédiatement sanctionnés par la douleur ? Sans l'accompagnement ou sans l'appréhension de la douleur, combien de fois l'idée toute seule du péril, aux prises avec la passion, ne

---

1. *Réponses aux questions d'un provincial*, chap. LXXVII. « Si les sentiments de la douleur sont nécessaires. »

serait-elle pas impuissante pour agir, aussi promptement qu'il le faudrait, sur les résolutions de notre esprit, sur les mouvements de notre corps, pour avoir enfin cette efficacité qu'il plaît à Bayle de lui attribuer? Ajoutons, d'ailleurs, qu'en admettant que ce moyen fût bon pour l'homme, assurément il ne le serait pas pour l'enfant et encore bien moins pour les êtres qui ont la vie et le sentiment en partage sans la raison.

Prenons l'homme lui-même jouissant de toute sa raison ; pour peu que cette raison fût occupée ailleurs et qu'il fût distrait en quelque manière, non pas comme Archimède, mais par la plus futile des causes, combien souvent l'idée claire et pressante du péril ne serait-elle pas impuissante à le retenir?

Mais Bayle lui-même semble n'avoir que peu de foi dans le moyen qu'il vient de proposer, car il laisse bientôt la raison et l'idée claire du péril pour chercher de nouveau, dans le sentiment et dans le plaisir, quelque autre moyen de conservation, tout en écartant la douleur. En effet, passant à une nouvelle hypothèse, il entreprend de montrer que le Créateur aurait bien pu, s'il l'avait voulu, substituer à la douleur un autre genre d'avertissement, par une certaine disposition, par une gradation ascendante ou descendante du plaisir. Voici comment il expose cette autre invention, non moins vaine, selon nous, et non moins chimérique que la précédente.

« Les animaux pourraient, dit-il, éviter ce qui peut leur nuire aussi promptement, aussi sûrement, par le seul attrait des plaisirs augmentés ou diminués, selon certaines proportions. Un avant-goût de joie plus grande à recueillir sur une chaise éloignée d'un grand feu ne vous ferait-il pas quitter le voisinage de ce grand feu, sans qu'il fût besoin que vous en sentissiez l'incommodité[1]? »

Cette supposition a été critiquée par Leibniz. « Cet auteur, dit-il, le pousse trop loin. Il semble croire qu'un sentiment de plaisir pouvait avoir le même effet, et que pour empêcher un enfant de s'approcher trop près du feu, Dieu pouvait lui donner des idées de plaisir à mesure de son éloignement. Cet expédient ne me paraît pas bien praticable à l'égard de tous les maux, si ce n'est par miracle. Il est plus dans l'ordre que ce qui causerait un mal, s'il était trop proche, cause quelque pressentiment du mal, lorsqu'il l'est un peu moins. » Jusqu'ici nous sommes d'accord avec Leibniz ; mais nous n'admettons pas la concession qu'à la suite de ce même passage il croit devoir

---

[1]. *Réponses aux questions d'un provincial*, chap. LXXVII. A notre avis, Bayle est bien loin d'avoir démontré la fausseté de l'utilité prétendue de la douleur, comme le croit M. Dumont (*Théorie scientifique de la sensibilité*, dernier chapitre).

faire à Bayle. « Cependant j'avoue que ce pressentiment pourra être quelque chose de moins que la douleur, et ordinairement il en est ainsi. De sorte qu'il paraît, en effet, que la douleur n'est pas nécessaire pour éviter le péril présent ; elle a coutume de servir plutôt de châtiment de ce qu'on est engagé effectivement dans le mal, et d'admonition de n'y pas retomber une autre fois[1]. » Quelque chose de moins que la douleur serait, à notre avis, tout à fait impuissant contre la distraction ou la passion ; d'ailleurs, nous ne comprenons pas que dans un pressentiment du mal il n'y ait pas déjà de la douleur.

Mais, de même que Leibniz, nous sommes convaincu que ce subtil expédient ne paraît guère praticable à l'égard de tous les maux. On comprend à la rigueur qu'il s'applique à des maux qu'on peut faire croître ou diminuer à volonté, en s'approchant ou en s'éloignant de l'objet qui les cause, comme le feu d'une cheminée. Mais comment l'ajuster à ces maux qu'on porte avec soi, à des lésions d'organes, à des maladies ? D'ailleurs, à supposer que l'expédient fût partout applicable, serait-il toujours efficace ? Combien sera moins énergique l'attrait d'un plaisir plus grand, ou l'appréhension d'un moindre plaisir, que le frein d'une

---

1. *Essais de théodicée*, part. III, § 349.

douleur aiguë et croissante ! Pour faire réussir l'expédient de Bayle, Leibniz a donc bien raison de dire qu'il ne faudrait rien moins qu'un miracle.

Mais d'ailleurs Bayle semble bientôt lui-même faire bon marché de tous ces expédients imaginés pour affranchir sans péril l'espèce humaine de cette médecine amère de la douleur. Bientôt il les met de côté, après s'en être quelque temps servi dans l'unique but de chagriner les défenseurs de l'optimisme et de la Providence. Par une manœuvre qui lui est familière, il rejette l'arme qu'il vient de manier, pour en saisir une nouvelle. Contraint d'avouer que, dans l'état où les choses sont réduites, les sentiments douloureux sont nécessaires pour nous mettre à l'abri de plus grands maux, il fait volte-face et il se hâte de tirer avantage de cet aveu en faveur du manichéisme qu'il se fait un jeu, on le sait, d'opposer à tous les autres systèmes comme le plus plausible de tous. « Si le bon principe, dit-il, eût agi seul, il n'eût destiné à conserver les animaux qu'une suite continuelle de moyens commodes et agréables, mais n'ayant pu tailler en plein drap et ayant trouvé des obstacles de la part du mauvais principe, il a fallu qu'il se contentât de tirer quelque profit des douleurs que son adversaire répandait à pleines mains sur toutes les créatures. » Laissons Bayle se réfugier dans le manichéisme et contentons-nous de cet aveu, qui nous suffit, que la douleur était indispensable « dans l'état où les choses sont réduites ».

Il est curieux de voir Malebranche, à l'exemple de quelques Pères de l'Église et de quelques théologiens, chercher, avec son génie non moins subtil que celui de Bayle, quelque moyen de soustraire à la douleur, non pas l'homme déchu, mais Adam avant la chute, c'est-à-dire l'homme parfait selon la théologie, et reprendre une question qui avait déjà fort embarrassé, avant lui, un certain nombre de théologiens, parmi lesquels saint Augustin[1] et saint Thomas[2]. Dans le premier livre de la *Recherche de la vérité*, peu fidèle en ce point, comme en bien d'autres, à la méthode de son maître Descartes, il imagine, pour déter-

---

1. On peut voir dans le livre XIV de la *Cité de Dieu* ses singulières imaginations pour soustraire le premier homme, avant la chute, aux plaisirs des sens et aux mouvements de la concupiscence.

2. Voir dans la *Somme* la question 108, art. II : *Utrum homo in statu innocentiæ fuisset passibilis*. Saint Thomas le suppose à l'abri de toute passion qui consiste en un changement contre sa nature, mais non pas de changements ou passions conformes à sa nature, lesquelles sont une perfection. Mais son corps mou ne pouvait-il être heurté par quelque corps dur ? Voici la réponse de saint Thomas, qui fait intervenir la Providence pour écarter d'Adam les ronces et les pierres : « Poterat præservari ne pateretur læsionem ab aliquo duro, partim quidem per propriam rationem per quam poterat nociva vitare, partim etiam per divinam providentiam, quæ sic ipsum tuebatur ut nihil ei occurreret ex improviso a quo læderetur. »

miner la véritable fin des sens et leur légitime usage, rendre compte du trouble que le péché y a apporté, de rechercher de quelle façon ces mêmes sens devaient se comporter à l'égard d'Adam avant la chute. Que d'esprit il dépense vainement, que de subtiles conjectures il accumule pour élever cet homme prétendu parfait au-dessus du joug des sens et des atteintes, même les plus légères, de la douleur, sans compromettre son existence ! Mais, malgré tous les efforts de son imagination, il ne réussit pas à concevoir un état de perfection et de bonheur où la douleur n'aurait pas quelque prise sur cet être privilégié, sans courir le risque de le laisser en péril, au milieu même du paradis terrestre. Il s'efforce en sa faveur de la réduire au minimum en quelque sorte, de la faire aussi douce, aussi faible, aussi respectueuse et soumise que possible, mais il n'ose pas la retrancher tout à fait. Un simple dégoût, qu'Adam était maître d'arrêter aussitôt qu'il lui plaisait[1],

---

1. « Adam avait donc les mêmes sens que nous, par lesquels il était averti, sans être détourné de Dieu, de ce qu'il devait faire pour son corps. Il sentait comme nous des plaisirs et même des douleurs, ou des dégoûts prévenants et indélibérés. Mais ces plaisirs et ces douleurs ne pouvaient le rendre heureux ou malheureux comme nous, parce qu'étant maître absolu des mouvements qui s'excitaient dans son corps, il les arrêtait incontinent, après qu'ils l'avaient averti, s'il le souhaitait ainsi, et sans doute il le souhaitait toujours à l'égard de la douleur... C'étaient des douleurs qui, sans troubler sa félicité, lui faisaient seulement con-

voilà ce qu'il ne peut s'empêcher à tout le moins
de laisser subsister au sein même de cette nature
parfaite. Or, un simple dégoût, de même que le
pressentiment du mal de Leibniz, n'est-il pas déjà
de la douleur? Comment Adam eût-il pu l'arrêter
avant de l'avoir sentie, avant d'en avoir plus ou
moins éprouvé l'incommodité? On voit donc que
Malebranche, quelque envie qu'il en ait, ne réussit
pas à nous faire concevoir, ni à concevoir lui
même, un Adam impassible d'une manière absolue, dans la juste crainte de le livrer à quelques-
uns de tous ces dangers et de ces maux auxquels
sont exposés ses descendants dégénérés qui, la
douleur ôtée, seraient sans défense contre la mort.

Le salut de l'humanité exigeait-il donc autre
chose que ce pressentiment du mal dont se con-
tente Leibniz, que ces simples dégoûts prévenants
que ce minimum de la douleur, dont Malebranche
n'ose affranchir Adam, même avant le péché? Sans
doute leur vœu paraîtra moins dangereux et plus
raisonnable que celui d'une suppression absolue
de la douleur. Il ne semble pas défendu de croire
que, moyennant un taux moindre de douleur,
l'existence de l'humanité aurait pu encore ne pas
être en mortel péril. Cependant, prenons-y garde,
ce vœu lui-même, quoique plus modéré, n'est

---

naître qu'il pouvait la perdre et devenir malheureux. » (*Recherche
de la vérité*, liv. I, chap. v.)

peut-être pas aussi inoffensif, aussi exempt de danger qu'il en a l'air au premier abord. Viendrait-il à être exaucé, je tremblerais encore pour notre existence à tous.

Si, en effet, l'aiguillon de la douleur venait à être émoussé au point de n'être plus qu'un simple dégoût; si, comme le veut Malebranche pour Adam, nous pouvions congédier incontinent, à notre gré, ce simple dégoût, combien de fois encore n'arriverait-il pas, à la moindre distraction et à la moindre passion, qu'un avertissement, si faible et si doux, serait dédaigné? Que de suicides par simple négligence! Il fallait quelque chose de fort, comme l'a si bien dit Bossuet, et nul moyen commode, ou légèrement incommode, ne pouvait atteindre le but

Mais notre prétention n'a pas été de déterminer avec précision le tarif exact, le minimum de douleur strictement nécessaire pour mettre en garde l'humanité contre ses distractions ou ses passions, contre tous les périls du dedans et du dehors qui sans cesse la menacent; nous avons voulu seulement montrer que, sans la douleur, nous ne saurions subsister. L'homme impassible, ou même l'homme réduit au seul plaisir l'homme absolument exempt de la douleur, est une chimère, ou même une contradiction. Voilà ce qu'on ne peut mettre en doute sans un parti pris, sans une véritable n auvaise foi à l'égard de la douleur. « L'ordre voulait, dit bien Malebranche, que nous fussions avertis par la preuve courte, mais incontestable, du sentiment de ce que nous devons faire pour conserver notre vie [1]. » L'évêque de Pouilly a dit d'une manière plus énergique et avec non moins de vérité : « La douleur ne saurait être anéantie dans l'univers que pour faire place à la mort[2]. »

Eussions-nous été conviés, selon le vœu peu modeste d'un certain roi d'Aragon, au conseil de Dieu où le plan du monde fut arrêté, nous n'aurions rien trouvé, quelle qu'en fût notre envie, à mettre à la place de la douleur. Rien ne pouvait détourner ce calice des lèvres de l'humanité, ni de tout ce qui respire[3]. La vie ne pouvait être sans la douleur, pas plus que sans le plaisir, et moins encore, osons le dire, sans la douleur que sans le plaisir. De telle sorte que si, par impossible, le

---

[1]. *Méditations métaphysiques et chrétiennes*, X$^{me}$ médit.
2. *Théorie des sentiments agréables.*
3. C'est la pensée d'écrivains qui n'ont rien de mystique. « Nous ne concevons pas, dit Régis, que Dieu ait pu employer un autre moyen plus propre que la douleur pour conserver notre corps. » (*Cours de philosophie*, liv. II, part. II, chap. XXIX.)
Bastiat a dit de même : « Il n'est pas donné à l'imagination elle-même de se figurer, encore moins à la raison de concevoir un être animé et mortel exempt de douleur. Tous nos efforts seraient vains pour comprendre la sensibilité sans la douleur, ou l'homme sans la sensibilité. » (*Harmonies économiques*, chap. III, *Des besoins de l'homme*

plaisir et la douleur pouvaient se séparer, et si nous avions à opter entre l'un et l'autre, le plus sûr et le plus sage serait assurément de ne pas se dessaisir de la douleur, quelque étrange qu'un tel choix puisse d'abord paraître. Mais c'est une question, nous l'avouons, qu'il ne serait pas prudent de soumettre à la multitude et au suffrage universel. La douleur n'aurait certainement pas la majorité; de même que, suivant une comparaison de Platon[1], le médecin avec ses remèdes salutaires, mais amers, ne l'emporterait pas sur le cuisinier, qui flatte le goût avec des mets nuisibles à la santé, par-devant un aréopage d'enfants ou d'hommes aussi peu raisonnables que des enfants

---

[1]. « Si le médecin et le cuisinier avaient à discuter ensemble devant des enfants ou devant des hommes aussi peu raisonnables que des enfants, pour savoir qui des deux, du cuisinier ou du médecin, connaît mieux les qualités bonnes ou mauvaises de la nourriture, le médecin mourrait de faim. » (*Gorgias*, trad. Cousin.)

# CHAPITRE XIV

### QUANTITÉ COMPARÉE DU PLAISIR ET DE LA DOULEUR.

De la proportion de la douleur et du plaisir dans l'homme et dans l'animal. — La douleur plus vive et plus durable dans l'intérêt même de notre conservation. — Si la somme des maux l'emporte sur celle des biens. — Exagérations des philosophes pessimistes. — Voltaire et Schopenhauer. — Sentiment plus sage de Leibniz. — Ne pas oublier de mettre dans la balance les plaisirs habituels et durables. — Le plaisir est la règle, la douleur l'exception. — Divers fruits de la douleur pour l'âme et pour le cœur. — L'homme enfant privilégié de la douleur comme du plaisir. — Comparaison de la douleur dans l'homme avec la douleur dans l'animal. — La souffrance de l'animal, quoique moindre, digne d'égard et de pitié. — Progrès que marque la loi Grammont. — Contre les tortures infligées à l'animal. — Contre les vivisections. — Des grandes douleurs propres à l'homme. — Misères de grand seigneur. — Plus parfaite est la sensibilité, plus la douleur a de prise sur elle. — Utilité de la douleur au point de vue de la vie morale.

Comparons maintenant, dans l'homme et dans l'animal, la quantité du plaisir à la quantité de la douleur. Il semble, au premier abord, que tout l'avantage, au moins dans l'homme, soit du côté de la douleur. Quand les plaisirs seraient en nombre égal, la douleur ne semblerait-elle pas devoir l'emporter? Sans doute la douleur passe comme le plaisir, mais elle est moins prompte à s'enfuir et laisse après elle de plus profondes et de plus durables empreintes. Cette ténacité de la douleur, plus grande que celle du plaisir, a été remarquée, non sans un retour plus ou moins mélancolique sur notre nature, par un certain nombre de philosophes et de moralistes. « La douleur est plus vive, dit Bossuet, et dure plus longtemps que le plaisir, ce qui doit nous faire sentir combien notre état est triste et malheureux dans cette vie[1]. » Il revient sur cette pensée dans l'oraison funèbre de la princesse de Gonzague : « Les maux de ce monde sont toujours plus réels que ses biens, et ses douleurs par conséquent toujours plus vives et plus pénétrantes que ses joies. » Malebranche a dit aussi : « Les maux de cette vie touchent plus vivement l'âme que les biens. Le sentiment de douleur est plus vif que celui du plaisir[2]. » Si telle est la douleur par rapport au

---

1. *Traité de la connaissance de Dieu et de soi-même*, 1ᵉʳ chap.
2. *Recherche de la vérité*, liv. V, chap. XII. — Il ne faut cependant pas exagérer les choses, comme le fait Maupertuis dans son *Essai de philosophie morale :* « Une remarque bien affligeante, dit-il, c'est que le plaisir diminue par la durée et que la peine augmente. La continuité des impressions qui causent les plaisirs du corps en affaiblit l'intensité ; l'intensité des peines est augmentée par la continuité des impressions qui les causent. » Il n'est pas vrai, quoi que dise Maupertuis, que la peine augmente par la durée. Le temps, avons-nous déjà dit, est un grand con-

plaisir, ce n'est pas seulement, sans doute, comme le dit Bossuet, pour nous faire sentir combien notre état est malheureux en cette vie, mais aussi parce que cela était bon dans l'intérêt même de notre conservation. L'intérêt de notre conservation, selon une remarque d'Aristote, demandait que nous fussions plus sensibles à la douleur qu'au plaisir. Il importe en effet bien plus encore de repousser un mal que de se mettre en possession d'un bien. Descartes l'a dit aussi, et il est d'accord avec Aristote, en traitant des deux passions de la tristesse et de la haine : « La tristesse est en quelque façon première et plus nécessaire que la joie, et la haine que l'amour, à cause qu'il importe davantage de repousser les choses qui nuisent et peuvent détruire, que d'acquérir celles qui ajoutent quelque perfection sans laquelle on peut subsister[1]. »

M. Lemoine a donné, d'après les seules lois de l'habitude, la vraie explication de cette plus grande et plus profonde durée des impressions de la douleur. « L'habitude, dit cet habile psychologue, s'acquiert avec aisance et promptitude quand il s'agit de faits qui s'accordent avec notre nature et qui

---

solateur. *Tempus dolori medetur*, suivant le titre déjà cité d'un chapitre des *Confessions* de saint Augustin. Ajoutons cette pensée de Sénèque : « Finem dolendi etiam qui consilio non fecerit, tempore invenit. » (Epist. LXIII.)

1. *Traité des passions*, II<sup>e</sup> partie, article 137.

en favorisent le développement. Moins, au contraire, les faits sont conformes aux tendances naturelles de notre énergie vitale ou morale, et plus elle est lente et laborieuse. S'agit-il d'une force ennemie qui répugne aux conditions nécessaires de la vie, elle échoue impuissante. Or telle est la douleur, d'autant plus rebelle à l'action calmante du temps et de l'habitude, qu'elle porte une plus grave atteinte à notre être physique et moral[1]. »

Mais si la douleur laisse des traces plus vives et plus durables, il ne s'ensuit pas cependant, ni qu'elle résiste à l'action du temps, ni que la somme de la douleur l'emporte en cette vie sur celle des biens et des plaisirs. Si la douleur, quand elle nous atteint, est plus durable, par contre le plaisir est un état plus ordinaire, plus habituel. La tendance à ne voir dans le monde que le mal, et dans l'homme que la douleur, a été favorisée par certaines religions[2] ou par certains dogmes religieux bien ou mal interprétés. Pour détacher les âmes de ce monde, et dans une intention pieuse, certains théologiens se sont plu à en faire le tableau

---

1. *Comptes rendus de l'Académie des sciences morales et politiques*, février et mars 1870.
2. Nous citerons pour exemple le bouddhisme. Le monde, selon Bouddha, est une grande accumulation de douleurs qui ne se compose que de décrépitude, de maladie, de mort et d'autres misères. Voir l'introduction de Burnouf au *Bouddhisme*.

le plus sombre. La prétendue prépondérance du mal est aussi un sujet de prédilection de la part de certains philosophes d'humeur noire, ou bien enclins au scepticisme et à l'ironie, depuis Hégésias d'Alexandrie qui prêchait avec succès le suicide, jusqu'à Voltaire qui semble se plaire à railler la triste condition de l'homme, jusqu'à Schopenhauer qui place le bien suprême dans l'anéantissement de l'individu et l'extinction de l'humanité. D'après le sentiment de Pline l'Ancien, aucune joie au monde ne peut compenser la moindre douleur[1]. C'est aussi le sentiment de Wollaston, que Bolingbroke qualifie ironiquement de philosophe plaintif[2]. Maupertuis a développé et exagéré la même pensée dans son *Essai de philosophie morale*. Après avoir défini le plaisir : « toute perception que l'âme aime mieux ne pas éprouver qu'éprouver », il cherche, avec une sorte d'arithmétique morale, à démontrer que la somme des maux dépasse de beaucoup celle des biens. « Combien sont rares les perceptions dont l'âme aime la présence !... Si Dieu supprimait pour nous le temps que nous voudrions supprimer, peut-être la durée de la vie la plus longue se réduirait-elle à quelques heures. »

---

1. « Nec lætitia ulla minimo mœrore pensanda. » (*Hist. nat.*, VII, 41.) Sénèque a dit : « Ingens lugentium numerus. » (*Consolat. ad Marciam.*)

2. *Religion of nature delineated.*

Tous ceux qui font consister uniquement le plaisir dans la cessation de la douleur, comme Cardan ou Verri, doivent être rangés, s'ils ne sont pas inconséquents, parmi les pessimistes. Il y a d'ailleurs une sorte d'action et de réaction de l'optimisme ou du pessimisme des uns, sur le pessimisme ou l'optimisme des autres ; les exagérations en un sens appellent toujours les exagérations en un autre. L'imagination, la sensibilité, les humeurs, les catastrophes, les révolutions, ne jouent pas un moins grand rôle que les principes dans toute cette polémique.

A Leibniz et à Pope[1], Voltaire oppose l'impitoyable et cruelle dérision du *Candide*, si bien que Schopenhauer ne reconnaît d'autre mérite à la *Théodicée* de Leibniz que d'avoir provoqué « l'immortel *Candide* du grand Voltaire. » Non-seulement, suivant Schopenhauer, ce monde n'est pas le meilleur, mais il est le plus mauvais de tous les mondes possibles ; eût-il été, en effet, plus mauvais d'un seul degré, il ne pouvait exister. Le monde, suivant ce bouddhiste moderne, comme on l'a appelé, est une histoire naturelle de la douleur, et toute vie n'est qu'une dou-

---

1. Il faut cependant se garder de les confondre l'un avec l'autre ; l'optimisme étroit de Pope souffre des difficultés auxquelles échappe l'optimisme plus élevé et plus philosophique de Leibniz, qui embrasse le tout et non la partie, l'univers entier et non pas seulement l'espèce humaine.

leur[1]. La raison qu'il en donne est en contradiction avec tout ce que nous croyons avoir le plus solidement établi dans ce livre, et elle nous semble se retourner d'elle-même contre sa thèse. Toute vie, dit-il, se résume dans l'effort, et l'effort est toujours douloureux. Schopenhauer certainement se trompe ; l'activité, l'effort, comme nous l'avons vu, sont au contraire un plaisir, et même l'unique source de tout plaisir, à moins qu'ils ne dégénèrent en excès et dépassent nos forces.

En regard de ces philosophes, il en est d'autres qui ont vu la vie humaine sous un jour moins sombre et, suivant nous, beaucoup plus conforme à la vraie nature des choses, c'est-à-dire plus en accord avec la notion même de la douleur et du plaisir, Buffon le démontre dans ce passage remarquable du *Discours sur la nature des animaux*. « Si dans l'animal le plaisir n'est pas autre chose que ce qui flatte les sens et que dans le physique ce qui flatte les sens ne soit que ce qui convient à la nature ; si la douleur au

---

1. Alles Leben Leiden ist. (*Die Welt als Wille und Vorstellung*, liv. IV, chap. XLVI.) — L'auteur de l'*Imitation* a dit aussi, mais dans un tout autre esprit : « Verè miseria est vivere super terram. » (Liv. I, chap. XXIII.) — A la suite de Schopenhauer s'est formée en Allemagne toute une école de pessimistes non moins exagérés que leur maître. Bornons-nous à citer Hartmann et la *Philosophie de l'inconscient*. (Voy. dans mes *Études familières* les chapitres sur les compensations.)

contraire n'est que ce qui blesse les organes et répugne à la nature ; si, en un mot, le plaisir est le bien et la douleur le mal physique, on ne peut guère douter que tout être sentant n'ait en général plus de plaisir que de douleur : car tout ce qui est convenable à sa nature, tout ce qui peut contribuer à sa conservation, tout ce qui soutient son existence est plaisir ; tout ce qui tend au contraire à sa destruction, tout ce qui peut déranger son organisation, tout ce qui change son état naturel, est douleur. Ce n'est donc que par le plaisir qu'un être sentant peut continuer d'exister ; et si la somme des sensations flatteuses, c'est-à-dire des effets convenables à sa nature, ne surpassait pas celle des sensations douloureuses ou des effets qui lui sont contraires, privé de plaisir il languirait, d'abord faute de bien ; chargé de douleur, il périrait ensuite par l'abondance du mal. »

Ce que Buffon ne dit ici que de la douleur physique, semble devoir s'appliquer à la douleur en général. Si en effet la douleur, comme nous l'avons montré, est l'empêchement, l'arrêt, la destruction, comment pourrait-elle l'emporter sur le plaisir, sans que l'espèce humaine cessât d'exister ? Les douleurs, quand elles viennent à se produire, sont, il est vrai, plus durables, mais elles sont aussi moins nombreuses, moins habituelles, que le plaisir. La douleur est un indispensable avertissement; mais quand nous l'avons mise à profit, quand nous nous sommes retenus ou abstenus, quand nous y avons porté le remède, souvent elle cesse pour faire place au plaisir. Nous sommes loin de croire que, dans ce monde, Dieu, comme dit Voltaire :

> Par un destin fatal,
> Pour une once de bien, mit cent quintaux de mal.

Sauf les exceptions, c'est le plaisir qui est l'état habituel, naturel, conforme à l'ordre, comme dit Jouffroy, tandis que la douleur est une limitation, un état irrégulier et exceptionnel[1]. L'erreur des pessimistes consiste à ne tenir compte que des plaisirs vifs et saillants, toujours rares et courts, et dont il n'est pas donné de jouir à toutes les créatures humaines. Quant aux autres, qui sont communs et habituels, on semble n'y pas prendre garde ; ils passent plus ou moins inaperçus, on

---

1. « Le bonheur est l'état sensible, naturel et selon l'ordre ; le malheur est l'accident sensible, il ne fait que limiter le bonheur, comme le mal ne fait que limiter le bien. Le plaisir fondamental d'être et d'agir né du sentiment de l'existence et de l'activité, cette portion indestructible de l'ordre, subsiste au sein des plus grandes douleurs. » (*Mélanges*, Du bien et du mal.)

M. Janet présente avec beaucoup de force des considérations du même genre en faveur de l'optimisme, dans une dissertation sur la querelle de Voltaire et de Rousseau à propos du tremblement de terre de Lisbonne et de l'optimisme. Voir l'appendice des *Causes finales*.

néglige de les mettre dans la balance, de telle sorte que le compte n'a rien d'équitable. La Bruyère signale cette erreur commune : « Les solides biens, les grands biens ne sont pas comptés parce qu'ils ne sont pas vivement sentis[1]. » Quant à nous, gardons-nous de ce compte inexact; n'oublions pas ces plaisirs dont la durée l'emporte sur la vivacité et qui sont comme le fond même de notre existence; n'oublions pas, pour commencer, le plaisir de la santé, cette belle lumière de la santé, si libre et si pleine, selon les expressions de Montaigne[2] : « Quoique la santé, dit Descartes, soit le plus grand des biens qui concernent le corps, c'est pourtant celui auquel nous faisons le moins de réflexion et que nous connaissons le moins[3]. » Comptons aussi le doux sentiment de l'existence, comme dit Rousseau[4], le plaisir de vivre, de respirer, de se mouvoir, d'agir, de penser, qui, selon la remarque de Jouffroy, subsistent même au sein des plus grandes douleurs. Quiconque

---

1. Citons cette pensée tout entière : « A quoi vous divertissez-vous? à quoi passez-vous le temps? vous demandent les sots et les gens d'esprit. Si je réplique que c'est à ouvrir les yeux et à voir, à prêter l'oreille et à entendre, et à avoir la santé, le repos, la liberté, ce n'est rien dire. Les solides biens, etc. (Chap. des Jugements.)

2. *Essais*, liv. III, chap. XII.

3. Descartes, *Lettres*, t. I*er*, 43*me* lettre.

4. Réponse au poëme de Voltaire sur le *Tremblement de terre de Lisbonne*.

voudra bien, comme il est juste, les mettre dans la balance avec bien d'autres plaisirs du même genre, ne sera sans doute pas éloigné de penser, avec Descartes et Leibniz, que, tout compensé, les biens l'emportent : « Et sur ce pied, dit Leibniz, j'oserais soutenir que, même en cette vie, les biens surpassent les maux, que nos commodités surpassent nos incommodités et que M. Descartes a eu raison d'écrire que la raison naturelle nous apprend que nous avons plus de biens que de maux en cette vie [1]. »

Sans nous imaginer que tout dans ce monde est au mieux pour chacun, sans fermer les yeux sur aucune misère et sur aucune souffrance, nous sommes de l'avis de ceux qui donnent en général au plaisir la prépondérance sur la douleur. Nous oserons même dire que, si l'on considère dans leur entier le cours de l'ensemble des vies humaines, c'est le plaisir qui est la règle, et la douleur qui est l'exception.

Après avoir montré la nécessité de la douleur pour la vie physique, nous avons à voir son utilité pour la vie intellectuelle et morale. Sans vouloir entrer, avec Leibniz, dans le domaine de la théodicée et entreprendre ici la justification de la Providence contre l'objection du mal, il nous est

---

1. *Essais de théodicée*, liv. III, § 241.

impossible de passer sous silence les avantages et les fruits de la douleur dans l'ordre moral.

Plus encore que le plaisir, la douleur semble le grand ressort de notre activité ; combien plus vivement nous pousse au travail, nous rend plus inventifs et ingénieux, la fuite d'un mal que la recherche d'un plaisir ! Sans la douleur notre liberté endormie ne secouerait pas ses entraves ; sans la douleur, nous vieillirions, pour ainsi dire, dans une longue enfance. C'est au prix de la lutte ou, ce qui est la même chose, au prix de la douleur, que notre personnalité se forge dans ce rude et merveilleux atelier de la vie présente[1]. On ne peut concevoir la patience, la force, le courage, le dévouement, la vertu, tout ce qui fait la grandeur et la dignité de l'homme, sans ce merveilleux

---

[1]. « La douleur, a dit Michelet, est en quelque sorte l'artiste du monde, qui nous fait, qui nous façonne, nous sculpte à la fine pointe de son impitoyable ciseau. » — « Mieux vaut encore la douleur, a dit Fichte, qu'un état exempt de jouissance et de douleur, car dans la douleur on sent au moins, on se possède, et ce seul sentiment est un inexprimable bonheur comparé à la privation absolue du sentiment de soi-même. » Voir ma traduction de la *Méthode pour arriver à la vie bienheureuse*, VIIme leçon. Voici un éloge semblable de la douleur par un philosophe mystique de nos jours : « Une partie de l'âme est-elle tombée dans l'insensibilité de la mort, le charbon de la douleur y rallume aussitôt la vie. Elle remet aux mains de l'homme qui les avait reçues sans mérite de la création ses puissances radicales. Enfin la douleur au fond produit un effet que je ne sais trop comment exprimer, elle condense l'être. Sous les coups répétés du marteau, le fer rougi devient de l'acier. » (Blanc Saint-Bonnet, *De la douleur*, chap. III.)

aiguillon de la douleur et sans la victoire à remporter sur elle. « Virtutis calamitas occasio est », comme a bien dit Sénèque[1], dont cette pensée a été si souvent commentée.

Que si la douleur fortifie la volonté et développe les sentiments courageux, elle incline aussi les cœurs à la douceur, à la compassion, à la pitié, ce qui est la perfection du caractère humain. « Êtes-vous doux, dit Blanc Saint-Bonnet, elle vous rend forts ; êtes-vous forts, il faut bien qu'elle vous rende doux[2]. » Bien des fois les moralistes ont remarqué que celui qui n'a pas souffert est moins disposé à compatir aux souffrances des autres. L'aise la joie, l'abondance, a dit Bossuet mettent

---

1. *Consolatio ad Marciam.*
2. Malgré un certain abus de lyrisme et de mysticisme, il y a de belles pages sur les vertus morales de la douleur dans l'ouvrage de Blanc Saint-Bonnet que nous venons de citer. Voici quelques autres citations tirées du chap. III intitulé : Œuvre de la douleur dans le temps : « Approchez de l'âme altière que la douleur vient d'atteindre ; dans sa gloire elle n'écoutait personne et méprisait tous les secours ; mais à cette heure sacrée elle entendra tout, vous accueillera avec reconnaissance et se soumettra avec charme et résignation..... Approchez également du cœur insensible que la douleur vient de briser. Dans son orgueil il ne vivait que de lui seul et repoussait la sympathie. Mais, à l'heure de la douleur, ce cœur si intraitable n'a plus rien de dur, il vous appelle, se donne à vous et demande que vous l'aimiez un peu..... L'homme altier s'est soumis, l'homme dur s'est attendri, l'homme paralysé s'est ranimé en prenant le breuvage de la douleur. »

Citons aussi, sur le même sujet : *Les douleurs humaines* de l'abbé de Rafélis de Broves, in-12, 1876. Ce livre, à la fois philosophique et religieux, est plein d'un sage et doux optimisme.

à sec la source de la compassion. L'endurcissement du cœur est un des dangers de la prospérité le plus vivement signalés par Massillon[1]. Nul n'a pu méconnaître dans son cœur la vérité du vers si souvent cité de Virgile :

> Non ignara mali miseris succurrere disco.

Il faut plus ou moins avoir connu le malheur par soi-même pour compatir au malheur d'autrui. Il est vrai que les grandes douleurs, suivant une juste remarque de M. de Laténa, peuvent nous rendre d'abord personnels, au moment même où nous les éprouvons : « mais si elles absorbent toute notre sensibilité et nous persuadent qu'elles n'ont point d'égales; lorsqu'elles s'affaiblissent, elles laissent dans notre cœur le germe de la compassion et nous disposent à verser des larmes sincères sur les maux d'autrui, surtout quand ils réveillent en nous le sentiment ou le souvenir des nôtres[2]. »

Ce sont les maux que nous avons soufferts qui excitent notre sympathie pour les maux des autres. Moïse ne prescrit pas aux Hébreux de respecter l'étranger sans leur rappeler qu'eux-mêmes ils ont été des étrangers sur la terre d'Égypte[3].

1. *Sermon sur le danger des prospérités temporelles*
2. *Étude de l'homme.*
3. « Advenam non contristabis, neque affliges eum; advenæ enim et ipsi fuistis in terrà Ægypti. » (*Exod.*, cap. XXII, v. 21.)

Tel est aussi le langage de Thésée, dans *Œdipe à Colone ;* Œdipe peut compter sur sa compassion et son secours, car il a été, lui aussi, sur la terre étrangère et il a vu s'accumuler sur sa tête bien des dangers mortels [1]. La Bruyère s'est-il trompé quand il a dit : « La santé et la richesse ôtent aux hommes l'expérience du mal, leur inspirent la dureté pour leurs semblables ; et les gens déjà chargés de leur propre misère sont ceux qui entrent davantage par la compassion dans celle d'autrui [2]. » Selon Rousseau, « l'homme qui ne connaîtrait pas la douleur ne connaîtrait ni l'attendrissement de l'humanité, ni la douleur de la commisération ; son cœur ne serait ému de rien, il ne serait pas sociable, il serait un monstre parmi ses semblables [3]. » Tacite a dit, il est vrai, d'un méchant prince ou ministre, « eo immitior quo magis tolerarat. » Mais ce sentiment ne se rencontre qu'en quelques natures perverses et alors qu'elles sont animées du désir de la vengeance.

Nous sommes meilleurs, dit Pline le Jeune, parlant comme un chrétien, quand nous souf-

---

1. Ὅς οἶδα καὐτὸς ὡς ἐπαιδεύθην ξένος,
ὥσπερ σύ, χὥς τις πλεῖς' ἀνὴρ ἐπὶ ξένης
ἤθλησα κινδυνεύματ' ἐν τωμῷ κάρᾳ
ὥστε ξένον γ' οὐδέν' ὄνθ' ὥσπερ σὺ νῦν
ὑπεκτραποίμην μὴ οὐ συνεκσώζειν.
(V. 562.)

2. Chapitre de l'Homme.
3. *Émile*, II<sup>e</sup> livre.

frons ; j'en ai eu récemment la preuve dans la maladie d'un de mes amis. Quel est l'homme malade que tourmente encore l'avarice et la passion? Il ne songe plus ni à ses amours ni aux honneurs, il néglige ses biens et les regarde comme peu de chose, étant sur le point de les quitter. Alors il se souvient qu'il y a des dieux et que lui il est un homme[1].

Dans la douleur l'âme se tourne au bien et à Dieu : Tribulationem et dolorem inveni et nomen Domini invocavi[2]. Philosophes et théologiens ont tous constaté ce retour, par la douleur, à de meilleurs sentiments, à de plus hautes et plus généreuses pensées. Quel moraliste n'a développé ce lieu commun des avantages de la douleur et de l'adversité[3]?

Non-seulement la douleur est indissolublement liée au plaisir, mais elle est en proportion avec lui. D'autant plus grande est la capacité pour le plaisir, d'autant plus grande est la capacité pour

---

1. Lib. VII, epist. XXVI. « Quem enim infirmum aut avaritia aut libido sollicitat? Non amoribus servit non appetit honores, opes negligit, et quantulum cumque ut relicturus habet. »
2. Psaume CXIV.— « In die tribulationis Deum exquisivi. » (Ps. LXXVI, v. 4.)
3. Voir le chapitre du I<sup>er</sup> livre de l'*Imitation* intitulé : De l'avantage des adversités, *De utilitate adversitatis*. C'est un sujet abondamment traité par tous les docteurs chrétiens. Cardan est l'auteur d'un traité plus profane : *De utilitate ex adversis capienda*, où nous n'avons d'ailleurs rien trouvé qui méritât d'être recueilli.

la douleur ; plus un être est parfait et plus il a d'aptitude aux grandes joies, mais plus aussi il en a pour les grandes douleurs. C'est l'excellence, la variété, l'intensité de nos plaisirs qui fait l'excellence, la variété, l'intensité de nos douleurs ; ce sont termes qui se correspondent avec une entière exactitude. Plus une chose est parfaite, a dit Dante, plus elle sent le bien, mais plus aussi elle sent la douleur. Si l'homme ici-bas n'a pas de rivaux sur cette vaste arène de la douleur, c'est parce qu'il n'en a pas non plus en grandeur et en perfection.

Pour mieux faire ressortir ce noble mais triste privilége de la nature humaine, jetons en passant un regard sur la douleur dans l'animal. L'animal aussi souffre ; nul n'en doute depuis qu'il n'y a plus de partisans de l'automatisme cartésien. Mais ses douleurs, de même que ses plaisirs, sont moindres que les nôtres ; sa sensibilité est plus obtuse et plus bornée, parce qu'il n'a pas les mêmes facultés, la même intelligence, parce qu'il n'a que des besoins physiques et ne voit rien au delà du moment présent. Combien de nos douleurs lui sont étrangères? Combien celles qu'il a en commun avec nous ne sont-elles pas moins vives, et surtout moins durables! « On ne saurait douter raisonnablement, dit bien Leibniz, qu'il y ait de la douleur dans les animaux, mais il paraît que leurs plaisirs et leurs douleurs ne sont pas aussi vifs que dans l'homme ; car ne faisant point de réflexion, ils ne sont pas susceptibles du chagrin qui accompagne la douleur ou de la joie qui accompagne le plaisir. Les hommes sont quelquefois dans un état qui les rapproche des bêtes et où ils agissent presque par le seul instinct et par les seules impressions des expériences sensuelles, et dans cet état leurs plaisirs et leurs douleurs sont fort minces [1]. »

Mais quoique les souffrances de l'animal soient moins grandes que les souffrances humaines, elles sont néanmoins dignes de compassion ; nul n'a le droit de s'en faire un jeu et de les augmenter à plaisir. Comment ne pas être touché, soit de cette douleur muette et résignée de l'animal malade ou blessé qui s'en va tristement, loin des regards de tous, chercher quelque coin écarté où il puisse souffrir et mourir tranquille, soit, quand il est

---

1. *Essais de théod.*, III<sup>e</sup> partie, art. 250. Montesquieu fait le même parallèle et aboutit à la même conclusion : « Les bêtes n'ont point nos espérances, mais elles n'ont pas nos craintes ; elles subissent comme nous la mort, mais c'est sans la connaître, etc. » (*Esprit des lois*, liv. I, chap. I.) — Buffon, dans le *Discours sur la nature des animaux*, montre aussi combien l'homme a de maux qu'il se fait à lui-même par son imagination et dont l'animal est à l'abri. M. Lambert, dans son *Système moral* (II<sup>e</sup> partie, chap. IV, in-8, Paris, 1862), a aussi soutenu la thèse que l'animal souffre moins que l'homme et que chez lui le plaisir l'emporte beaucoup sur la douleur.

frappé ou torturé, de ses cris et de ses gémissements si semblables aux nôtres? Pourquoi n'ajouterions-nous pas qu'à la différence de bien des maux chez l'homme, les maux de l'animal sont des maux immérités? Virgile, pour nous émouvoir davantage, n'a pas manqué d'insister sur cette sorte d'innocence de l'animal qui souffre, dans son bel et touchant épisode des animaux malades de la peste. Non-seulement ils n'ont rendu que des services, mais ils ne sont coupables d'aucun excès :

> Quid labor aut benefacta juvant, quid vomere terras
> Invertisse graves ? Atqui non Massica Bacchi
> Munera, non illis epulæ nocuere repostæ [1].

Le droit de tuer un animal pour notre défense, pour notre utilité, pour notre nourriture, n'est à nos yeux l'objet d'aucun doute. Nous n'entendons nullement gémir sa chair dans notre sein ; nous ne sommes ni des Brahmes ni des Pythagoriciens. Mais si nous avons le droit de mort sur l'animal, nous n'avons que le droit de mort simple sans la torture. Tout ce qui va au delà nous semble de plus en plus condamné par la conscience, par la sensibilité publique. Ma pensée se révolte contre les tortures infligées par surcroît à certains animaux

---

[1]. *Georg.*, lib. III, v. 525. La Fontaine a dit dans le même sens :

> Les animaux périr, passe encor les humains !
> (*Philémon et Baucis.*)

pour rendre leur chair plus exquise. Il faut aujourd'hui plus qu'autrefois éloigner des yeux et cacher les tueries et le sang des animaux, ce sang que l'œil ne distingue pas du sang humain. Suivez dans son intérieur cet homme du peuple, dur et cruel sans nécessité pour les animaux ; il n'est pas moins brutal avec les siens, avec sa femme et ses enfants.

Les brutalités en pleine rue contre un pauvre animal surchargé ne laissent pas la foule insensible ; quelquefois même elle intervient et prend énergiquement le parti de l'âne ou du cheval contre un conducteur barbare. La loi Grammont, qui n'a encore qu'un petit nombre d'années, a répondu à un progrès, à un véritable besoin de la conscience publique. Quelque faibles et modestes que soient ses commencements, quelque rares et restreintes que soient encore ses applications, c'est une loi considérable au point de vue du progrès des mœurs. Comme déjà nous l'avons dit ailleurs[1], c'est la première marque de protection et de sollicitude du législateur pour une nouvelle classe d'êtres sentants et souffrants, abandonnés jusquelà sans merci, au grand détriment de la sensibilité et des mœurs publiques, à tous les caprices, à tous les emportements d'impitoyables bour-

---

1. *Journal des savants*, 1ᵉʳ article sur la *Morale* de M. Janet, 15 juillet 1874.

reaux[1]. Toute proportion gardée, nous avons vu se passer, de notre temps, quelque chose d'analogue à ce qui a eu lieu, dans le monde ancien, quand pour la première fois ont été insérées dans la loi des dispositions protectrices en faveur de l'esclave.

Malheureusement il semble que la physiologie, avec ses expériences sans pitié, avec ses vivisections, pour tout dire en un mot, vienne se mettre en travers de ce progrès de la sensibilité publique. Que sont en effet les violences et les brutalités, les cruautés de l'homme le plus grossier et le plus dur, en comparaison de ces cruautés savantes et calculées, de ces martyres longs, raffinés, inouïs, auxquels, sous le prétexte de l'intérêt de la science, tant d'animaux vivants sont soumis dans les laboratoires et dans les amphithéâtres? Là on trouve, il faut en convenir, de merveilleux artistes en fait de supplices. Se représente-t-on bien ce qu'on inflige de tortures à un chien *préparé*, suivant l'odieux euphémisme de la langue des laboratoires? Pauvre animal, qui lèches en vain la main cruelle qui va te disséquer vivant, quel bourreau a pu te sou-

---

[1]. Il faut louer de leur zèle les sociétés protectrices des animaux et les encourager à redoubler d'efforts et de surveillance. En réprimant les traitements barbares à l'égard des animaux, elles travaillent à l'adoucissement des mœurs, aux progrès de la sensibilité et de la pitié pour tout ce qui souffre; elles servent ainsi l'humanité elle-même, tout en paraissant ne s'occuper que des animaux.

mettre à un pareil supplice, qui en a eu le droit, *cui tantum de te licuit*[1]?

Que s'il est impossible de supprimer tout à fait, dans l'intérêt des progrès de la science, ces barbares expériences, que du moins il ne soit pas permis de les multiplier en public sans nécessité, de les répéter sans nul profit, quand déjà elles ont été faites par des maîtres habiles. Qu'on mette quelque frein aux licences et raffinements de ces fanfarons d'insensibilité qui se rient dédaigneusement de notre pitié pour un chien ou un cheval, qui sans cesse jettent comme en défi, à ceux qui s'émeuvent de leurs souffrances, la description ou le spectacle de nouvelles tortures de leur invention. Enfin que la loi Grammont soit appliquée dans les amphithéâtres, comme dans la rue, qu'elle reçoive, sans plus tarder, s'il est nécessaire, d'indispensables compléments[2].

---

1. *Énéide*, liv. VI. C'est le cri d'Énée rencontrant aux Enfers Déiphobe mutilé. — Un naturaliste du XVIII<sup>e</sup> siècle, Lyonnet, auteur d'un savant mémoire sur la chenille du saule, prend soin en commençant d'expliquer les précautions qu'il a prises pour faire souffrir le moins possible un petit nombre de chenilles. Combien ne doit-il pas donner à rire à nos physiologistes d'aujourd'hui?

2. L'Angleterre, où cependant on fait cas de la science et particulièrement de la science expérimentale, nous a précédés dans cette voie. Voici un passage du discours de la reine Victoria lu à la séance de clôture du parlement en août 1876 : « J'attends les meilleurs résultats de la loi que vous avez adoptée en vue de protéger les animaux vivants contre des expérimentations douloureuses. »

Après ce court épisode et ce regard sympathique sur la douleur dans l'animal, revenons à la sensibilité dans la nature humaine. Les plus grands plaisirs, comme aussi les plus grandes douleurs, sont, comme nous l'avons dit, le propre de l'homme. Que de plaisirs d'un ordre supérieur dont seul il a le privilége sur cette terre ! Mais aussi au prix de quelles douleurs ne sont-ils pas ! A lui seul la réflexion sur la douleur, qui la redouble, qui va au-devant d'elle dans l'avenir et qui revient la chercher dans le passé. L'homme est présent à sa douleur, a dit Sénèque avec sa plus énergique concision. *adest dolori suo*[1]. Il y est présent, c'est-à-dire il n'en perd rien, et même il y ajoute. A lui seul ces inquiétudes de l'esprit qui le rendent malheureux, alors même qu'il pourrait ne pas l'être, qui irritent, qui attisent toutes ses douleurs. Lui seul

> ... se fait une inquiétude
> De la manière d'être heureux [2].

Il semble, a dit Saint-Évremont, que nous ne soyons ingénieux que pour nous rendre misérables [3]. Les moralistes chrétiens, les prédicateurs, ont aussi abondé dans le même sens : « Les

---

1. *Consolatio ad Marciam.* Il ne dit pas moins bien dans le même ouvrage : Opinio est quæ nos cruciat.
2. Molière, *Amphitryon.*
3. *Traité du bonheur.*

inquiétudes sur l'avenir, dit Massillon, forment le poison le plus amer de la vie humaine, et les hommes ne sont malheureux que parce qu'ils ne savent pas se renfermer dans le moment présent, ils hâtent leurs peines et leurs soucis, ils vont chercher dans l'avenir de quoi se rendre malheureux, comme si le présent ne suffisait pas à leurs inquiétudes[1]. »

Mais combien sont poignantes et profondes, alors même que nous ne travaillons pas à les grandir, ces douleurs morales qui appartiennent en propre à l'homme, la prévision de la mort, les déceptions de l'esprit et du cœur, les liens rompus de l'amour et de la famille, toutes les grandes tristesses qui correspondent aux plus grandes joies. L'humanité tout entière peut s'écrier avec Job : Domine, mirabiliter me crucias, Seigneur, vous me tourmentez merveilleusement ! Ou bien encore avec cet homme de la douleur : Voyez, vous tous qui passez, s'il est une douleur comme la mienne, O vos omnes qui transitis in viâ, videte si est dolor sicut meus! Il n'en est pas sans doute ; mais par cette raison même que l'homme est grand entre tous les êtres de ce monde. Qui mieux que Pascal, en quelques traits ineffaçables, a marqué cette inévitable correspondance entre les

---

1. *Premier sermon de la Purification.*

grandeurs et les misères de notre nature : « La grandeur de l'homme est grande de ce qu'il se connaît misérable. Un arbre ne se connaît pas misérable, mais c'est être grand que de connaître qu'on est misérable. Toutes ces misères-là mêmes prouvent sa grandeur. Ce sont misères de grand seigneur, misères d'un roi dépossédé. »

Ainsi, tout de même qu'il n'est pas possible de séparer la douleur du plaisir, tout de même il n'est pas possible qu'ils ne soient pas en proportion l'un avec l'autre. Les grandes joies ne sont qu'à la condition des grandes douleurs.

En récapitulant tous ces avantages de la douleur, au point de vue physique et au point de vue moral, on comprend bien que Montaigne, qui cependant n'est ni un théologien ni un mystique, ait pu dire : « Si Dieu nous eût donné tout à souhait, il faudrait le prier de nous faire l'aumône de l'empêchement. » L'aumône de l'empêchement, c'est l'aumône de l'obstacle, l'aumône de la douleur, comme unique condition de si grands biens. Ne faut-il pas aussi donner notre assentiment à ce que dit si ingénieusement Leibniz : « Comme le grain qu'on sème est sujet à une sorte de corruption pour germer, de même le mal contribue à une plus grande perfection de celui qui souffre[1]. » Jouffroy,

---

1. *Essais de théodicée*, 1<sup>re</sup> partie, § 23.

sous une forme un peu paradoxale, a dit dans le même sens : « La vie est éminemment bonne parce qu'elle est éminemment mauvaise. »

Citons enfin ces beaux vers d'Alfred de Musset, en l'honneur de la douleur, qui résument toute notre pensée :

> L'homme est un apprenti, la douleur est son maître,
> Et nul ne se connaît tant qu'il n'a pas souffert.
> C'est une dure loi, mais une loi suprême,
> Vieille comme le monde et la fatalité,
> Qu'il nous faut du malheur recevoir le baptême,
> Et qu'à ce triste prix tout doit être acheté.
> Les moissons pour mûrir ont besoin de rosée ;
> Pour vivre et pour sentir, l'homme a besoin de pleurs [1].

Telle est donc la justification de la douleur à laquelle, sous peine de contradiction, nous avons été forcément entraîné par la justification du plaisir. Nous n'irons pas jusqu'à dire, avec certains mystiques, que la douleur en elle-même est un bien ou, avec les stoïciens, qu'elle n'est pas un mal, qu'elle n'est qu'un nom. Mais nous pensons que, tout système métaphysique ou religieux mis à part on doit convenir, par la raison toute seule

---

[1]. *La Nuit d'octobre.* Le même poëte a dit ailleurs :

> Rien ne nous rend si grands qu'une grande douleur.
> (*Nuit de mai.*)

Il nous semble que Lamartine a été moins bien inspiré. Voir son hymne à la Douleur, dans les *Harmonies*.

que ce mal ne pouvait être épargné à notre nature dans ses conditions actuelles, ni même à une nature plus perfectionnée que la nôtre, comme nous l'avons vu par les vains efforts de Malebranche pour exempter entièrement de la douleur Adam lui-même avant la chute.

Il faut enfin qu'on nous accorde qu'à ce mal de la douleur, nécessaire pour la conservation de la vie physique, sont attachés aussi les plus grands biens dans l'ordre moral[1].

---

1. Un certain nombre de médecins, pour lesquels nous ne prenons aucunement parti, ont même soutenu l'utilité de la douleur en une certaine mesure, même comme moyen pathologique. Nous pouvons citer Volkamer, *De dolore doloris remedio*, Altemburg, 1739. — Mojon de Gênes, *Sull' utilità del dolore*, ouvrage traduit en français par Michel. Paris, 1843, in-12. — Salgues, *De l'utilité de la douleur considérée en médecine*, petit in-12, Dijon, 1823. — *Discours sur la douleur*, par Marc-Antoine Petit, dans un recueil intitulé : *Médecine du cœur*, in-8, Lyon, 1806. — Bidard, *De l'influence des chagrins sur l'homme*, Paris, 1856.

# CHAPITRE XV

### CLASSIFICATION DES FAITS AFFECTIFS

La sensibilité n'est-elle qu'une faculté subalterne ? — De la place de la sensibilité dans une théorie des facultés de l'âme. — Diversité d'opinions parmi les psychologues. — Simultanéité de toutes les facultés. — Le premier rang est à la sensibilité dans l'ordre de leur développement. — De la méthode à suivre pour classer les phénomènes de la sensibilité. — Caractères intrinsèques et caractères extrinsèques. — Nécessité de les classer d'après leurs causes et leurs objets. — Insuffisance des caractères intrinsèques. — Les vrais et les faux plaisirs. — Douleurs réelles ou imaginaires. — Autant d'espèces de plaisirs que de modes généraux de notre activité. — Hiérarchie des plaisirs.

Nous avons, en commençant, combattu l'opinion de ceux qui veulent ne voir dans les phénomènes de sensibilité que de simples changements ou rapports; nous avons montré que ces phénomènes pouvaient prétendre à la même réalité que tous les autres états de conscience. Ce que nous avons dit des phénomènes, nous le dirons aussi de la faculté d'où ils relèvent, c'est-à-dire de la sensibilité elle-même. Nous sommes ici en un double désaccord, avec ceux qui n'admettent que des phénomènes sans nulle puissance qui les produise, c'est-à-dire qui ne veulent point de facultés, et avec ceux qui réduisent la sensibilité au rang de faculté secondaire et inférieure.

Nous n'avons pas à engager ici une polémique spéciale contre ceux qui suppriment les facultés pour ne laisser subsister que des phénomènes. Il nous est permis de dire que ce livre entier est une réfutation de leur sentiment, puisque nous n'avons pas cessé de nous appuyer sur l'existence, au dedans de nous, de quelque chose de premier et d'actif, si manifestement attesté par la conscience, et d'où nous avons fait dériver tout plaisir et toute douleur.

Nous n'en sommes donc pas réduits, au point où nous en sommes, à prouver que l'âme ne saurait être une simple collection ou succession de phénomènes. Comment d'ailleurs comprendre qu'une pareille collection puisse exister, sans rien qui la produise, sans rien qui la supporte, sans rien qui la contienne? Autant vouloir nous forcer à imaginer une chaîne suspendue, sans un point de suspension et des anneaux liés ensemble, sans aucun lien les uns avec les autres.

Mais s'il y a des facultés dans l'âme et si la sensibilité est une de ces facultés, il reste à savoir quelle en est la valeur et quel rang il faut lui donner. Nous ne sommes nullement de l'avis de

Krug, de Chrétien Weiss, de Herbart, en Allemagne, de M. Dumont, en France[1], qui ont voulu la rabaisser au rôle d'une faculté subalterne et, pour ainsi dire, d'une simple suivante des autres facultés. Inséparablement liée à tous les modes de notre activité, qui est l'essence même de l'âme, toujours présente à la conscience, sans nulle intermittence, la sensibilité nous semble une faculté au même titre, au même rang que toutes les autres facultés de l'âme. Elle entre avec elles sur le pied d'égalité dans l'unité complexe du fait de conscience.

Mais quelle doit être sa place dans une théorie des facultés de l'âme? Ici encore les avis des psychologues sont partagés. Faut-il la mettre avant ou après l'intelligence, avant ou après la volonté? Ouvrez les traités de psychologie les plus accrédités : tantôt vous trouvez la sensibilité la première, tantôt la seconde, tantôt même la troisième. Jouffroy, dans ses *Mélanges*, a esquissé une théorie des facultés humaines où il place la sensibilité avant les facultés intellectuelles, mais après la faculté personnelle, après les penchants primitifs, la faculté locomotrice et la faculté expressive. Damiron, dans sa *Psychologie*, donne le premier rang à l'intelligence. M. Garnier, dans

---

[1]. Je trouve la même opinion dans le premier volume du savant *Cours de philosophie* de l'abbé Favre d'Envieu.

son *Traité des facultés de l'âme*, met la sensibilité, ou du moins les inclinations, avec lesquelles il l'identifie, après la faculté motrice et avant l'intelligence[1].

L'accord n'est pas plus grand parmi les psychologues étrangers que parmi les psychologues français. Brown distingue en trois classes les phénomènes de l'esprit : 1° les affections externes qui viennent des sens ; 2° les états intellectuels qui naissent des affections; 3° les émotions qui sont produites par les deux premières classes. Hamilton place la sensibilité (*feeling*) comme un intermédiaire entre l'intelligence et la volonté ou *conation*. Le même ordre, pensée, sentiment, volonté, est adopté par Ahrens[2], par un autre philosophe belge, Tiberghien[3], et par le philosophe allemand Reichlin Meldeg[4]. *Feeling, volition, thought*, est l'ordre adopté par Alexandre Bain.

---

1. Cardaillac, dans ses *Études élémentaires de philosophie*, donne la première place à la sensibilité et au sentiment, parce que le premier, dit-il, il apparaît dans l'enfant. Il met ensuite l'intelligence et l'activité. Dugald Stewart, dans ses *Essais de philosophie morale*, s'en tient, de même que Reid, à la division ancienne et vulgaire en facultés de l'entendement et facultés de la volonté; quant aux plaisirs et aux douleurs, il fond, dit-il, dans les autres cette partie de la philosophie de l'esprit humain pour ne pas pousser trop loin les distinctions et l'analyse.

2. *Cours de psychologie*, viie leçon.

3. *Science de l'âme*.

4. « Die Vermittlung zwischen Erkennen und Wollen ist also das Gefühl. » (*Psychologie des Menschen*, p. 413.)

Entre toutes ces opinions diverses, quel parti prendrons-nous? D'abord nous avons à faire ici humblement une sorte de rétractation en avouant, sans en rougir, un changement d'opinion qui n'a pas d'autre raison que la vérité psychologique. Dans la première édition, ou plutôt dans la première esquisse de cet ouvrage, nous avions donné le premier rang à l'intelligence et le second seulement à la sensibilité[1]. Mais de nouvelles réflexions sur la conscience, que déjà nous avons eu occasion d'exposer ailleurs, nous ont amené à lui donner un autre rang plus conforme à l'ordre naturel du développement et de la prépondérance de nos facultés. Si la conscience, comme le pensent un certain nombre de psychologues, est une faculté particulière de l'intelligence, c'est l'intelligence qu'il faut sans nul doute mettre au premier rang.

En effet, sans cette conscience qui éclaire les autres facultés, elles seraient toutes comme si elles n'existaient pas, ou même, en réalité, elles ne seraient pas. Il est très vrai, comme l'a dit Damiron, qu'on n'aime pas, qu'on ne s'émeut pas avant de connaître[2]. Si au contraire la conscience, comme nous croyons l'avoir démontré est le fonds

---

1. *Du plaisir et de la douleur*, chap. xi, 1865, in-18.
2. *Cours de psychologie.*

commun, de même que l'activité, de tous les phénomènes psychologiques, tous si bien appelés faits de conscience, et non pas une faculté particulière de l'intelligence, il faut mettre la sensibilité au premier rang, suivant l'ordre de développement. Chacune de nos facultés ayant ainsi sa conscience propre, inhérente à sa nature même, n'a nullement besoin d'emprunter cette sorte de lumière, sans laquelle elle ne serait qu'un néant, à quelque autre faculté sa voisine spécialement chargée de l'éclairer. Sensations et sentiments se connaissent eux-mêmes et par eux-mêmes. Qu'on essaye d'appliquer ici une quelconque des règles de distinction entre les facultés ou entre les phénomènes, recommandées par Bacon et adoptées par les meilleurs psychologues, on n'y réussira certainement pas. Est-il en effet possible de concevoir qu'une sensation, telle que nous l'entendons, ou bien une volition, de même qu'une idée, puisse être quelque chose sans la conscience et en dehors de la conscience? Une sensation non sentie, une volition qui ne se sait pas, ne sont pas moins contradictoires qu'une pensée non pensée. Il n'y a pas de phénomène psychologique qui ne soit avec la conscience et par la conscience, qui ne commence, qui ne se développe, qui ne finisse avec la conscience. L'intelligence ne doit donc pas être placée avant toutes les autres facultés, en tant que la lumière préalable que toutes réclament également pour apparaître à la conscience, ou plutôt pour exister. Ce n'est pas, d'ailleurs, d'après un ordre d'apparition successive dans la conscience que nous devons songer à assigner les rangs, mais d'après l'ordre de prédominance de leurs développements. Nous ne pensons pas, en effet, que les facultés de l'âme apparaissent successivement, les unes après les autres, à des intervalles plus ou moins grands. Elles coexistent, au moins par leurs racines et par leurs germes, dans le premier fait de conscience. Mais si toutes sont simultanées, si l'une ne va pas absolument sans l'autre, toutes ne se développent pas d'une manière parallèle, dans le même ordre et au même degré. Ainsi c'est d'abord, de l'aveu de tous, la sensibilité qui, pendant un temps plus ou moins long, domine dans l'âme et qui l'emporte sur toutes les autres facultés. Combien déjà n'est-elle pas forte dans l'enfant, où l'intelligence est si faible encore qu'à peine on en découvre quelque trace !

Peut-être n'est-il pas aussi facile de déterminer les rangs réciproques de l'intelligence et de la volonté qui semblent se tenir de plus près et dans une plus étroite proportion l'une avec l'autre. Toutefois, si l'on considère que la volonté requiert le double concours de l'intelligence et de la sensibilité, qu'elle n'atteint son plus haut degré que par la clarté du but jointe à la force du désir, il y a lieu de mettre l'intelligence au second rang et la volonté au troisième. Quelqu'un peut-il vouloir ce dont il n'a nulle idée, comme aussi nul désir ? Il faut donc que la sensibilité s'ajoute à la connaissance pour déterminer la volonté ; sans la sensibilité qui leur sert d'intermédiaire, il y aurait divorce complet, comme dit Hamilton, entre l'intelligence et la volonté.

Après avoir ainsi marqué la place de la sensibilité parmi les autres facultés de l'âme humaine, nous avons à chercher suivant quelle méthode, d'après quelle règle, doivent se classer ses innombrables phénomènes. Nous avons à choisir entre deux méthodes qui, toutes deux, ont été employées par un certain nombre de psychologues : la première fondée sur la considération de leurs caractères intrinsèques, abstraction faite des objets ou des causes; la seconde, au contraire, sur les causes et les objets, c'est-à-dire sur des caractères extrinsèques.

Nous donnerions la préférence à la première, comme ayant un caractère plus rigoureusement scientifique, si elle n'aboutissait à des résultats insignifiants, à cause des généralités où elle demeure, faute d'un nombre suffisant de traits caractéristiques et fixes qui servent de base à des divisions et des subdivisions. En effet, les causes qui excitent les faits affectifs étant mises de côté, quelles sont les circonstances intrinsèques qui seules peuvent servir de fondement à une classification? Il y a d'abord, sans doute, les deux grandes faces opposées, mais connexes, les deux espèces, pour ainsi dire, de la sensibilité, le plaisir et la douleur. Mais cette division, que tout le monde fait très-bien, sans le secours d'aucun psychologue, n'apprend rien à personne et ne donne pas un fondement suffisant à une classification de quelque intérêt et de quelque valeur. Il faut donc en outre trouver d'autres caractères intrinsèques qui permettent de diviser et subdiviser, d'un côté, les plaisirs, de l'autre, les douleurs. Or ces caractères sont en petit nombre et manquent de fixité. Suivant le philosophe moraliste Paley, il n'y a pas d'autre différence entre les plaisirs, comme entre les peines, que l'intensité[1]. A côté de l'intensité, Bain place la quantité, par où il entend l'extension du plaisir en surface. A ce point de vue, il distingue des plaisirs diffus, volumineux (voluminous), répandus sur tout le corps, et d'autres plaisirs plus intenses, mais de moindre surface ou volume, concentrés sur un point. D'ailleurs il avoue que tous les caractères intrinsèques de distinction sont épuisés, lorsqu'à l'intensité et à la qualité on

1. *Moral philosophy*, livre I<sup>er</sup> chap. vi.

a ajouté la durée, dont la mesure même est si délicate, soit à l'égard du plaisir, soit à l'égard de la douleur[1]. Selon H. Spencer, « les plaisirs et les douleurs se ressemblent plus entre eux que les états de conscience qui les causent[2]. » Cela veut dire sans doute que, considérés en eux-mêmes, il n'est pas facile de les distinguer les uns des autres et de les classer, sans recourir aux états de conscience qui les causent. Cependant M. Dumont a cru découvrir dans leur nature spécifique d'autres caractères sur lesquels il prétend fonder une classification moins vulgaire et plus philosophique. Il cherche ces caractères dans la diversité des procédés, ou modes d'augmentation et de diminution de force, par dépense trop grande et par acquisition trop faible, qui, selon lui, produisent le plaisir et la douleur[3]. Mais nous avons vu comment, au regard de la proportion et de l'harmonie de nos forces, c'est-à-dire de l'activité normale, cette distinction, subtile et ingénieuse, était mal fondée en réalité. Rappelons qu'une dépense trop grande, ou une réception trop petite de force, ne forment pas deux classes

---

1. *Emotions and will,* chap. v, 3ᵉ édit., 1875.
2. *Principes de psychologie,* IIᵉ partie, chap. ix, Plaisirs et Douleurs.
3. En corrigeant les épreuves de la seconde édition, j'ai appris la mort de M. Dumont plus d'une fois cité dans le cours de cet ouvrage. Cette mort prématurée a causé les plus vifs regrets à tous les amis de la philosophie.

différentes de douleurs, parce que l'une et l'autre se ramènent à un seul et même fait, celui d'une insuffisance, d'une diminution, d'un défaut, qui est le caractère commun et essentiel de toutes les douleurs et ne peut pas servir à les distinguer[1].

Si donc nous ne voulons pas sortir des plaisirs en eux-mêmes, on voit que nous sommes réduits à l'intensité, en y joignant la durée, pour unique base de la classification des phénomènes de la sensibilité. Cependant peut-être ces deux seuls caractères paraîtraient-ils au premier abord pouvoir suffire à un grand nombre de distinctions et de subdivisions, à cause de la multiplicité des degrés d'intensité, depuis les plus petits plaisirs ou les plus petites douleurs, depuis le minimum de ce que nous pouvons sentir, jusqu'à ce maximum de plaisir ou de douleur que notre nature peut supporter? Malheureusement l'instabilité de ces degrés, non moins grande que leur multiplicité, ne permet pas d'y fonder des divisions fixes et stables. L'unité de mesure pour les comparer les unes aux autres nous fait complétement défaut. Sans doute nous jugeons bien que certains plaisirs sont plus grands, plus vifs, plus durables que d'autres; mais de combien ceux-ci l'emportent-ils sur ceux-là? L'un est-il double ou triple, ou bien seulement

---

1. Voir notre chapitre III.

la moitié, le quart de l'autre? Voilà ce qu'il nous est impossible d'évaluer. La durée elle-même, qui semble plus susceptible de mesure, nous échappe, à cause des intermittences, à cause de la faiblesse du commencement et de la fin, à partir du point initial jusqu'au point final d'une sensation, et plus encore peut-être d'un sentiment. Rien de plus délicat, dirons-nous avec Bain, que l'appréciation de la durée du plaisir ou de la douleur. On a fait de curieuses et délicates expériences sur la vitesse des courants nerveux, sur le minimum ou le maximum de perception, on a mesuré l'effet produit par un stimulus, un certain nombre de fois plus fort ou plus grand, sur tel ou tel organe, mais le plaisir et la douleur, purement subjectifs, échappent à ces expériences et ne se laissent soumettre à aucune mesure de précision. Que sera-ce donc si on les compare d'un individu à un autre?

Aussi rien, à notre avis, de plus chimérique que tous les essais d'arithmétique du plaisir et de la douleur tentés par certains philosophes et, entre autres, par Maupertuis. Suivant ce philosophe, « l'estimation des moments heureux ou malheureux de la vie est le produit de l'intensité du plaisir ou de la peine par la durée [1]. » Mais comment obtenir la valeur exacte de ces deux facteurs,

---

1. *Essai de philosophie morale*, petit in-12, 1751.

de l'intensité et de la durée? Non moins arbitraire nous semble l'arithmétique des plaisirs de Bentham, quoiqu'il y fasse entrer des éléments qui ne tiennent nullement à la nature intrinsèque du plaisir, tels que la certitude et la pureté. La certitude, en effet, résulte des prévisions et des calculs de l'intelligence; la pureté, de la nature des causes qui produit un plaisir. Mettez en regard les sentiments les plus élevés et les sensations les plus grossières, si vous faites complétement abstraction de leurs causes, ils sont au même niveau, ils ne valent ni plus ni moins les uns que les autres, si ce n'est par le degré. A ne considérer les plaisirs qu'en eux-mêmes, Maupertuis a raison de dire : « Ne nous faisons pas l'illusion de croire qu'il y a des plaisirs plus nobles les uns que les autres; les plaisirs les plus nobles sont les plus grands[1]. » La différence en effet, à ce point de vue, est purement quantitative; quant à la différence qualitative qui a une si grande importance au regard de la conduite et de la dignité de la vie, elle vient tout entière des circonstances extrinsèques, des causes et des objets.

Cependant, d'après la langue commune, et surtout d'après le trop riche vocabulaire des médecins, il semblerait que les douleurs, sinon les plai-

---

[1]. Ouvrage déjà cité.

sirs, se distinguent par bien d'autres caractères que l'intensité et la durée. Combien d'espèces de douleurs le malade attentif ne discerne-t-il pas en lui-même, non, à ce qu'il semble, d'après les causes qu'il ignore, mais d'après le genre de tourments qu'elles lui font éprouver? Ouvrez les livres de médecine, quelle nomenclature formidable d'espèces différentes de douleurs ! Pour ne nommer que les principales, les anciens et, d'après eux, les modernes, ont distingué la douleur tensive, la douleur gravative, la douleur pulsative, la douleur pungitive[1]. Il y a des douleurs prurigineuses, aiguës, sourdes, brûlantes, déchirantes. « Il y a, dit Gratiolet, une multitude d'espèces de plaisirs et de douleurs, les unes excitantes, les autres énervantes. On les distingue aussi quant à leur énergie et à leur étendue. Les unes occupent un grand espace, les autres des points très-limités, comme les piqûres ; ces points de douleurs se succèdent-ils comme des éclairs rapides, il en résulte comme une sorte de scintillation qu'on désigne en général sous le nom de picotements ; les étincelles sont-elles faibles, mais excessivement divisées et innombrables, on a dans ce cas le sentiment de la démangeaison[2]. »

Toutes ces distinctions ont de l'importance en

---

1. *Dictionnaire de médecine*, article DOULEUR, par Renaudin.
2. *Système nerveux*, II<sup>e</sup> vol., des Sensations.

médecine comme signes de la nature et du siége du mal, mais il n'est pas difficile de s'apercevoir que toutes se tirent des circonstances diverses dont la perception, plus ou moins confuse, accompagne la douleur, et non de la douleur en elle-même. Ici, à la sensation de douleur s'ajoute la perception obscure d'une distension dans la partie malade, là d'un poids causé par quelque amas de liquides, là d'un battement plus vif du cœur et des artères, là de quelque chose d'analogue à un corps pointu, à une aiguille traversant les chairs, là enfin d'un fourmillement. Ces distinctions n'ont donc lieu que d'après certaines notions sur la cause et sur le siége de la douleur, c'est-à-dire d'après des caractères extrinsèques et non pas intrinsèques. Quant à la douleur en elle-même, à part toutes ces circonstances, elle n'est jamais que faible ou aiguë, brève ou longue, continue ou intermittente, selon qu'on considère son intensité ou sa durée.

Ne faut-il pas aussi tenir compte d'une distinction, dont nous n'avons encore rien dit, celle des plaisirs faux et des plaisirs vrais, ou bien encore de celle des plaisirs nobles et des plaisirs grossiers qui est la même au fond et qui importe tant en morale? Avec quelle force et quelle élévation Platon n'oppose-t-il pas, dans le *Philèbe*, les plaisirs fondés sur une juste appréciation de ce qui est réellement à ceux qui n'ont d'autre raison d'être qu'une fausse opinion et de vaines apparences ! Cette distinction se retrouve après lui chez tous les moralistes anciens comme chez les modernes.

Mais autant elle a de valeur en morale, autant elle importe pour la conduite, pour le bonheur ou le malheur de la vie, autant elle nous semble mal fondée au point de vue exclusivement psychologique où nous nous sommes placé, c'est-à-dire au regard de l'essence même du plaisir ou de la douleur. Qu'un plaisir soit vrai ou faux, qu'il ait un objet réel ou imaginaire, une cause sérieuse ou futile, il n'en est pas moins du plaisir, tout comme les volitions, considérées uniquement en elles-mêmes, ne se distinguent les unes des autres que par leur degré de persévérance et d'énergie et non par la nature des choses voulues qui est du domaine de la connaissance : « Un plaisir vrai ou faux, a bien dit Pascal, peut également remplir l'esprit; car qu'importe qu'il soit faux pourvu qu'on soit persuadé qu'il est vrai[1] ! » Un faux plaisir est causé par une chose qui ne devrait pas nous réjouir; mais, en dépit même de la futilité ou même de l'indignité de cette cause, en dépit de la douleur, ou même du remords, qu'il doit laisser

---

1. *Discours sur les passions de l'amour*. Sénèque a dit de même : « Molestus est jucundum somnium videnti qui excitat. Aufert enim voluptatem etiamsi falsam effectum tamen veræ habentem. » (Epist. CII.)

bientôt après lui, il est néanmoins un plaisir au moment même où il est goûté.

Il en est des douleurs imaginaires comme des plaisirs imaginaires. Les causes de la douleur, comme celles du plaisir, peuvent être frivoles, futiles, imaginaires, chimériques, mais leur effet n'en est pas moins réel sur celui qui les éprouve. L'enfant, qui se désespère pour un joujou cassé ou perdu, souffre autant de sa douleur que l'homme fait qui a perdu ce qu'il avait de plus cher.

A quoi donc faut-il s'attacher pour sortir de cette confusion, pour ne pas laisser subsister cette homogénéité fâcheuse, cette sorte de promiscuité de tous les plaisirs et de toutes les douleurs, et enfin pour établir une classification des faits sensibles ? D'accord avec la méthode la plus généralement suivie, avec l'opinion commune, avec la plupart des grands philosophes et moralistes, anciens et modernes, à partir de Platon et d'Aristote, nous prendrons les caractères distinctifs dont nous avons besoin, non dans les douleurs ou les plaisirs en eux-mêmes, où nous ne les trouverions pas, mais dans leurs causes, c'est-à-dire dans les diverses énergies de l'âme, d'où ils dépendent, dans nos divers modes d'activité qui ne se séparent pas des objets qui les excitent[1]. A ce nouveau point de

---

1. Spinosa a divisé les passions d'après le même principe :

vue, nous allons voir tous les phénomènes affectifs se distinguer profondément les uns des autres et former une sorte de hiérarchie naturelle, suivant un ordre de supériorité ou d'infériorité, de noblesse ou de grossièreté, dont les principaux degrés ont été, de tout temps, marqués et distingués dans la conscience du genre humain.

L'activité étant le principe de la sensibilité tout entière, c'est de là que nous allons tirer toutes nos divisions et nos subdivisions. Autant il y a de modes généraux de notre activité, autant nous distinguerons de classes principales de plaisirs ou de douleurs. Or les diverses manifestations de l'activité humaine peuvent se ramener à quatre modes, qui sont : l'activité instinctive, l'activité habituelle, l'activité intellectuelle et l'activité volontaire. De là des plaisirs et des peines de l'instinct, de l'habitude, de l'intelligence, de la volonté. Tels sont, en quelque sorte, les grands embranchements de la sensibilité ; les subdivisions nous seront ensuite données par les énergies spéciales comprises dans chacun de ces genres d'activité. Ainsi il y aura des plaisirs de chaque instinct, de chaque fonction organique, de chaque habitude, de chaque faculté

---

* Autant il y a d'espèces d'objets qui nous affectent, autant il faut reconnaître d'espèces de joie, de tristesse et de désir, et en général de toutes les passions qui sont composées de celles-là ou qui en dérivent. » (*Ethiq.*, III<sup>e</sup> partie, VI<sup>e</sup> prop., trad. Saisset.)

ou opération de l'entendement, des plaisirs de la volonté ou de la personnalité, de la liberté sous toutes ses formes.

Remarquons, avant d'aller plus loin, que cette classification des plaisirs ne supprime nullement, mais, au contraire, consacre la distinction que fait le vulgaire, d'accord avec les moralistes et avec la conscience, entre les plaisirs du corps et les plaisirs de l'esprit, entre les plaisirs délicats ou grossiers, nobles ou honteux. Rattachés ainsi à leurs causes, ils ont leur qualité propre et leur rang; ils cessent d'être homogènes. On les voit s'élever ou s'abaisser dans cette hiérarchie naturelle, suivant la nature de leurs causes, suivant que ces causes sont le propre de l'homme, ou suivant qu'elles lui sont communes avec des êtres inférieurs. Les plaisirs de l'activité instinctive ne seront pas égaux en dignité, pas plus que les instincts eux-mêmes auxquels ils sont attachés. Les plaisirs de l'intelligence et de la volonté seront au-dessus de ceux du corps. Parmi les plaisirs de l'activité habituelle, les uns seront au plus haut rang, comme ceux de la vertu; les autres seront au dernier, selon les habitudes elles-mêmes qui en sont la source. Au sein même des plaisirs de l'intelligence et de la volonté, il y aura des plaisirs d'un ordre très-inégal, selon la nature des idées, des rapports, des découvertes, des déterminations, des obstacles vaincus, d'où ils naissent et se répandent dans l'âme. Mais cependant c'est dans ce dernier groupe que nous rencontrerons les plaisirs les plus élevés du cœur humain, ces plaisirs qui forment, pour ainsi dire, le cortége de la raison.

En suivant fidèlement cette méthode, nous éviterons le double écueil des divisions trop générales qui demeurent dans le vague et celui de divisions plus détaillées, mais qui ne se fondent que sur des règles arbitraires. Nous adressons le reproche de trop grande généralité à la division, d'ailleurs si bien fondée, et si en accord avec la conscience, de plaisirs du corps et de plaisirs de l'âme, ou de plaisirs des sens et plaisirs de l'esprit. Ces deux grandes classes doivent à leur tour être subdivisées, suivant la méthode que nous venons d'indiquer[1],

---

1. Kant, dans son *Anthropologie*, distingue les plaisirs en plaisirs des sens et plaisirs intellectuels, mais il subdivise les premiers en plaisirs qui viennent directement des sens et plaisirs de l'imagination. Il divise également les seconds en deux autres classes, plaisirs de l'entendement et plaisirs de la raison.

J'emprunte à Hamilton quelques autres exemples de classification qui me semblent trop générales et trop vagues, quoiqu'elles ne s'enferment pas exclusivement dans les caractères intrinsèques. Schulze divise les faits affectifs en corporels et spirituels auxquels il ajoute une troisième classe de ceux qui sont mixtes ou mélangés les uns avec les autres. Herbart, partant d'un autre point de vue, les divise en trois classes : sentiments déterminés par le caractère de la chose sentie, sentiments qui dépendent de la disposition de l'esprit sentant, sentiments intermédiaires et mélangés. Rappelons que Brown divise la sensibilité, par rapport au temps, en sensibilité immédiate, rétrospective ou prospective.

d'après toutes les espèces d'énergies par où se manifeste l'activité de l'âme.

Hors de là, encore une fois, on ne sort du vague que pour entrer dans des divisions plus ou moins arbitraires et sans nulle valeur scientifique. Donnons pour exemple Bentham, qui classe les plaisirs en treize espèces, parmi lesquelles les plaisirs des sens, de la richesse, de l'amitié, du pouvoir, etc.; ou bien Hartley qui, non moins arbitrairement, n'en distingue que six : l'imagination, l'ambition, l'amour-propre, la sympathie, la théopathie, le sens moral. Ce sont les passions propres à tel individu plutôt que la nature elle-même, dans ce qu'elle a de constant et de général, qui sont la base de pareilles classifications.

Après avoir ainsi établi notre méthode, nous allons passer à ses diverses applications.

# CHAPITRE XV

### ACTIVITÉ INSTINCTIVE ET PLAISIRS PRÉVENANTS

Activité instinctive. — Ses peines et ses plaisirs. — L'instinct n'est-il qu'une habitude héréditaire? — Que serait-il advenu des individus et des espèces avant la formation de ces habitudes héréditaires? — Cercle vicieux. — Nécessité d'admettre un minimum d'instinct. — Le plaisir, et non le besoin, s'attache à la première manifestation de l'instinct. — Place des instincts dans l'étude de la sensibilité. — Caractères particuliers des plaisirs de l'activité instinctive. — Plaisirs prévenants, primitifs, indélibérés. — Caractères opposés des plaisirs de l'intelligence et de la volonté. — Deux sortes d'offices de la sensibilité. — Rôle préventif. — Rôle rémunérateur et répressif. — Subdivisions de l'activité instinctive. — Classification des instincts ou plaisirs prévenants. — Instinct préposé au développement de chacune des grandes puissances de l'âme. — Puissance vitale, instinct de la vie. — Comment l'âme agit en tant que puissance vitale. — Faculté de connaître, instinct de curiosité. — Volonté, instinct de la personnalité.

Nous n'entreprenons pas de donner la description détaillée de chaque espèce de nos plaisirs, comme Bain [1], ou Mantegazza [2]. Nous nous bor-

---

1. *Emotions and will.*
2. *Fisiologia del piacere*, gros in-12, Milano, 1874. L'auteur analyse en détail chacun de nos plaisirs. Mais cette analyse est vague, superficielle et déclamatoire. Voir aussi l'ouvrage du même auteur : *Fisiologia del amore.*

nerons à quelques indications générales et à une simple esquisse. La première manifestation de cette tendance fondamentale à conserver, à augmenter notre être, qui est l'essence même de tout être vivant et le principe de toute la sensibilité, c'est l'activité sous la forme de l'instinct. Nous entendons par activité instinctive une impulsion naturelle qui, sans le secours plus ou moins tardif de la réflexion et de la volonté, sans le secours d'une expérience plus ou moins longue ou prompte, plus ou moins difficile ou facile à acquérir, nous pousse à l'accomplissement d'actes nécessaires à notre conservation, en attendant que vienne la raison, et qui la remplacent complétement dans les êtres qui ne sont pas destinés à devenir raisonnables. Autant, dans ce but de la conservation de l'être vivant, sont compris de buts particuliers qui s'y rapportent, autant il y a d'instincts particuliers qui, compris dans ce grand instinct, forment les subdivisions naturelles de l'activité instinctive.

Mais une première question se présente. Y a-t-il réellement des instincts? Tout n'est-il pas en nous le fruit de l'expérience, sinon de l'individu, au moins de la race, par suite de modifications accumulées transmises de génération en génération, pendant des milliers d'années, et enracinées à la longue dans notre nature même? Au défaut de l'expérience de la race, l'hérédité ne rend-elle pas compte de l'instinct? Sans doute il est habile, de la part des adversaires de l'innéité, de poser ainsi la question et de substituer à l'habitude individuelle, si manifestement insuffisante, l'habitude héréditaire, l'expérience accumulée des générations et des siècles. La difficulté peut être ainsi reculée, mais non pas résolue.

Nous ne nions pas ce qu'il y a de spécieux, ni même ce qu'il peut y avoir de vrai, en certaines limites, dans cette tentative pour mettre l'hérédité à la place de l'instinct. Sans vouloir entrer ici dans une discussion, qui serait plus ou moins hors de propos, sans prétendre faire les parts respectives de l'innéité et de l'hérédité dans ce qu'on appelle l'instinct, nous croyons qu'il faut se mettre en garde contre deux excès. Certains psychologues ou naturalistes ont multiplié les instincts outre mesure et confondu ce qui est acquis ou transmis avec ce qui est réellement primitif et naturel[1]. Mais si les uns ont trop donné à l'instinct, d'autres ont eu le tort de trop donner à l'hérédité et même de tout lui donner, sans reculer, à ce qu'il semble, devant une manifeste contradiction. L'hérédité, en effet, ne peut jamais venir qu'en

---

1. Voir sur ce point les analyses pénétrantes de Ch. Lemoine dans son ouvrage posthume, *De l'habitude et de l'instinct*. Voir aussi l'excellent article de M. Lévêque sur l'instinct, dans la *Revue des Deux-Mondes* du 15 juillet 1876.

second lieu ; toujours elle nous renvoie à quelque chose d'antérieur. Toute transmission ne suppose-t-elle pas d'abord quelque chose qui est transmis et qui, à l'origine, ne peut avoir été un fruit de l'hérédité ? Sauvegarder l'existence de l'individu et de l'espèce, dans l'animal et dans l'homme lui-même, suppléer au défaut de l'expérience, de la réflexion et de la raison, voilà le but de l'instinct. Supposez que tous les instincts ne soient que le produit ultérieur de l'action tardive et lente de l'hérédité, pendant des milliers de siècles, sur une suite indéfinie de générations, comment ne pas s'inquiéter du sort de tous ces individus avant et pendant la formation de ces habitudes héréditaires nécessaires à leur existence! Quoi! l'instinct de la défense, l'instinct du choix de la nourriture, l'instinct lui-même du sexe, ne se seraient formés qu'à la longue et par voie d'hérédité ! Comment donc ont pu venir jusqu'à nous les individus et les espèces qui n'en étaient pas encore pourvus ? Pendant toutes ces expériences, accumulations et modifications ancestrales, comment les ancêtres ont-ils pu vivre? Il y a là, à ce qu'il nous semble, un véritable cercle vicieux. Ou tous les êtres vivants, auraient disparu de la scène du monde, à peine formés; ou, dès l'origine, ils ont dû être munis d'un minimum d'instinct pour se conserver, pour prendre et choisir leur nourriture, pour se défendre, pour se propager. On peut bien rapporter à l'hérédité certaines modifications de l'instinct, qui ne sont pas essentielles à l'individu et à l'espèce pour se maintenir dans l'être, mais non pas l'instinct lui-même de la conservation avec tout ce qu'il comprend de plus impérieux et de plus immédiat.

Il y a donc nécessairement une activité instinctive et, en conséquence, des plaisirs de l'activité instinctive. C'est par le plaisir que tout d'abord cette activité s'annonce et se manifeste ; c'est par le plaisir, par une sorte de délectation prévenante, qu'elle pousse l'être vivant dans les voies hors desquelles son existence est en péril. Le plaisir seul nous révèle d'abord l'existence d'un instinct et, à son tour, c'est l'instinct qui explique le plaisir ressenti. Nous avons déjà vu que le premier moment, que le premier éveil de l'instinct a pour accompagnement et pour signe le plaisir, et que la douleur, quelque prompte qu'elle soit à venir, ne vient qu'après [1], lorsque l'instinct est contrarié, ou lorsque le besoin tarde à être satisfait [2]. La raison à part, rien ne nous

---

1. Voir notre chapitre XI.
2. « L'instinct, dit Buffon, est guidé et même produit par le sentiment. » (*Discours sur la nature des animaux.*)

« Partout, dit Charles Bonnet, la nature a lié le plaisir au besoin. » (*Essai analytique sur les facultés de l'âme*, chap. XXV.)

« Dieu, dit Malebranche, ne nous porte aux choses dont il ne

pousse que le plaisir, rien ne nous repousse que la douleur.

Au dehors l'instinct se manifeste par les actes, par les procédés les plus divers, en rapport avec son but particulier, et en rapport avec l'organisation ; mais au dedans, dans le for intérieur, dans son essence même, il ne se manifeste que par ce plaisir, par cette délectation prévenante qui nous pousse à agir. L'instinct n'est qu'un sentiment, comme on disait bien au XVII° siècle.

Ici se présente à nous incidemment une question qui intéresse la théorie et la classification des facultés de l'âme. Les instincts font-ils partie de la sensibilité ou bien doivent-ils constituer un groupe à part, une division particulière des phénomènes de l'âme humaine ? Selon Jouffroy et d'autres psychologues, la sensibilité d'une part, et de l'autre les tendances primitives ou instincts, seraient deux capacités irréductibles de l'âme humaine[1]. D'autres psychologues placent les instincts dans la sensibilité, mais sans donner la raison pour laquelle ils les identifient avec elle.

Les instincts ne sont pas autre chose, considérés en eux-mêmes et indépendamment des actes où

veut pas que l'esprit s'occupe, telles que les biens du corps, que par l'instinct, c'est-à-dire par des sentiments agréables ou désagréables. » (*Recherche de la vérité*, liv. I<sup>er</sup>, chap. v.)

1. Voir, dans les *Mélanges philosophiques*, le fragment intitulé : Théorie des facultés de l'âme humaine.

ils nous poussent, que des plaisirs ou des douleurs : voilà pourquoi ils doivent, selon nous, être compris dans la sensibilité. Nul acte de l'intelligence ou de la volonté ne va non plus, il est vrai, sans le plaisir et la douleur. Mais le plaisir et la douleur n'en sont qu'un accessoire, un complément, une suite, tandis qu'ils sont l'essence même de l'instinct et non quelque chose qui s'y ajoute et le complète. Retranchez, en effet, ce plaisir par où l'instinct se manifeste à la conscience, il ne restera absolument rien qui puisse faire soupçonner son existence et par où il exerce une impulsion quelconque.

Ces plaisirs de l'activité instinctive ou, pour mieux dire, ces plaisirs qui sont l'essence même de l'instinct, se distinguent par quelques caractères généraux des plaisirs attachés à d'autres branches de notre activité, soit à l'activité intellectuelle, soit à l'activité volontaire. La distinction que nous allons faire ici n'est pas nouvelle ; on la trouve dans un grand nombre d'anciens traités de métaphysique et de morale jusqu'au XVIIIe siècle, mais elle a été oubliée ou méconnue par les psychologues plus récents et par les contemporains.

Pour ne pas remonter plus haut, elle est encore dans Malebranche. Il l'expose et la justifie dans ce passage qui mérite d'être remarqué : « Afin de faire voir clairement que le plaisir et l'amour sont deux choses différentes, je distingue deux sortes de plaisirs. Il y en a qui préviennent la raison, comme sont les sentiments agréables, et on les appelle ordinairement plaisirs du corps. Il y en a d'autres qui ne préviennent ni les sens ni la raison, et on les appelle plaisirs de l'âme. Telle est la joie qui s'excite en nous en suite de la connaissance claire ou du sentiment confus que nous avons qu'il nous est arrivé ou qu'il nous arrivera quelque bien. Par exemple un homme goûtant d'un fruit qu'il ne connaît pas sent du plaisir à le manger, si ce fruit est bon pour sa nourriture. Ce plaisir est prévenant, car puisqu'il le sent avant de savoir si ce fruit lui est bon, il est évident que ce fruit prévient sa raison. Un chasseur affamé s'attend de trouver ou trouve actuellement de quoi manger ; il sent actuellement de la joie. Or cette joie est un plaisir qui suit de la connaissance qu'il a de son bien présent et futur[1]. »

Le célèbre père Tournemine distingue aussi ces deux sortes de plaisirs d'une manière encore plus précise, sans doute d'après les traditions de son ordre et de l'École : « Les premiers, dit-il, précèdent la connaissance, sont fixes et permanents, du moins autant que dure l'impression qui les a causés ; au lieu que les plaisirs réfléchis,

---

[1] Eclaircissement sur le VIII° chapitre du V° livre de la *Recherche*.

c'est-à-dire qui viennent de nos connaissances, sont libres, puisqu'on peut les faire cesser en détournant son attention. Les plaisirs prévenants sont plus vifs que les plaisirs réfléchis[1]. »

Insistons sur ces deux ordres de plaisirs qui, comme on le voit déjà, ne se distinguent pas moins par la nature de leurs causes que par leur place et par leur rôle dans l'âme. C'est pour les avoir confondus que les traités les plus exacts de psychologie mêlent ensemble et mettent sur la même ligne des plaisirs bien différents, les uns qui ne supposent rien antérieurement à eux, et les autres, tels que l'amour des habitudes, l'amour du vrai, l'amour du beau, qui présupposent l'exercice de la volonté et de la raison.

Les premiers ont pour caractères particuliers d'être prévenants, primitifs, indélibérés, comme disait l'ancienne philosophie, en opposition aux plaisirs de l'intelligence et de la volonté qui sont, au contraire, ultérieurs, délibérés, réfléchis. Quant aux plaisirs de l'activité habituelle, nous verrons que, suivant le point de vue d'où on les considère, ils participent à la fois de la nature des uns et des autres.

Expliquons et justifions plus amplement chacun de ces caractères. Les plaisirs de l'instinct sont

[1]. *Journal de Trévoux*, juin 1703. Suite des conjectures sur l'union de l'âme et du corps.

prévenants parce qu'en effet ils préviennent et précèdent l'exercice de l'activité intellectuelle et volontaire. Nous ne disons pas qu'ils préviennent toute espèce d'activité, cela serait contraire à notre principe fondamental, d'après lequel tout plaisir vient de l'activité, mais ils préviennent cette forme particulière de l'activité qui est l'effet de la raison et de la volonté. S'ils ne peuvent prévenir et précéder l'activité instinctive, ils sont contemporains du premier moment où, d'inconsciente qu'elle était, elle devient consciente et sent plus ou moins confusément qu'elle est ou qu'elle n'est pas dans les voies de sa nature. Issus de l'activité spontanée, les plaisirs prévenants donnent l'éveil à l'activité réfléchie qui se comporte et se dirige d'après leurs avertissements. Étant primitifs et inhérents à notre nature, ils sont indélibérés; nous ne pouvons pas aller, quand il nous plaît, au-devant de leurs causes et nous ne pouvons pas les éviter et les fuir à notre gré.

Les plaisirs qui viennent à la suite de la raison et de la volonté présentent des caractères différents. Ceux-là sont délibérés et réfléchis, ce qui ne veut pas dire, cependant, qu'ils soient à nos ordres d'une manière directe et absolue. Nous avons bien le pouvoir de consentir ou de ne pas consentir, mais non pas de sentir ou de ne pas sentir et de nous soustraire au sentiment du plaisir ou de la douleur, lorsque telle ou telle cause agit sur nous, lorsque nous sommes placés dans telles ou telles circonstances. Mais il peut dépendre de nous de nous soustraire à l'action de cette cause ou d'aller au-devant d'elle, d'amener ou d'empêcher le concours de ces circonstances, selon que nous allons ici ou là, selon que nous reportons notre pensée sur tel ou tel objet ou que nous l'en détournons, selon que nous nous décidons à accomplir ou à ne pas accomplir tel ou tel acte. En outre, ce sont bien des plaisirs ultérieurs et, pour ainsi dire, de seconde formation, puisqu'ils ne viennent qu'à la suite de nos pensées et de nos volontés, tandis que les plaisirs prévenants les précèdent et sont comme l'aiguillon qui les met en jeu. Ainsi il y a une ligne de démarcation, l'exercice de la raison et de la volonté, qui sépare les premiers d'avec les seconds, les uns sont en deçà et les autres au delà.

Confondre ces deux ordres de plaisirs, c'est confondre, pour parler comme Malebranche, la grâce du sentiment avec la grâce de la lumière, ou la concupiscence prévenante, comme disent les théologiens, avec la concupiscence subséquente[1]. Peut-

---

1. Les théologiens ont raison de distinguer « la concupiscence antécédente et la concupiscence subséquente, la première qui prévient le consentement de la volonté, la seconde que la volonté fait naître ou excite, soumet à son empire. » (Gousset, *Théologie morale*, tom. 1ᵉʳ, chap. III.)

on, par exemple, justement assimiler l'un à l'autre, quoique tous deux se rattachant à l'exercice de la même puissance, ce désir instinctif de connaître, cette délectation prévenante, qui éveille l'intelligence, et cet autre plaisir qui en suit l'exercice, les démarches et les recherches, qui est le fruit de la découverte de la vérité ? Comment aussi mettre sur la même ligne cet autre instinct, ou plaisir prévenant, qui nous incite au développement de notre volonté, de notre personnalité, et ce plaisir ultérieur qui, loin de précéder et de prévenir, ne vient qu'à la suite des actes réalisés de la volonté ou de la liberté victorieuse en dépit des obstacles ?

Ainsi la sensibilité remplit à notre égard deux sortes d'offices, tous deux également salutaires et providentiels, l'un en quelque sorte préventif, par les plaisirs et par les dégoûts qui précèdent, l'autre rémunérateur ou répressif, par ceux qui suivent le bon ou le mauvais usage, la réussite ou l'échec de notre activité intellectuelle et volontaire. Sans doute, à son tour, ce plaisir goûté à la suite du bon usage de notre activité deviendra un motif pour l'exercer de nouveau de la même façon, mais il gardera néanmoins le caractère de plaisir réfléchi, étant renouvelé par la mémoire et indissolublement associé aux circonstances au milieu desquelles il a été goûté une première fois.

Tout notre être se trouve donc pris, pour ainsi dire, entre ces deux fonctions de la sensibilité, la première qui le pousse, la seconde qui l'attire, l'une l'excitant à l'acte, l'autre venant après l'acte accompli, de telle sorte que nous ne pouvons pas ne pas agir, ne pas nous développer, et même ne pas aller à notre fin, à moins que nous n'abusions étrangement du plaisir et de la liberté pour travailler nous-mêmes à notre ruine. Ainsi ces deux offices de la sensibilité, quoique distincts, concourent harmonieusement à ce même but de la conservation et du développement de notre nature.

Après avoir déterminé les caractères généraux de l'activité instinctive, il faut en indiquer les principales subdivisions, c'est-à-dire classer les instincts ou plaisirs prévenants, deux termes qui, d'après tout ce qui précède, sont maintenant pour nous tout à fait synonymes.

Notre intention n'est pas de faire ici la critique des diverses classifications des instincts qui ont été données par les psychologues et par les phrénologues de notre temps, classifications plus ou moins arbitraires où sont multipliées outre mesure les subdivisions[1]; nous n'avons pas non plus la

---

1. M. Garnier, qui a traité ce sujet plus à fond qu'aucun autre psychologue français et avec le rare talent d'analyse qui lui est propre, divise les instincts, qu'il appelle de préférence des incli-

prétention d'en proposer une nouvelle qui soit à l'abri de toute objection, qui ne contienne rien de trop, qui n'omette rien ; nous ne voulons qu'indiquer à grands traits les manifestations les plus générales de cette activité instinctive qui est la source première, une source jamais entièrement tarie, du plaisir et de la douleur, pendant toute la durée de l'existence.

Le propre de l'instinct, avons-nous dit, est de prévenir la raison et la volonté ou de suppléer à leur défaut pour la conservation de notre être. Or notre être comprend à la fois le corps et l'âme, l'existence physique et l'existence intellectuelle et morale. De là nous distinguerons deux grandes classes de plaisirs prévenants qui viennent en aide à la formation, au développement et à la conservation de ces deux sortes d'existences. A chacune des grandes puissances de l'âme humaine, à la puissance vitale qui se développe la première, à la

nations, en trois classes : 1° ceux qui se rapportent à des objets qui nous sont personnels, tels que la faim, la soif, l'amour de la possession ; 2° ceux qui nous portent vers nos semblables comme le besoin de la société, les affections de famille, etc.; 3° ceux qui sont relatifs aux objets non personnels, tels que le bien, le vrai, le beau. (*Traité des facultés de l'âme*, 2° édit., I* vol.) Sans vouloir faire la critique de cette classification des instincts d'après leurs objets, il nous semble qu'en les divisant d'après les grandes puissances de l'âme qu'ils ont la charge d'éveiller et d'aiguillonner, on a moins de chance d'erreur et on représente mieux le mouvement de la vie intérieure et l'enchaînement naturel des phénomènes de conscience.

puissance intellectuelle, à la puissance de la volonté qui viennent après, on trouve ainsi préposé un instinct dont la mission est de faire passer ces puissances à l'acte, de les tenir en éveil, et aussi de les contenir et de les régler.

De tous les instincts, les plus universels, comme les plus manifestes, sont ceux relatifs à la vie physique. Ils sont les plus universels, étant communs à tous les êtres vivants, sans exception, depuis le premier jusqu'au dernier; ils sont plus manifestes parce qu'ils sont moins mêlés avec l'intelligence et la liberté. Dans cet ordre, l'instinct qui domine et auquel se rapportent tous les autres, c'est celui de la vie. Par cet instinct de la vie, nous n'entendons pas seulement, de même que la plupart des psychologues, cet amour de la vie, si puissant, si énergique, inné au cœur de l'homme et de tous les êtres vivants, sur lequel déjà nous avons insisté ailleurs, mais cette activité formatrice et organisatrice qui est le principe même de la vie, qui préside à toutes les fonctions vitales, en commençant par informer les organes, à partir de la cellule ou du germe. Sur ce point, que nous persistons à considérer comme fondamental dans la science de l'âme et hors duquel nous sommes de plus en plus persuadé que le spiritualisme n'est qu'une pure abstraction, nous ne répéterons pas ce que nous croyons avoir démontré dans notre ouvrage sur le *Principe vital et l'âme pensante*[1]. Cependant il nous faut redire ici, en quelques mots, que la vie n'est pas un pur mécanisme, qu'il y a un principe organisateur, que ce principe n'est pas une seconde âme, qu'il n'y a pas deux âmes en nous, mais une seule, à la fois principe de la pensée et le principe de la vie ou principe organisateur. Comment cette âme unique agit-elle en tant que principe de vie? Est-ce avec connaissance de cause ou d'une façon purement instinctive? Nous n'avons pas suivi Stahl, et surtout Claude Perrault, qui ont si témérairement supposé que l'âme agissait avec la connaissance de la fin et des moyens, avec une rare habileté et une science merveilleuse, soit dans l'accomplissement et la régularisation des fonctions vitales, soit dans la construction des organes eux-mêmes. Nous croyons que l'âme, en tant que puissance vitale, agit, sinon absolument sans conscience, au moins d'une manière purement instinctive, sans nulle réflexion, sans nulle notion des moyens et de la fin, des effets et des causes. Le premier acte, la première œuvre de l'âme, œuvre, encore une fois, purement instinctive, c'est de se donner un corps à son image, c'est de s'incorporer[2].

1. Voir aussi le chapitre IV de mon ouvrage: *De la Vraie Conscience* in-18, Hachette.
2. Hermann Fichte appelle cet acte d'une manière juste, selon

Si l'âme était une pure pensée, il ne serait pas possible de lui attribuer cette action sur le corps et encore moins cette œuvre d'organisation. Mais à moins de faire de l'âme une vaine abstraction, à moins d'aller contre le témoignage le plus continu comme le plus manifeste de la conscience, on ne peut séparer l'idée de l'âme de celle d'activité essentielle, de force motrice, de principe de mouvement. L'âme est quelque chose qui se meut soi-même, αὐτὸ ἑαυτὸ κινοῦν; nous continuons à tenir comme exacte et profonde cette définition de l'âme qui nous a été léguée par les plus grands philosophes de la Grèce. Quelques psychologues, comme Jouffroy et M. Garnier, ont fait de la force motrice une faculté de l'âme. Assurément ils ont eu raison de restituer à l'âme la force motrice, dont les cartésiens et les philosophes du XVIII⁵ siècle l'avaient à tort dépouillée, mais ils se trompent en faisant une faculté particulière de ce qui, selon nous, est son essence même. Cette force, qui est l'âme elle-même, dans toutes les phases de son existence, l'âme avant la raison, comme lorsque la raison est survenue, doit être naturellement incitée à agir en un sens salutaire à la formation et à la conser-

nous, et expressive, Leiblichung. (*Anthropologie*, p. 447 et suiv.) Selon Schopenhauer, der Wille zum Leben das innerste Wesen des Menschen ist. (*Die Welt als Wille und Vorstellung*, I⁵ vol., chap. XLI.)

vation de l'individu. De là ce grand et fondamental instinct de la vie, le premier, le plus évident, le plus continu de tous, le plus nécessaire à tous les moments de la vie, depuis le premier jusqu'au dernier. Voici en quelques mots toute l'œuvre vraiment merveilleuse, l'œuvre tout à fait indépendante de la raison et de la liberté, qu'il a charge d'accomplir. C'est par lui que fonctionne le jeu régulier des organes et de la vie, sans nulle intervention de notre raison ; c'est grâce à lui que l'ordre troublé tend souvent de lui-même à se rétablir, d'où ce vieil adage : *natura morborum curatrix*, qui, malgré tous les échecs qu'on peut lui opposer, malgré les prétentions superbes et exclusives de la science, n'enferme pas moins une part considérable de vérité.

Suivant nous cet instinct fait plus encore, il ne se borne pas à régler le jeu des organes quand ils sont tout formés, à les réparer quand quelque trouble y survient; mais, guidée par lui, la force motrice de l'âme devient admirablement organisatrice et s'incorpore successivement dans des organes qu'elle forme elle-même. Il pose, pour ainsi dire, la première pierre de l'être organisé, il continue et achève l'édifice, depuis les fondements jusqu'au faîte, disposant toutes les molécules d'après un plan invariable ou d'après une idée directrice, suivant l'expression célèbre d'un grand physiologiste contemporain. De là une source, sans nulle intermittence, de malaise ou de bien-être, de plaisirs ou de douleurs, depuis les plus faibles et à peine sensibles, jusqu'aux plus aigus, selon que l'action de cet instinct s'exerce régulièrement et facilement, ou selon qu'elle est contrariée et empêchée.

A l'instinct de la vie nous semblent se rattacher, comme des dépendances nécessaires, tous les instincts relatifs à la nourriture, à la défense de l'individu, à la propagation de l'espèce[1]. Ne faut-il pas même y rapporter aussi, quoique d'une manière moins immédiate, les instincts de la famille et même de la société, puisque l'espèce ne saurait subsister sans la famille et sans la société?

L'activité instinctive agit sur l'intelligence, comme sur les fonctions de la vie, mais avec un empire moins exclusif et moins étendu. Il y a aussi un plaisir prévenant, le désir de savoir, qui éveille, excite et maintient en nous la vie intellectuelle. Grâce à ce plaisir prévenant, notre intelligence, sans aucun intérêt, sans aucun calcul,

---

[1]. Il n'y a, dit Muller, dans l'animal qu'un seul et unique appétit, une seule et unique tendance originelle à maintenir et à étendre le pouvoir de sa propre existence, appétit qui peut d'ailleurs s'exercer sur des objets différents, et recevoir une direction déterminée des conditions organiques de ceux des organes qui sont en conflit particulier avec le monde extérieur. » (*Physiologie*, tome II, p. 513, trad. Jourdan.)

sans but, entre d'elle-même en exercice et ne demeure jamais en repos. Ce désir est remarquable dans l'enfant lui-même qui veut savoir le pourquoi de toutes les choses ; il persiste dans l'homme fait qui veut aussi connaître pour connaître, même sans nul autre profit. Quelle que soit la diversité des objets de cette curiosité naturelle, qu'elle se porte, comme dit Reid, sur les propos des voisins ou sur la loi du système du monde, elle a toujours un même principe, à savoir ce plaisir qui sans cesse sollicite l'intelligence à se développer.

S'il y a en nous un aiguillon naturel de l'intelligence, il y a aussi un aiguillon naturel de la volonté. Nous sommes incités par un plaisir prévenant au développement de notre volonté, comme au développement de notre intelligence. Ce plaisir nous pousse à la formation, à la défense de la personnalité qui joue un si grand rôle dans l'accomplissement de la fin de l'homme en ce monde. Nous croyons que les instincts de l'émulation, de la confiance en soi-même, du pouvoir ou du commandement, ne sont que différentes faces de ce puissant instinct de la personnalité. On peut reprocher à bon nombre de phrénologues et de psychologues d'avoir donné place dans leurs classifications aux instincts secondaires que nous venons d'indiquer, tout en omettant l'instinct principal dont ils ne sont que des subdivisions. Nous ne prétendons nullement nous en attribuer la découverte, pas plus que celle de tous les autres. Depuis longtemps ont été signalés dans la nature humaine ce désir de commander, cette répugnance à obéir à qui que ce soit, que Cicéron donne comme la marque d'une âme bien faite[1] et qui existe non-seulement chez le patricien, mais, avec des formes et des traits divers, dans toutes les classes de la société. C'est ce même sentiment naturel que La Fontaine a si vivement dépeint dans deux de ses fables, celle du Chien et du Loup et celle du Cheval qui veut se venger du Cerf.

Kant, de même que La Fontaine, regarde l'inclination à la liberté « comme une des plus grandes et des plus puissantes inclinations de l'homme naturel vivant en société[2]. »

Nous venons de montrer les trois grandes faces de cette activité instinctive qui est, pour ainsi dire, à la racine de la force motrice, de l'intelligence et de la volonté, qui est la première source d'où nous viennent ces douleurs et ces plaisirs sans cesse renaissants, que nous avons distingués par leur rôle propre et par leurs caractères particuliers, de tous nos autres plaisirs et de toutes nos autres douleurs. Telle est la première manifesta-

---

[1] « Appetitio quædam principatus ut nemini parere animus bene informatus velit. » (*De Offic.*, I, 4.)
[2] *Anthropologie*, trad. Tissot, p. 243.

tion de la sensibilité ; tels sont les premiers plaisirs et les premières douleurs ; ce ne sont que les premiers préludes d'autres sensations et d'autres sentiments qui viennent après l'acte accompli.

# CHAPITRE XVII

## PLAISIRS DE L'HABITUDE

Plaisirs de l'activité habituelle. — Le plaisir et la peine seuls signes des habitudes comme des instincts. — Rapports et différences entre ces plaisirs et ceux de l'activité instinctive. — Plaisirs de l'activité intellectuelle. — Toute idée s'accompagne de plaisir ou de douleur. — Du plus haut degré de dignité de la sensibilité. — Alliance de la sensibilité et de la raison. — Des sentiments les plus élevés de notre nature. — Secours qu'ils prêtent à la raison. — Erreur des philosophes mystiques. — Le cœur mis à la place de la raison. — Plaisirs qui suivent l'exercice de la volonté. — Pourquoi l'enfant veut faire l'homme. — Jouissances profondes attachées aux actes d'indépendance et de liberté. — Obstacle invincible aux doctrines socialistes. — Récapitulation et conclusion.

Après les plaisirs qui préviennent et qui précèdent, non pas l'activité elle-même, mais l'exercice particulier de nos diverses facultés, il y a ceux qui ne viennent qu'après, qui sont l'effet de l'activité volontaire et libre et non plus de l'activité instinctive. Mais, entre l'activité instinctive et l'activité réfléchie ou volontaire et libre, on peut placer l'activité habituelle qui participe à la fois des caractères de l'une et de l'autre, selon qu'on la considère dans ses effets ou dans son origine. Comme tous les modes d'activité de notre nature, l'activité habituelle porte avec elle ses peines et ses plaisirs. Nous aimons nos habitudes, nous souffrons quand elles sont contrariées; nous les aimons même quand ce ne sont pas des habitudes de bien-être et de plaisir, mais des habitudes de privation et de gêne. Suivant une citation déjà faite de Sophocle, les maux eux-mêmes peuvent se faire regretter. Rien de plus vrai que ce que dit Montaigne : « A une misérable condition comme la nôtre, ç'a été un très-favorable présent de nature que l'accoutumance qui endort notre sentiment à la souffrance de plusieurs maux[1]. » De là encore ce qu'a dit Chateaubriand : « Si le bonheur est quelque part en ce monde, il est dans l'habitude. »

Le moine se plaît à la longue dans sa cellule[2]. Le prisonnier lui-même se fait à sa prison. Écoutons Charles Nodier décrivant les sensations qu'il a éprouvées lorsque, rendu à la liberté, il vient de voir la porte de sa prison s'ouvrir devant lui. Au premier moment c'est la joie de la délivrance ; mais bientôt, « ébloui, fatigué, accablé en quelques minutes de cette sensation si nouvelle, épou-

---

[1] *Essais*, liv. III. « C'est, dit Charron, l'emplâtre commun et tout-puissant à tous les maux. » (*De la sagesse*, liv. II, chap. VII.)
[2] « Cella continuata dulcescit, » dit l'auteur de l'*Imitation*.

vanté de la porter et cherchant tout effaré quelque muraille qui bornait sa marche sans objet; tant nous avons besoin de nos habitudes, même quand elles sont des douleurs[1] ! »

Ces plaisirs et ces douleurs de l'habitude découlent aussi de la grande source commune de l'amour de notre être. Nous arrivons par l'habitude à un point où nous finissons par confondre avec notre être même une manière d'être accidentelle à son origine, mais que la durée ou la répétition ont fini par enraciner au dedans de nous. Ce sont, comme dit Montaigne : « formes passées en notre substance. » De là les peines et les plaisirs de l'habitude.

A la différence de l'instinct, qui est primitif et naturel, l'habitude est acquise; elle est l'œuvre de l'homme. C'est nous qui la formons par notre volonté, ou qui la laissons se former par le défaut d'empire sur nous-mêmes et sous l'influence des circonstances extérieures. Ainsi les plaisirs de l'habitude, par opposition à ceux de l'instinct, sont ultérieurs et même délibérés et réfléchis, du moins ceux qui viennent d'habitudes volontaires à l'origine.

Mais si l'activité habituelle, par la manière dont elle se forme, diffère profondément de l'activité

---

1. *Souvenirs de la révolution*, les prisons de Paris sous le Consulat.

instinctive, elle tend à s'en rapprocher de plus en plus par ses effets et à agir d'une manière analogue.

L'habitude est un nouveau principe d'action qui s'est implanté en nous, à côté des autres principes de notre nature, ou plutôt c'est une modification, un assouplissement de l'un quelconque de ces principes ; une fois formée, selon qu'elle est satisfaite ou contrariée, elle sera une cause nouvelle, s'ajoutant à toutes les autres, de plaisirs et de douleurs. Comment d'ailleurs reconnaissons-nous l'existence d'une habitude, sinon au plaisir que nous avons à la suivre ou à la peine que nous sentons quand elle est contrariée? Mais comme elle a pour effet d'émousser le plaisir, mieux encore se reconnaîtra-t-elle à la douleur. « Un signe manifeste, dit Aristote, des qualités que nous contractons, c'est le plaisir ou la peine qui se joint à nos actions et qui les suit[1]. » De là une impulsion toute semblable à celle de l'instinct et qui même, avec le temps, en reproduira plus ou moins la spontanéité et la précision, sans avoir désormais nul besoin du concours de l'intelligence et de la volonté par qui d'abord elle a pris naissance.

Ainsi les plaisirs de l'activité habituelle participent à la fois de la nature des plaisirs réfléchis et de celle des plaisirs prévenants, selon qu'on

---

1. *Morale a Nicomaque*, liv. II, chap. III, trad. Barthélemy Saint-Hilaire.

considère les habitudes dans leur origine ou dans leurs effets, dans leur mode de formation ou dans leur mode d'action. Nous croyons que, dans la classification des faits affectifs, il convient de les placer entre les plaisirs de l'activité instinctive et ceux de l'activité volontaire et libre. Ils peuvent donc nous servir comme d'intermédiaires et de transition entre les uns et les autres.

Nous arrivons à l'activité intellectuelle, qui est la source la plus haute et la plus noble de tous nos plaisirs, comme aussi celle de nos plus grandes douleurs. Tout de même qu'il n'y a pas un seul acte, instinctif ou habituel, qui ne soit plus ou moins accompagné et, pour ainsi dire, pénétré par la sensibilité, tout de même il n'est pas un seul mode d'activité intellectuelle, pas une seule idée, comme déjà nous l'avons dit, quelque insignifiante qu'elle puisse paraître, ou quelque fugitive qu'elle soit, qui ne nous affecte plus ou moins et qui nous laisse absolument insensibles. Dans toutes nos idées, sans exception, il y a d'abord un plaisir inhérent à chaque mode d'activité intellectuelle, puis en outre une affection agréable ou désagréable produite par l'objet lui-même[1]. Ainsi on aime à percevoir, uni-

---

[1]. Les plus simples et en apparence les plus sèches notions de l'esprit ne sont pas tout à fait dénuées de sentiments qui les accompagnent. Nous ne saisissons pas la notion de l'unité sans en même temps éprouver un certain sentiment de satisfaction. (Herm. Lotze, *Microcosmus*, 1ᵉʳ vol., 2ᵉ partie, chap. v.)

quement pour percevoir, à se souvenir pour se souvenir ; mais ce plaisir étant effacé, changé même en douleur par la nature des objets perçus ou des idées dont on se souvient, est ordinairement peu remarqué par celui qui n'a pas l'habitude de réfléchir sur lui-même.

Pour épuiser ce grand et vaste sujet des plaisirs de l'intelligence, il faudrait considérer successivement toutes les facultés et opérations de l'intelligence, non pas en elles-mêmes, mais comme autant de causes diverses de phénomènes affectifs ; nous aurions à analyser les caractères propres, à apprécier la quantité de peine ou de plaisir que chacune d'elles peut apporter et laisser à sa suite. Ainsi nous devrions décrire successivement les plaisirs de chaque sens, ceux de la mémoire, de l'imagination, de la rêverie ; puis ceux du raisonnement, la soif de l'inconnu, le feu sacré de la recherche, les joies de la découverte de la vérité, les plaisirs enfin de la raison elle-même, qui sont les sentiments les plus nobles et les plus puissants de notre nature. Nous suivrions la sensibilité dans une sorte de marche ascendante, à partir des plus humbles besoins du corps et de la vie physique ; nous la verrions, commune d'abord entre l'homme et l'animal, dépasser l'animal, devenir propre à l'homme, et s'élever jusqu'aux plus hautes régions de notre être.

Si haut en effet que monte la raison, la sensibilité monte avec elle et l'escorte fidèlement dans ses plus sublimes démarches; elle s'élance, pour ainsi dire, à sa suite jusque vers l'infini. Ici encore, à ces hauteurs, le sentiment et la raison s'entr'aident et se suppléent mutuellement.

Si le sentiment ne s'unissait pas à la raison, la vie morale serait compromise, non moins que la vie physique elle-même sans la sensation. Détruisez cette alliance du sentiment et de la raison : plus d'enthousiasme, plus de poésie, plus de dévouement. Cette union est si étroite, si intime, que quelques-uns, surtout les mystiques, confondant la cause avec l'effet, la voix avec l'écho, ont eu le tort de prendre le sentiment, le cœur, pour la raison elle-même. Si on embrasse maintenant du regard tous les degrés ascendants parcourus par la sensibilité, depuis les besoins de l'organisme jusqu'à ces sommets sublimes de la raison, on est tenté de dire d'elle ce qu'a dit La Fontaine de ce grand chêne de la fable :

De qui la tête au ciel était voisine
Et dont les pieds touchaient à l'empire des morts.

Après les plaisirs, qui sont les fidèles compagnons de l'intelligence, il faudrait placer ceux qui sont attachés à l'exercice de la volonté. A propos de l'activité instinctive, il a été question des plaisirs qui préviennent, qui éveillent le pouvoir personnel ; ici viendraient se placer les plaisirs d'un autre ordre qui en suivent les manifestations. Si nous sommes incités par notre nature à prendre possession de nous-mêmes, à faire acte de volonté, il est manifeste que cette prise de possession est accompagnée d'un plaisir ; nous sommes satisfaits d'avoir pris une détermination, d'avoir agi ou réagi volontairement, d'avoir fait acte, à nos yeux et aux yeux des autres, de liberté et d'indépendance. Observez l'enfant ; rien ne lui plaît tant que d'imiter les grandes personnes, que d'anticiper, bien longtemps à l'avance, sur ce qu'il doit être un jour, que de faire déjà l'homme par les précoces manifestations de son libre arbitre et même par de petites rébellions, au risque d'avoir à les expier [1]. Le jeune homme, l'homme fait, veulent s'appartenir à eux-mêmes, à leurs risques et périls. Combien préfèrent l'indépendance, avec toutes les chances de la misère, à la dépendance avec le bien-être ! Ce sentiment d'indépendance et de fierté a toujours été et demeurera toujours le plus grand obstacle, un obstacle invincible aux doctrines socialistes les plus séduisantes par les promesses de plaisir et de bien-être. Ils sont nombreux ceux qui,

---

1. « Il y a dans le fils de l'homme, a dit Rollin, un amour de l'indépendance qui se développe dès la mamelle et qu'il faut bien savoir rompre et dompter sans le briser et le détruire. »

comme le loup de la fable, ne veulent pas, au prix du collier, l'embonpoint et la graisse. Il n'y a pas de plus grande satisfaction que de mener à bon terme une entreprise quelconque par l'énergie de sa propre volonté, ni de jouissance plus profonde, pour bien des hommes, que celle de commander aux autres, même au risque des plus grands périls et de la plus lourde responsabilité.

D'un autre côté, par opposition, quelle humiliation, quel mécontentement de nous-même quand nous avons la conscience d'avoir fait abdication de notre personnalité, de ne pas nous être montré un homme, en telle ou telle circonstance plus ou moins grave! Nous sommes honteux de n'avoir pas su résister, contre notre avis, contrairement à notre opinion et surtout contre notre conscience, à des sollicitations du dehors ou du dedans, aux passions d'autrui ou à nos propres passions, à des menaces ou à des séductions; nous nous sentons humiliés pour n'avoir pas eu la force de vouloir, quand nous le pouvions, quand nous le devions.

Telles sont les jouissances attachées à l'exercice de la volonté, comme à l'exercice de l'intelligence; tel est le double rôle de la sensibilité, primitif ou ultérieur, à l'égard de toutes les puissances de notre nature.

Les passions sont ces mêmes plaisirs ou amours naturels, soit prévenants, soit réfléchis qui combinés avec des pensées et des images, arrivent dans certaines âmes, soit par le défaut d'empire sur elles-mêmes, soit à cause des excitations du dehors ou du dedans, à un degré extraordinaire de vivacité et d'exaltation. Les instincts sont universels, les passions dépendent des caractères, des humeurs, des circonstances, de la rencontre de tel ou tel objet, de telle ou telle personne, de l'état de l'esprit et de la suite des idées. Mais, d'après le plan que nous avons tracé en commençant, nous n'avons voulu considérer que les éléments simples, que le cours naturel et ordinaire, que la matière propre de la sensibilité, en dehors de toute combinaison avec des faits d'un autre ordre.

Arrivé au terme de la route que nous comptions parcourir, nous pouvons maintenant conclure et résumer. Toute cette théorie de la sensibilité, inspirée par Aristote, se fonde sur le principe de l'activité normale. Nous avons laissé le corps pour ne considérer que l'âme et nous avons évité de mêler la physiologie à la psychologie. Notre premier soin a été de signaler les équivoques qui troublent encore aujourd'hui la langue psychologique et qui entretiennent plus ou moins la confusion de deux ordres de phénomènes aussi profondément différents que les faits représentatifs et les faits affectifs. Après en avoir éliminé tout élément représentatif, nous avons défini la sensibilité, la faculté d'éprouver du plaisir et de la douleur. Tout fait de connaissance, quel qu'il soit, depuis la plus obscure des perceptions jusqu'à l'idée la plus sublime, relève exclusivement de la faculté de connaître, comme tout fait affectif relève de la sensibilité. Nous avons trouvé la cause première de tout plaisir, comme de toute douleur, dans la tendance fondamentale à persévérer dans l'être, à augmenter son être, tendance qui est l'essence même de l'homme, comme de l'animal et de tout être vivant. De là une activité naturellement dirigée dans le sens de notre conservation et qui tend toujours à ce but, à moins d'empêchements qui viennent des choses, à moins d'obstacles du dehors ou du dedans.

L'activité normale, voilà la source unique de tout plaisir; l'activité anormale, c'est-à-dire l'activité contrariée, empêchée, l'activité hors de sa voie, voilà, par contre, la cause de toute douleur. Nous avons suivi dans tous ses développements, nous avons défendu contre toutes les objections ce principe sûr et fécond de l'activité normale. Nous croyons avoir montré que tout plaisir s'y ramène, même ceux de l'oisiveté, du repos, de la rêverie. Les plaisirs passifs n'existent pas.

De la même manière s'expliquent les plaisirs de la sympathie qui, au premier abord, sembleraient ne pas devoir dériver, à cause de leur caractère de désintéressement, de notre activité personnelle et de l'amour de notre être propre. Mais nous avons vu que l'amour de l'être, plus vaste que ce qu'on entend d'ordinaire par amour du moi, s'étend tout naturellement au delà des limites strictes de notre personnalité. L'amour de notre être comprend tout ce qui en reproduit l'image, tout ce qui nous en semble comme l'extension au dehors. Ce qui nous fait peine ou plaisir dans les autres est précisément ce qui nous fait peine ou plaisir en nous-même, c'est-à-dire les vicissitudes diverses, les manifestations, libres ou empêchées, les succès ou les revers d'une activité spontanée, semblable ou analogue à la nôtre, dans ses luttes contre ce qui l'environne, l'enferme et l'enchaîne. Les plaisirs et les douleurs sympathiques se ramènent donc au principe unique de la sensibilité tout entière ; l'amour de l'être, l'amour de la vie, de l'activité, sous toutes ses formes, embrasse à la fois l'amour de soi et l'amour d'autrui.

Comme la sympathie étend la sensibilité au dehors dans l'espace, à nos semblables, à la nature animée tout entière, la mémoire la prolonge dans le temps, par delà le moment si court de la jouissance actuelle. Nous avons analysé les transformations, les réfractions, pour ainsi dire, que subissent le plaisir et la douleur en passant par la mémoire, lorsque leurs objets sont vus à distance dans le passé ou bien dans l'avenir par la faculté de prévoir.

En raison de toutes ces causes si diverses et si multipliées, à quelque moment que nous nous considérions nous-mêmes, toujours nous nous sentons plus ou moins affectés par le plaisir et la douleur. Au regard de la sensibilité, comme au regard de la liberté, l'état d'indifférence n'est qu'une chimère. La sensibilité est présente à tous les moments de notre existence ; elle est continue, comme l'activité elle-même d'où elle émane. L'âme, avons-nous dit, ne peut pas plus cesser de sentir que cesser d'agir.

Si nous ne goûtons rien de pur, comme l'a dit Montaigne, nous ne pouvons nous en plaindre, sinon au regard du plaisir, au moins quand il s'agit de la douleur.

Il y a des tristesses qui attirent, des larmes qui sont chères aux affligés ; l'âme semble se complaire dans certaines douleurs. Nous n'avons pas négligé d'analyser ce mystérieux adoucissement de la pitié, de la tristesse, de l'amertume des regrets, des plus grandes douleurs morales. La raison de ces apparentes contradictions de la sensibilité nous a semblé dans le surcroît d'activité que donnent à l'imagination, à l'esprit tout entier, la passion dont on se nourrit, les pensées douloureuses dont on est obsédé, les secousses que l'âme ressent, en face d'un drame ou d'une grande infortune.

Nous avons considéré ensuite le plaisir et la douleur dans leurs rapports réciproques. Le plaisir et la douleur se tiennent si étroitement qu'on ne peut les concevoir l'un sans l'autre. Mais, quoiqu'ils soient étroitement enchaînés l'un à l'autre, il y a cependant entre eux un certain ordre de relation et de préséance; il y en a un des deux qui est le fait primitif, l'antécédent, et l'autre le conséquent. Suivant nous, le fait primitif est le plaisir, et non la douleur; le plaisir précède la douleur, comme le mouvement précède l'empêchement et l'arrêt; il ne faut pas définir le plaisir par la cessation de la douleur, comme certains philosophes, plus ou moins pessimistes, mais la douleur par la cessation du plaisir. Des deux grands modes de la sensibilité, le plaisir est le mode positif, la douleur le mode négatif.

Nous croyons aussi avoir amplement montré, contre toutes les subtilités de Bayle et de ses partisans, à quel point le plaisir tout seul serait insuffisant pour assurer notre vie physique. De simples pressentiments ou dégoûts ne nous auraient pas mis suffisamment en garde contre tous les dangers qui nous menacent. Il fallait pour nous avertir quelque chose de vif et de fort, qui se fît écouter sur-le-champ; il fallait la douleur. La douleur ne nous a pas paru moins indispensable pour la vie morale que pour la vie physique. Après avoir fait l'apologie du plaisir, nous avons dû faire aussi, sous peine de nous contredire, l'apologie de la douleur. Si le plaisir est bon, la douleur est bonne aussi. Nous n'avons pas nié que la douleur en elle-même ne fût un mal, mais ce mal nous a paru un mal nécessaire et la condition des plus grands biens.

D'ailleurs, à considérer les choses d'une manière générale et avec impartialité, c'est le plaisir, et non pas la douleur, qui l'emporte en ce monde. Le compte des pessimistes est un compte sans équité et sans exactitude. Du côté des plaisirs, ils ne mettent dans la balance que les plus vifs et les plus saillants, éclairs qui brillent et qui passent, tandis qu'ils omettent ces plaisirs moins vifs, mais plus durables, ces plaisirs habituels auxquels ils ne prennent pas garde, parce qu'ils sont presque continus. Disons encore que, sans même considérer le train ordinaire des choses, il faut *a priori* que le plaisir, signe de l'accroissement de la conservation, signe de l'ordre, l'emporte sur la douleur, signe de la diminution et de la destruction. S'il en était autrement, comment donc le genre humain pourrait-il subsister?

Nous avons terminé par une classification et une rapide revue des phénomènes de la sensibilité. La classification que nous avons adoptée est la plus ancienne et la plus commune, celle qui se fonde, non sur leurs caractères intrinsèques, mais sur leurs objets et leurs causes, sur les diverses énergies dont ils sont les effets et par où ils se distinguent les uns des autres en s'échelonnant suivant un ordre de dignité. Les grands embranchements ont été donnés par les modes généraux de notre activité, les subdivisions par les modes particuliers compris dans ces modes généraux.

Nous avons repris à l'ancienne philosophie la distinction des plaisirs prévenants et des plaisirs réfléchis qui correspondent à des moments divers de notre activité, et qu'on ne peut mettre sur la même ligne sans introduire la confusion parmi les diverses espèces de sentiments et de sensations. Les uns et les autres d'ailleurs concourent au même but; les premiers nous poussent dans nos voies par une incitation agréable et par la peine que nous éprouvons à ne pas y entrer; les seconds nous y retiennent quand nous y sommes et nous récompensent de ne pas nous en être écartés.

Tel est le rôle de la sensibilité dans notre nature; elle se mêle à tous nos actes, elle enveloppe notre être tout entier et mérite une aussi grande place qu'aucune autre faculté dans la science de l'esprit humain. L'homme sans doute ne serait pas un homme sans l'intelligence et la liberté, mais le serait-il davantage sans la sensibilité ? L'idée d'un homme impassible n'est, comme nous l'avons vu, que chimère et contradiction. D'ailleurs un pareil homme, si on pouvait lui conserver ce nom, n'agirait pas, n'étant stimulé en aucun sens ni par le plaisir ni par la douleur. « Le cœur de l'homme, a dit avec profondeur Bossuet, ne pouvant agir que par quelque attrait, on peut dire en un certain sens que ce qui ne lui plaît pas est impossible[1]. » Non-seulement cette impassibilité l'empêcherait d'agir, mais même de vivre, faute d'être mis sans cesse en garde par les indispensables avertissements du plaisir et surtout de la douleur.

Comment, encore une fois, concevoir, dans d'autres conditions et en vertu d'un autre principe, le développement et la conservation, non pas seulement de la nature humaine, mais de tous les êtres vivants ? A supposer que le plaisir ne fût pas l'effet et le signe d'un exercice régulier de l'activité normale, comme aussi la douleur le signe d'une déviation, d'un excès dangereux, en plus ou en moins, de cette même activité qui est l'âme et la vie de tout individu, par quoi serions-nous préservés d'une prompte et totale ruine ? Tout être formé sur un autre plan ne serait-il pas semblable

---

1. *Sermon sur l'efficacité de la pénitence.*

à une maison divisée contre elle-même et fatalement destinée à périr ?

Ainsi la sensibilité, sauf les excès et les égarements qui viennent de nous, est bonne en elle-même ; elle est bonne tout entière, sous ses deux espèces de la douleur et du plaisir ; elle s'élève au-dessus des dédains superbes des stoïciens, qu'il s'agisse du plaisir aussi bien que de la douleur ; elle ne mérite pas les malédictions et les anathèmes des mystiques contre le plaisir ; elle ne mérite pas davantage les plaintes universelles du genre humain contre la douleur.

FIN

# TABLE DES MATIÈRES

### CHAPITRE PREMIER
#### ÉQUIVOQUES DU MOT SENSATION

Objet de l'ouvrage. — Étude psychologique du plaisir et de la douleur. — De l'abus de la physiologie en psychologie. — Du plaisir et de la douleur dans les théories des anciens et des modernes. — Prédominance de la division bipartite des facultés de l'âme jusqu'à Kant. — Confusion des faits affectifs avec des faits d'une autre nature. — Double signification du mot sentir dans toutes les langues. — Équivoques des mots sens, sensation, sentiment, dans la langue philosophique du XVII$^e$, du XVIII$^e$ siècle et dans la psychologie contemporaine. — Divers sens du mot *feeling* chez les psychologues anglais. — Significations non moins diverses du mot de sensibilité. — Abus qu'en ont fait les physiologistes. — Qu'est-ce que le cœur ?   **1**

### CHAPITRE II
#### CARACTÈRES DES FAITS AFFECTIFS

Le plaisir et la douleur ne sont-ils que de simples rapports ou bien des phénomènes réels de conscience ? — Distinction des faits affectifs d'avec les faits de connaissance. — La perception et la sensation en raison inverse l'une de l'autre. — Différence fondamentale entre les idées et les faits affectifs. — Dualité et objectivité des premiers, unité et subjectivité pure des seconds. — Différences secondaires. — Instabilité des faits affectifs, fixité relative des idées. — Différence dans la prise de la mémoire sur les uns et les autres. — Effets opposés de l'habitude. — Effets opposés de la compétition entre les idées et de la compétition entre les faits affectifs. — Distinction d'avec les faits volontaires. — La sensibilité ne dépend pas de nous. — En quoi consiste l'action de la volonté sur la sensibilité. — Différence entre sentir et consentir. — Justification, par des exemples et des autorités, du sens que nous donnons au mot de sensibilité . . . . . . . . . . . . . . . . . . . . . . 23

## CHAPITRE III

### DE LA CAUSE DU PLAISIR

Insignifiance et tautologie des diverses définitions du plaisir et de la douleur. — On ne peut les définir que par leur cause. — A quelles conditions un être est sensible. — Activité, conscience, unité, finalité. — Fin de l'activité propre à tous les êtres vivants. — Tendance fondamentale à persévérer dans l'être. — Autant cette tendance comprend d'énergies spéciales, autant il y a de sources particulières de plaisir et de douleur. — Le plaisir est concomitant à tout développement libre et régulier, la douleur à tout empêchement ou contrariété. — De l'activité normale dans chaque être. — La doctrine de l'évolution laisse elle-même subsister une activité normale. — Différence entre l'exercice de l'activité qui engendre le plaisir et une dépense excessive de force d'où naît la douleur. — Diverses conditions de la perfection ou de l'imperfection d'une énergie. — Perfection de l'objet. — Comment elle se ramène à la perfection de l'énergie . . . . . . . . . . . . . . . . . . . . . . . 43

## CHAPITRE IV

### DE LA CRAINTE DE LA MORT

Applications à diverses sortes de plaisirs du principe de la sensibilité. — Du premier de tous les plaisirs. — Amour de la vie ou crainte de la mort. — Comment toute la sensibilité en est continuellement affectée. — De quelques travers d'esprit et de sentiment où nous jette l'appréhension de la mort. — Mauvaise foi et sophismes dans nos raisonnements au sujet de la mort. — Expressions synonymes d'homme et de mortel. — Diverses impressions à la nouvelle d'une mort. — Étonnement et stupeur du premier moment. — Puis mauvaise humeur et récriminations contre le pauvre mort. — Tactique des vivants à l'égard des morts. — Méchantes querelles que nous leur faisons pour s'être laissés mourir. — Exception chimérique où chacun cherche à se placer. — Tactique semblable à l'égard des malades. — Citation de Xavier de Maistre. — De la commisération pour les morts. — Quel sentiment l'homme sage doit avoir sur la mort? — Faut-il y penser toujours, ou ne faut-il y penser jamais? — Deux excès. — Résignation à la loi commune. — Sage précepte de Descartes. — Aimer la vie sans craindre la mort.................................. 63

## CHAPITRE V

### DES DIVERSES SORTES DE PLAISIRS

Suite des plaisirs de l'exercice de l'activité normale. — Plaisirs de la vie organique. — La santé. — Plaisirs de l'activité motrice. — Plaisirs des sens. — Objections. — La rhubarbe et l'orange, les poisons doux. — Les plaisirs d'un bain chaud, du sommeil, du repos, sont-ils des plaisirs purement passifs? — Plaisirs de l'esprit. — Du rire. — Critique de quelques théories sur la cause du rire. — Est-ce une légère imperfection aperçue chez les autres et le sentiment de notre supériorité? — Tout ce qui est risible enferme un contraste. — Pourquoi les méprises font rire au théâtre. — Voltaire et Schopenhauer. — Théorie de M. Léon Dumont. — Nature particulière du contraste qui provoque le rire. — Exemples à l'appui de cette théorie. — Le surcroît d'activité de l'esprit est la cause du plaisir du rire. — Des plaisirs les plus élevés de l'intelligence. — Plaisirs du beau. — Du sentiment moral. — Des plaisirs de la recherche et de la découverte de la vérité. — Pourquoi certains plaisirs sont suivis de mécontentement et de tristesse. — Cause de la joie d'après Descartes, Spinoza, Malebranche et Leibniz. — La loi morale et la sensibilité.......................... 87

## CHAPITRE VI

### POINT DE PLAISIRS PASSIFS

Point de plaisirs passifs dans l'ordre intellectuel et moral. — Erreur des poëtes et des moralistes qui ont célébré les prétendus plaisirs du *far niente*. — L'oisiveté qui plaît n'est pas le désœuvrement. — Qui ne fait œuvre de travail cherche à faire œuvre d'amusement. — Les enfants et les grandes personnes. — L'homme ne peut se souffrir dans l'inaction. — Désir du changement. — Rien de fixe et d'immobile, même dans la prospérité, ne peut nous satisfaire. — La recherche préférée à la possession. — Difficulté, dans toutes les religions, de concevoir le bonheur immobile des élus. — Plaisirs du jeu d'autant plus vifs qu'ils exigent plus de travail du corps ou de l'esprit. — Ce qui a coûté le plus de peine à acquérir est ce qu'on aime le plus. — Attrait des jeux de combinaison. — Comparaison entre l'esprit du jeu et l'esprit géométrique. — Effets de l'inaction. — L'ennui. — Passage dangereux de l'activité et des affaires à la retraite. — Représentation extérieure dans l'organisme de la cause interne du plaisir et de la douleur... ..... 113

## CHAPITRE VII

### DU PLAISIR DANS LA DOULEUR

Antinomie apparente de la sensibilité. — Le plaisir mêlé à la douleur. — Complaisance de l'âme au sein de ses afflictions. — Divers témoignages en faveur de ce sentiment. — Douceur secrète des larmes versées sur nos propres infortunes et sur celles des autres. — Tristesses attirantes. — Le plaisir de la pitié et de la tragédie comparé par La Fontaine au rire et à la comédie. — Fascination et attrait des tragédies réelles, des jeux sanglants du cirque, des supplices. — Exemples de Léonce et d'Alypius dans Platon et dans saint Augustin. — Diverses explications de cette contradiction du cœur humain. — Sentiment du contraste avec le sort que nous croyons avoir mérité. — — Sentiment de la convenance. — L'activité intellectuelle et morale surexcitée par contrecoup est la cause principale du plaisir au sein de la douleur. — Nouvelle confirmation de notre principe de la sensibilité................. 133

## CHAPITRE VIII

### LA SYMPATHIE

La sensibilité par la sympathie. — Importance du rôle social de la sympathie. — Retentissement dans notre cœur des plaisirs et peines des autres. — Il n'y a pas deux principes de la sensibilité. — La sensibilité par sympathie a la même cause que la sensibilité personnelle. — Analyse des causes de la sympathie. — Ressemblance et analogie de nature. — Ce qu'on aime en dehors de soi est la même chose que ce qu'on aime en soi. — Rien de plus doux à l'homme que l'homme. — La sympathie plus ou moins grande suivant l'état social. — Rapports et proportions des affections sympathiques avec les affections personnelles. — Divers éléments, d'après Jouffroy, du plaisir sympathique. — Explications diverses de la sympathie par Malebranche, par Bain, par Spencer. — L'activité cause des plaisirs de la sympathie. . . . . . . . . . . . . . . . . . . . 151

## CHAPITRE IX

### LA SENSIBILITÉ ET LA MÉMOIRE

Comment nous impressionnent les choses passées. — De la sensibilité dans ses rapports avec la mémoire. — Du rôle de la sensibilité dans l'association des idées. — Comparaison de la sensibilité rétrospective et de la sensibilité originale. — Plaisirs et peines de la première non moins réels que ceux de la seconde. — Nul sentiment n'est représentatif. — Il y a des ressentiments, non des idées ou images du plaisir et de la douleur. — Pourquoi nous ne confondons pas ces deux sortes de plaisirs et de peines. — Distinction d'un double courant, le fort et le faible, dans les phénomènes de conscience. — Continuel mélange de l'un et de l'autre. — Nécessité de la discrimination pour le souvenir. — La mémoire n'a prise que par les idées sur les faits affectifs. — Métamorphoses de la sensibilité dans la mémoire. — Douleurs transformées en plaisirs. — Plaisirs transformés en douleurs. — Exceptions à cette double loi . . . 171

## CHAPITRE X

### LA SENSIBILITÉ ET L'IMAGINATION

Comment nous impressionne la pensée des choses futures. — De la sensibilité dans ses rapports avec la prévision et l'imagination. — Impressions causées par la perspective de biens et de maux futurs. — Divers effets en sens contraire de cette perspective sur la sensibilité. — Influence de l'imagination. —

Rapport de l'imagination et de la sensibilité. — Pourquoi la sensibilité diminue avec la distance des lieux. — Pourquoi est-elle plus sympathique pour les grands personnages et les victimes illustres ? — Question de critique littéraire. — De la part de l'esprit ou du cœur chez les grands écrivains. — Vaut-il mieux oublier que se souvenir ? — Thémistocle et Cicéron. — Nulle amertume dans la mémoire, sauf quand il y a eu faute ou crime. — Secours qu'elle prête à la morale. — Le remords. . . . . 193

## CHAPITRE XI

### CONTINUITÉ DE LA SENSIBILITÉ

La sensibilité a-t-elle des intermittences ou est-elle continue ? — La sensibilité doit être continue comme l'activité elle-même. — Preuve de cette continuité par l'observation. — Opinions contraires de divers psychologues. — Pas d'indifférence absolue. — Pas d'équilibre du plaisir et de la douleur, comme entre des forces mécaniques. — Les petits plaisirs et les petites douleurs. — Leur rôle et leur importance dans l'âme humaine. — Des causes générales qui agissent constamment sur la sensibilité. — L'union de l'âme et du corps. — L'état des organes. — La bonne ou la mauvaise santé. — La nature extérieure. — Les perceptions de chaque sens. — La lumière du jour. — Les plus petites choses nous impressionnent. — Influence des pensées qui sans cesse se succèdent dans notre esprit. — Influence de la sympathie. — De l'anesthésie. — L'anesthésie absolue serait la mort. — Accord de l'induction et de l'expérience en faveur de la sensibilité continue. . . . . . 207

## CHAPITRE XII

### ANTÉRIORITÉ DU PLAISIR SUR LA DOULEUR

De la nature de la douleur. — Que la douleur est inséparable du plaisir. — Enchaînement étroit de l'un et de l'autre. — Apologue de Socrate dans le *Phédon*. — Le plaisir est-il l'antécédent de la douleur ou la douleur du plaisir ? — Divers systèmes. — Aristote et Platon. — Opinion faussement attribuée à Platon par Aristote. — Le plaisir n'est-il que la cessation de la douleur ? — Partisans de cette doctrine chez les modernes. — Cardan, Verri, Kant. — Conséquences de cette doctrine. — Le plaisir est l'antécédent de la douleur. — La première manifestation de l'instinct est le plaisir. — Le plaisir mode positif, la douleur mode négatif. — Différence qualitative entre le plaisir et la douleur.. . . . . . . . . . . . . . . . . 227

## CHAPITRE XIII

### NÉCESSITÉ DE LA DOULEUR

Nécessité de la douleur pour la conservation de notre être. — Péril continuel de mort pour tout être vivant sans l'avertissement de la douleur. — Insuffisance du plaisir. — Diverses hypothèses imaginées par Bayle pour mettre à la place de la douleur quelque avertissement plus doux. — Voix de la raison. — Idée claire du péril. — Gradation ascendante et descendante du plaisir. — Aveu de Bayle. — Concession faite à Bayle par Leibniz. — Inefficacité d'un simple pressentiment du mal. — Hypothèses de Malebranche et de quelques théologiens pour soustraire à la douleur Adam avant la chute. — Insuffisance des simples dégoûts contre la distraction ou la passion. — La mort seule remplacerait la douleur si la douleur pouvait être retranchée. — Nécessité de la douleur au point de vue de la vie physique. . . . . . . . . . . . . . . . . . 249

## CHAPITRE XIV

### QUANTITÉ COMPARÉE DU PLAISIR ET DE LA DOULEUR

De la proportion de la douleur et du plaisir dans l'homme et dans l'animal. — La douleur plus vive et plus durable dans l'intérêt même de notre conservation. — Si la somme des maux l'emporte sur celle des biens. — Exagérations des philosophes pessimistes. — Voltaire et Schopenhauer. — Sentiment plus sage de Leibniz. — Ne pas oublier de mettre dans la balance les plaisirs habituels et durables. — Le plaisir est la règle, la douleur l'exception. — Divers fruits de la douleur pour l'âme et pour le cœur. — L'homme enfant privilégié de la douleur comme du plaisir. — Comparaison de la douleur dans l'homme avec la douleur dans l'animal. — La souffrance de l'animal, quoique moindre, digne d'égard et de pitié. — Progrès que marque la loi Grammont. — Contre les tortures infligées à l'animal. — Contre les vivisections. — Des grandes douleurs propres à l'homme. — Misères de grand seigneur. — Plus parfaite est la sensibilité, plus la douleur a de prise sur elle. — Avantage de la douleur au point de vue de la vie morale. 267

## CHAPITRE XV

### CLASSIFICATION DES FAITS AFFECTIFS

La sensibilité n'est-elle qu'une faculté subalterne? — De la place de la sensibilité dans une théorie des facultés de l'âme. — Diversité d'opinions parmi les psychologues. — Simultanéité de toutes les facultés. — Le premier rang est à la sensibilité dans l'ordre de leur développement. — De la méthode à suivre pour classer les phénomènes de la sensibilité. — Caractères intrinsèques et caractères extrinsèques. — Nécessité de les classer d'après leurs causes et leurs objets. — Insuffisance des caractères intrinsèques. — Les vrais et les faux plaisirs. — Douleurs réelles ou imaginaires. — Autant d'espèces de plaisirs que de modes généraux de notre activité. — Hiérarchie des plaisirs. 295

## CHAPITRE XVI

### ACTIVITÉ INSTINCTIVE ET PLAISIRS PRÉVENANTS

Activité instinctive. — Ses peines et ses plaisirs. — L'instinct n'est-il qu'une habitude héréditaire? — Que serait-il advenu des individus et des espèces avant la formation de ces habitudes héréditaires? — Cercle vicieux. — Nécessité d'admettre un minimum d'instinct. — Le plaisir, et non le besoin, s'attache à la première manifestation de l'instinct. — Place des instincts dans l'étude de la sensibilité. — Caractères particuliers des plaisirs de l'activité instinctive. — Plaisirs prévenants, primitifs, indélibérés. — Caractères opposés des plaisirs de l'intelligence et de la volonté. — Deux sortes d'offices de la sensibilité. — Rôle préventif. — Rôle rémunérateur et répressif. — Subdivision de l'activité instinctive. — Classification des instincts ou plaisirs prévenants. — Instinct préposé au développement de chacune des grandes puissances de l'âme. — Puissance vitale, instinct de la vie. — Comment l'âme agit en tant que puissance vitale. — Faculté de connaître, instinct de curiosité. — Volonté, instinct de la personnalité. . . . . . 317

## CHAPITRE XVII

### PLAISIRS DE L'HABITUDE ET DE LA RAISON

Plaisirs de l'activité habituelle. — Le plaisir et la peine seuls signes des habitudes comme des instincts. — Rapports et différences entre ces plaisirs et ceux de l'activité instinctive. — Plaisirs de l'activité intellectuelle. — Toute idée s'accompagne de plaisir ou de douleur. — Du plus haut degré de dignité de la sensibilité. — Alliance de la sensibilité et de la raison. — Des sentiments les plus élevés de notre nature. — Secours qu'ils prêtent à la raison. — Erreur des philosophes mystiques. — Le cœur mis à la place de la raison. — Plaisirs qui suivent l'exercice de la volonté. — Pourquoi l'enfant veut faire l'homme. — Jouissances profondes attachées aux actes d'indépendance et de liberté. — Obstacle invincible aux doctrines socialistes. — Récapitulation et conclusion. . . . . . . . . . . . . . . . 339

FIN DE LA TABLE DES MATIÈRES

Coulommiers. — Typ. Paul BRODARD.

www.ingramcontent.com/pod-product-compliance
Lightning Source LLC
Chambersburg PA
CBHW060053190426
43201CB00034B/1291